羅光著

儒家生命哲學

臺灣學生書局印行

序

我研究中國哲學已經六十年，講授中國哲學也快六十年了，這冊書算是我研究儒家哲學的結論。我寫的方法，也是少談自己的意見，多引歷代儒家的意見，引用的文據，多是我的中國哲學思想史九冊書中所引用的。

儒家哲學當然從孔子開端，孔子自己說：「吾道一以貫之」，因爲眞正有思想的學者，對自己的思想必定有系統；可惜孔子沒有說出貫通自己思想的「一」，祇好由後世研究的人去找。目前，研究儒家哲學的學者，大家都共識到孔子所說的「一以貫之」的一，是仁。

先期儒家講論仁，常以仁爲愛，爲惻隱之心，但是易傳以仁配元，以元配乾，乾爲萬物生命之始。漢朝易學的氣運思想，以六十四卦配一年的季節和月日，以仁配春配木配東方，仁便配生，因爲春是生；周易繫辭傳也以聖人的仁配天地的好生之德。

宋朝理學家乃採納易傳的思想，朱熹更明顯地主張仁是生，是愛之理。

仁既是生，生爲孔子一貫之道，生的來源呢？孔子在論語裡指出：「天何言哉，四時行焉，百物生焉！」，生來自天地。天地化生萬物，儒家乃講易經，易經學者從漢代開始，一直到清代研究宇宙的構造和宇宙的變化，宋明理學家也都從事易經的研究，儒家哲學便建立系統，從宇宙論出發，由宇宙的變化講到生生，生生爲化生生命。

宇宙生命中，人的生命最高最完全，人和天地合爲三才，三才合成一個宇宙，一個宇宙爲同一生命。

宇宙的生命在人的生命中，完全表現。人的生命得天地大化之道以爲性，得天地一元之氣以爲體，合性與體乃有人心。人心便是生命的中心。人心有天地之道和天地之氣，即是得天地之心以爲心，天地之心爲「生」，人心故「仁」。

人生命的發展，發展人心的仁，人心的仁，即人心靈的生命。

理學家興起了心學，以發展心靈的生命。心學的開始人，陸王學派以爲是孟子，由陸象山繼承。然實際心學的開始人，應爲大學一書。大學講修身，修身則在正心；理學家都本着大學的綱要，講授修身的工夫。大學說正心在誠意，誠意在致知，致知在格物；致知遂成爲理學家的注意焦點。程朱一派和陸王一派對致知，主張不同，程朱主張研究外物之理，陸王主張僅觀內心之理。但實際上理學家都以致知最後歸到觀心。性爲理，在人心內，心虛明，顯現性理，性理顯明，則心動自然順從性理，意便誠實。致知乃是明見心內的心理，如同佛教「明心見性」。易傳所說「窮理盡性以至於命」，成爲理學家致知的原則，原則的實踐，在除去蔽塞心靈的慾情。孟子講「養心莫善於寡欲」，以培育仁義禮智善德，理學家講養心，則爲明見心內的性理；性理爲仁道，仁道爲仁義禮智善德，理學家乃以「致知」爲修德。修德不是倫理生活，而是本體生活；善德不是人生的習慣，而是本體生活的發展。

爲實踐發展心靈的生命，理學家有兩種方式：一種方式是少數人所主張的守靜，以心的本體爲靜，爲未發，爲中；以長居靜坐爲修身方式，使能保持而顯明心的本體。一種方式是程朱和多數學者所主張的守敬，使人內外都能安定不亂，外面有孔子的莊重，內心有孟子的不動心。集合內外的守敬，人能達到至誠的境界，將心內的「性之理」完全呈顯出來，對外乃有天地的仁愛，養育萬物，充分表現中庸所說聖人氣象「溥博如天，淵泉如淵。」「小德川流，大德敦化，此天地所以爲大也。」

儒家整體哲學，如孔子所說「吾道一以貫之」，以「仁」貫通。仁爲生，以生命貫通整體的儒家哲學；儒家哲學具有自己的系統，爲一種活潑的生命哲學。

講整體的儒家哲學，我祇能講大綱，多引歷代儒家的文據；詳細的解說，還請大家去參考我的九冊中國哲學思想史。對於周易，在兩漢哲學思想史中，我詳細解說了漢易，對宋明易學，則沒有述說，祇講了邵雍的易說，這次我寫儒家的生命哲學，引用了朱伯崑的易學哲學史的許多圖表和說明，注明了原書頁數，以免看爲抄襲。

為現代化儒家傳統哲學，應當從儒家傳統哲學的中心思想出發，從「生生」的思想去建立新儒學。

民國八十三年九月八日

羅　光序於天母牧廬

儒家生命哲學目錄

下編 儒家實踐生命哲學

第五章　儒家實踐生命哲學的致知……二九五

第七章　儒家實踐生命哲學的聖人氣象……三八七

上編

儒家理論生命哲學

第一章　儒家理論生命哲學的宇宙觀

儒家的哲學，講論人生之道，以人性爲基本。人性來自天命，天命顯現於天地之道，稱爲天道，稱爲天德。孟子曾經說：「盡其心者，知其性也；知其性，則知天矣。」（盡心上）宋明理學家常以性、理、天、命爲一實的四面，因此，儒家講論人生之道，乃講天地之道。天地爲宇宙，在希臘哲學爲研究的第一對象，在中國哲學爲研究的第二對象。中國尙書開端即講人生之道；孔子所刪的詩、書，也都是講人生之道的書。但既要追溯人生之道的泉源，須要溯到宇宙，儒家從漢代到宋明理學家，便都用心講宇宙，構成了儒家的宇宙觀，在中國哲學史上，宇宙觀後於人生之道；但在邏輯上說，則先該講宇宙觀。

一、周易的宇宙觀

周易爲卜筮的書，用爲卜算人事的吉凶。卜筮算卦向鬼神申問吉凶，古代的人相信上帝主宰人事的賞罰，由鬼神去執行。但是周易卜卦雖申問鬼神，然而吉凶的答覆，由宇宙變化的規律而推出，周易乃講宇宙的變化。易是變易，是動，是運行；周易的卦，象徵宇宙的變，儒家的宇宙論來自周易。

「古者包犧氏之王天下也，仰則觀象於天，俯則觀法於地，觀鳥獸之文，與地之宜，近取諸身，遠取諸物，於是始作八卦，以通神明之德，以類萬物之情。」（繫辭下 第二章）

伏羲作八卦，爲後代學者的共識。依據易傳的資料，他是從對自然界的觀察，看到自然界變化的現象，使用簡單的圖形代表這種現象，畫成八卦，「以通神明之德，以類萬物之情。」可以通達鬼神對吉凶的行動，吉凶由萬物彼此間的關係而成。

「聖人設卦，觀象繫辭焉而明吉凶，剛柔相推而生變化，是故吉凶者，得失之象也；悔吝者，憂虞之象也；變化者，進退之象也；剛柔者，晝夜之象也。六爻之動，三極之道也。」（繫辭上 第二章）

每卦有一個象，象由六爻結成，六爻互變。吉凶由爻的變而顯出。六爻的變代表三極之道，三極爲天地人三才的變化之道。聖人繫辭解釋象，解釋爻，周易有彖辭，有爻辭，傳說是文王和周公所製。

「天尊地卑，乾坤定矣；卑高以陳，貴賤位矣；動靜有常，剛柔定矣；方以類聚，物以群分，吉凶生矣；在天成象，在地成形，變化見矣。是故剛柔相摩，八卦相盪，鼓之以雷霆，潤之以風雨，日月運行，一寒一暑。乾道成男，坤道成女，乾知大始，坤作成物。易簡而天下之理得矣，天下之理得，而成位乎其中矣。」（繫辭上　第一章）

周易的彖辭和爻辭，解釋卦和爻，和卦象連結一起；但六十四卦的辭，並不結成系統。易傳的繫辭和序卦說卦則說明六十四卦的整體意義，解釋卦爻變化的理由。因此，在繫辭中乃能看到周易的宇宙論。在繫辭上的第一章。有幾個重要的觀念：天地乾坤、雷霆風雨、日月寒暑、剛柔動靜、男女。這幾個觀念乃是宇宙自然界的事物，周易用這幾個觀念來解釋吉凶，把人事的吉凶和宇宙變化相連繫，人和宇宙連成一貫，奠定了儒家人生之道的基礎。

周易既然從宇宙變化之道，占出人事的吉凶，便要講宇宙；既然講宇宙，便有周易的宇宙論。在繫辭上第一章裡說：「易則易知，簡則易從；易知則有親，易從則有功。有親則可久，有功則可大。」說明易經講宇宙講人事，都很簡單，不複雜，雖然有神妙莫測的深奧點，乃宇宙變化的本色。

甲、組織

根據繫辭上第一章，宇宙論的開端是天地，天地的關係是天尊地卑；代表天地的爲乾坤。乾坤的變化爲剛柔動靜，由乾坤的變化而成的，有日月寒暑的運行，有雷霆風雨的鼓潤，然後生成男女。

「是故易有太極，是生兩儀，兩儀生四象，四象生八卦，八卦定吉凶，吉凶生大業。是故法象莫大乎天地，變通莫大乎四時，縣象著明莫大乎日月。」（繫辭上　第十一章）

太極生兩儀，兩儀生四象，四象生八卦，這是講畫卦的程序。但是卦既然象徵自然現象，八卦製作的程序，也就象徵自然界萬物發生的程序。易傳的序卦，就發揮這種思想。

「有天地，然後有萬物；有萬物，然後有男女；有男女，然後有夫婦；有夫婦，

然後有父子；有父子，然後有君臣。」（序卦下）

周易的宇宙論便有了大綱；太極、兩儀、四象、八卦。太極爲宇宙變化的根基，爲宇宙的源起。兩儀爲乾坤，爲陽陰，爲天地。四象爲四時（四季），八卦爲萬物。

太極生陽陰，陽陰變化錯綜而生四時，四時運行而生萬物。

陽陰的德性爲乾坤，陽陰的成形爲天地，乾陽爲健、爲剛、爲進、爲動；坤陰爲順、爲柔、爲退、爲靜。繫辭上第五章說：

「一陰一陽之謂道，繼之者善也，成之者性也。」

宇宙間的變化，乃陰陽的變化；陰陽的變化，常繼續不停；由陰陽的變化而成物性，萬物乃生生不息。

陰陽變化之道，爲「動靜有常，剛柔定矣。」陽爲動爲剛；陰爲靜爲柔。「剛柔相摩，八卦相盪。」

「天地定位，山澤通氣，雷風相薄，水火不相射，八卦相錯。」（說卦　第三章）

八卦所象徵的事物，爲宇宙的構成物體，周易經傳沒有構成圖形，朱熹的周易本義在書的開端，列有伏羲和文王的八卦方位和次序圖。伏羲圖稱爲先天圖，文王圖稱爲後天圖。這種分別來自宋朝的邵雍，他創先天圖。

這種圖形，根據說卦第五章所說：

文王八卦方位

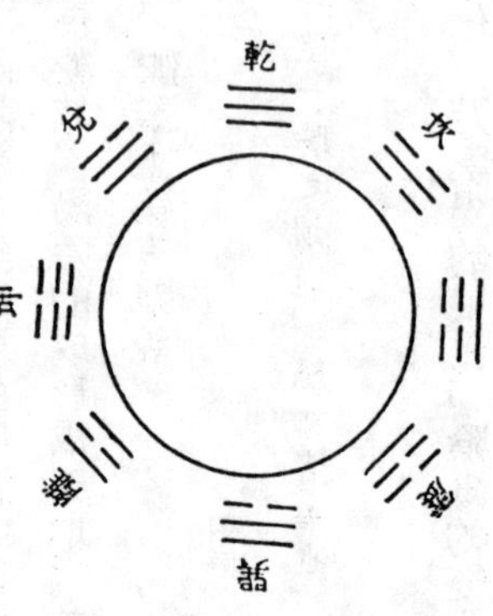

「萬物出乎震，震，東方也。齊乎巽，巽東南也。齊也哉，言萬物之潔齊也。離也者，明也，萬物皆相見，南方之卦也。坤也者，地也，萬物皆致養焉，故曰致役乎坤。兌，正秋也，萬物之所說也，故曰說言乎兌。戰乎乾，乾而北之卦也，言陰陽相薄也。坎者，水也，正北方之卦也，勞卦也，萬物之所歸也，故曰勞乎坎。艮，東北方之卦也。萬物之所終而所成也，故曰成言乎艮。」

這個圖形，根據說卦第三章所說：

伏羲八卦方位

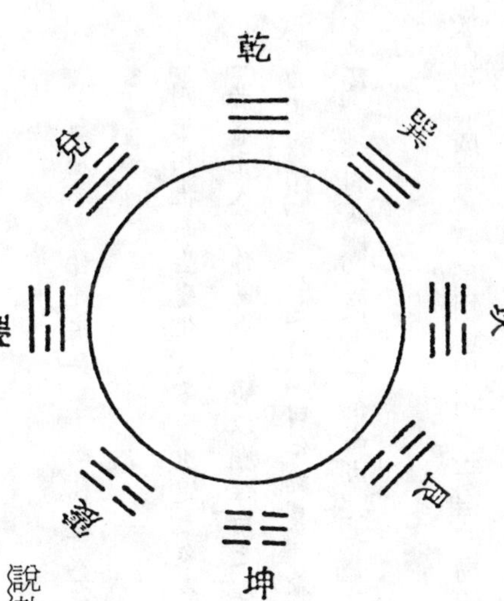

「天地定位，山澤通氣，雷風相薄，水火不相射，八卦相錯，數往者順，知來者逆。

邵子曰：乾南，坤北，離東，坎西，震東北，兌東南，巽西南，艮西北。自震至乾爲順，至巽至坤爲逆。」

兩圖都說依據說卦，文王圖的說明，在說卦第五章明白標出方位。伏羲圖的說明，則爲邵雍的說辭，後代解釋周易的人，各有所選擇。我們根據易傳，祇說明宇宙的結構有天、地、山、澤、雷、風、水、火。這些都是自然界的事物，由這些事物構成宇宙。

「子曰：乾坤其易之門邪？乾，陽物也；坤，陰物也。陰陽合德，而剛柔有體，以體天地之撰，以通神明之德。」（繫辭下　第五章）

「昔者聖人之作易也，……觀變於陰陽而立卦。」(說卦 第一章)

「一陰一陽之謂道。」(繫辭上 第五章)

八卦圖形由兩種爻而成，即陽爻⚊和陰爻⚋，重畫的六十四卦也由這兩種爻而成，這表明周易以宇宙是由兩種原素而構成的，即是陰、陽。在周易經傳裡所有的變化，全是陰陽的變化，動靜、剛柔、進退、上下，都是「一陰一陽之謂道。」

「天尊地卑，乾坤定矣，……乾道成男，坤道成女。乾知大始，坤作成物。」(繫辭上 第一章)

「剛柔相推而生變化，……進退之象也，剛柔者，晝夜之象也。」(同上 第二章)

「昔者聖人之作易也，將以順性命之理，是以立天之道，曰陰與陽；立地之道，曰柔與剛；立人之道，曰仁與義，兼三才而兩之，故易六畫而成卦。分陰分陽，迭用柔剛，故易六位而成。」(說卦 第二章)

三畫或六畫而成卦，都是用陰用陽。宇宙的構成原素，乃是陰和陽；陰陽爲兩儀，兩儀爲乾坤。易經的卦以乾坤兩卦爲基本，其餘的卦都是乾坤兩卦的變。王船山曾主張「乾坤並建」。乾坤同時建立，陽陰同時存在，沒有先後的次序。

乙、變化

易經定名爲易，易爲變易，易經講宇宙的變。易宇宙由陰陽兩素而成，陰陽兩素常在變動，「一陰一陽之謂道。繼之者善也，成之者性也。」（繫辭上　第五章）這種變動之道。稱爲天地之道，或天道地道。

「易之爲書也，廣大悉備，有天道焉，有人道焉，有地道焉，兼三才而兩之，故六。六者，非它也，三才之道也。道有變動，故曰爻；爻有等，故曰物；物相雜，故曰文。文不當，故吉凶生焉。」（繫辭下　第十章）

易卦的變，由爻顯出，爻代表變。八卦和六十四卦的每卦差異，在於爻的變異。

「象者，言乎象者也。爻者，言乎變者也。」（繫辭上　第三章）

「聖人有以見天下之賾，而擬諸其形容，象其物宜，是故謂之象。聖人有以見天下之動，而觀其會通，以行其典禮，繫辭焉以斷其吉凶，是故謂之爻。」（繫辭上　第八章）

爻代表變，每卦由爻而成，每卦就有變。卦象徵事物，周易以宇宙萬物都常變動，整個宇宙是個動的宇宙，每件事物是件動的事物。

「易之爲書也不可遠，爲道也屢遷，變動不居，周流六虛，上下無常，剛柔相易，不可爲典要，唯變所適。」（繫辭下 第八章）

一陰一陽之道，變動不居，周流六合，宇宙乃常變動。

「易與天地準，故能彌綸天地之道。……範圍天地之化而不過，曲成萬物而不遺，通乎晝夜之道而知，故神無方而易無體。」（繫辭上 第四章）

易經的變易之道，範圍天地的變化，化成宇宙一切萬物，神妙莫測，不能以規矩和形像去限制。

易經的變，易傳解說爲剛柔相推。

「剛柔相推，變在其中矣。」（繫辭下 第一章）

「剛柔相摩，八卦相盪。」（繫辭上　第一章）

「剛柔相推而生變化。」（繫辭上　第二章）

剛柔爲陽陰的特性，陽剛陰柔，剛柔相推即是陽陰的變動，陽陰的相推，易經稍有解釋。

「動靜有常，剛柔斷矣。」（繫辭上　第一章）

剛爲動，柔爲靜，剛柔相推，即「動靜有常」。動靜的意義，在易傳中有別的名字，如「相盪」，「八卦相盪」（繫辭上　第一章）「進退」，「變化者，進退之象也。」（繫辭上　第二章）「參」，「參伍以變」（繫辭上　第十章）「錯綜」，「錯綜其數」（同上）「化裁」，「化而裁之謂之變。」（繫辭上　第十二章）「相易」，「剛柔相易」（繫辭下　第八章）這些名詞，易傳都沒有解釋，到了宋明的易學，則常成爲發展各人意見的代名詞。

在經文裡面，對於變易，還有幾個名詞；「反復」，「終日乾乾，反復其道也。」（乾卦　象曰）「中正」，「剛健中正，純粹精也。」（乾卦　文言）「來往」，「泰，小往大來，吉亨」（泰卦　象曰）「交」，「天地交而萬物通也。」（同上）「天地不交而萬物不通也。」（否卦　象曰）反復、中正、相交在易經的彖辭和爻辭裡，多次見到，爲天地變化之道的大原則。

變化，在空間和時間內發生，周易便很注重時和位。

「變通者，趣時者也。」（繫辭下　第一章）

周易的經文裡，多次說：「時之義大也哉」；對於位，則說得其位，位乎天位，如「柔得位得中而應乎乾。」（同人卦　彖曰）位在易卦的吉凶，影響很大，六爻在一個卦中，應有各的價值。

「若夫雜物撰德，辨是與非，則非其中爻不備，……二與四同功而異位，其善不同，二多譽，四多懼，近也；柔之爲道不利遠者，其要無咎，其用柔中也。三與五同功而異位，三多凶，五多功，貴賤之等也，其柔危，其剛勝邪。」（繫辭下　第九章）

這種價值觀，在後代易學者解釋卦爻辭時，影響很大，成爲斷決吉凶的原則。周易本書沒有詳細說明，一切從簡。

在周易的變易裡，除了卦象和辭以外，還有「數」。

「參伍以變，錯綜其數，通其變，遂成天地之文。極其數，遂平天下之象，非天下之至變，其孰能與於此。」（繫辭上　第十章）

「昔者聖人之作易也，幽贊於神明而生蓍，參天兩地而倚數，觀變於陰陽而立卦，發揮於剛柔而生爻，和順於道德而理於義，窮理盡性以至於命。」（說卦　第一章）

周易所講的數，是關於占卦的蓍數，先用蓍以得奇偶的數以得爻，奇爲陽爻，偶爲陰爻，由陽爻陰爻而成卦。

「天一，地二，天三，地四，天五，地六，天七，地八，天九，地十。天數五，地數五，五位相得而各有合，天數二十五，地數三十，凡天地之數五十五，此所以成變化而行鬼神也。大衍之數五十，其用四十有九，分而爲二以象兩，掛一以象三，揲之以四，以象四時，歸奇於扐以象閏，五歲再閏，故再扐而後掛，……是故四掛而成易，十有八變而成卦。八卦而小成，引而伸之，觸類而

長之，天下之能事畢矣。顯道神德行，是故可與酬酢，可與祐神矣。子曰：知變化之道者，其知神之所爲乎。」(繫辭上　第九章)

數。

朱熹按照這章所說，製筮儀，作卜筮的程序。這章中所說的數，指筮時所用的策(蓍)

「乾之策，二百一十有六；坤之策，百四十有四，凡三百有六十，當期之日。二篇之策，萬有一千百二十，當萬物之數也。」(同上)

策的數，配合一年的日數，二篇的策數象徵萬物的數，從筮的數進到宇宙的數，筮數的變象徵宇宙萬物的變。漢代易學把這一篇的數同河圖洛書相配，講解卦的構造，再以易數講宇宙的構造；宇宙的構造，乃爲數的變化關係，有似於希臘畢達哥拉斯的數理宇宙論。宋明易學繼續有易的象數學派。

丙、生　生

周易講宇宙是有一重點思想：「生生之謂易」。漢代所謂三易：變易、簡易、不易，祗是外面的形式意義。內在的實在意義則是「生生」。「生生之謂易。」(繫辭上　第五章)爲易傳的話，標出宇宙變化的意義，在於使萬物化生。「生」字在周易的經傳裡，乃是中心的思想。

生的源泉為乾坤：

「大哉乾元，萬物資始，乃統天。」（乾卦 彖曰）

「至哉坤元，萬物資生，乃順天，坤厚載物，德合無疆，含弘光大，品物咸亨」（坤卦 彖曰）

「乾道成男，坤道成女；乾作大始，坤作成物。」（繫辭上 第一章）

生的過程，由陰陽相交，「泰，小往大來，吉亨；則是天地交而萬物通也。」（泰卦 彖曰）「咸，感也。柔上而剛下，二氣感應以相與，止而說，男下女，是以亨，利貞，取女吉也。」（咸卦 彖曰）「恆，久也，剛上而柔下，雷風相與，巽而動，剛柔相應。」（恆卦 彖曰）「天地相遇，品物咸章。」（姤卦 彖曰）「歸妹，天地之大義也。天地不交，而萬物不興，歸妹，人之終始也。」（歸妹卦 彖曰）「天地絪縕，萬物化醇，男女構精，萬物化生。」（繫辭下 第五章）

生的過程，循環不息，「反復其道，七日來復，天行也，利有攸往，剛，長也。復其見天地之心乎。」（復卦 彖曰）

生乃天地的大德，「天地之大德曰生。」（繫辭下 第一章）天地化萬物，為天地的大業，「顯諸仁，藏諸用，鼓萬物而不與聖人同憂，盛德大業至矣哉！富有之謂大業，日新之謂盛德，生生之謂易。……陰陽不測之謂神。」（繫辭上　第五章）

天地生生的大德，有極強的德力，「天行健」（乾卦　象曰）生生的德力週遊宇宙，「範圍天地之化而不過，曲成萬物而不遺，通乎晝夜之道而知，故神無方而易無體。」（繫辭上　第四章）

「夫乾其靜也專，其動也直，是以大生焉。夫坤，其靜也翕，其動也闢，是以廣生焉。廣大配天地，變通配四時，陰陽之義配日月，易簡之善配主德。」（繫辭上　第六章）

「變動不定，周流之合，上下無常，剛柔相易。」（繫辭下　第八章）

「故水火相逮，雷風不相悖，山澤通氣，然能變化既成萬物也。」（說卦　第六章）

生生的次序，易傳序卦作爲六十四卦的次序，「有天地，然後萬物生焉。盈天地之閒者，唯萬物，故受之以屯。屯者，盈也，屯者，物之始生也，物生必蒙，故受之以蒙，蒙者，蒙也，物之穉也，物穉不可不養也，故受之以需。需者，飲食之道也。……。」（序卦）

「生生」爲「易」的意義，乃是宇宙變易的目的。「生生」的思想貫通周易的卦和辭，爲周易的中心。宇宙由太極，陰陽而構成。陰陽變化不停，錯綜交流，化生萬物。陰陽的變化，有時，有位，時爲四時，位爲上下左右中央。陰陽的變化在時、位裡，須守中正；然而時位的中正，不呆守一則，而是隨時地而定，神妙莫測，陰陽的變化可以稱爲神。

周易的宇宙觀，簡單明瞭，宇宙萬物整體相連，變化不停，循環不息。宇宙整體乃一動的宇宙，生化萬物，宇宙所有，乃一生命。

「予欲無言！子貢曰：子如不言，則小子何述焉？子曰：天何言哉？四時行焉，百物生焉，天何言哉！」(論語　陽貨)

「天地之道，可一言而盡也，其爲物不貳，則其生物不測。」(中庸　第二十六章)

二、漢儒的宇宙觀

1. 漢易的宇宙觀

春秋戰國，在政治上有各國的爭霸，在學術思想上有百家爭鳴，政治和思想放出多元的色彩。三代的簡單哲學觀念，經過春秋戰國形成了繁雜的學派。周易的宇宙觀，由漢易滲入了氣、象、數各種觀念，奠定了後代各派易學的根據。「氣」，在三代爲一普通觀念，不含哲學意義，戰國學者採用「氣」作爲宇宙萬物的構成素，莊子的天人，充滿了氣，人的生命由氣而成，人爲養生則須養元氣。孟子講養浩然之氣，氣充塞人身，集義而養則充塞天地。鄒衍更講五行，進而講五德終始，氣運由宇宙進入人事。到了漢代，陰陽五行形成哲學的主幹，宇宙一切都離不了陰陽五行之氣。春秋戰國民間和政府，充滿鬼神的迷信，事事卜卦，人鬼相連。漢朝學術界乃混雜迷信傳說，以迷信解釋經書。

周易爲占筮之書，沒有遭秦始皇所焚，由孔子一脈相傳，到了漢朝有齊人田何，田何傳王孫、丁寬、服生、揚何。丁寬傳于田王孫、施仇、孟喜、梁丘賀。孟喜傳於焦延壽、京房。漢代乃有施、孟、梁丘的易學，更有京氏的易學。

甲、孟喜易說

首先是孟喜的卦氣說。氣在天地中周遊，一年四季循環變化。孟喜主張以六十四卦配合一年的節氣，象徵宇宙的變化。於是有四正卦，坎、離、震、兌配四季，十二辟卦配十二月。四正卦的每一爻配二十四節，十二消息卦的每一爻配七十二候。卦氣的思想，見於禮記的「月令」和呂氏春秋的「十二紀」，氣在自然界的周遊，含有生生的意義，成爲人君施行政治的原則，不僅作爲行事的日曆，也是行政的規範。孟喜的卦氣說不習用爲占卜，乃變爲自然哲學。

孟喜解釋，見唐僧一行的「卦義」中：

「坎以陰包陽，故自北正」

「春分出於震，如據萬物之元，爲主於內。」

「離以陽包陰，故自南北。」

「仲秋陰形于兌，始循萬物之末，爲主于內，則群陽降而承之。」

此十二卦代表一年節氣中的中氣，十二卦共七十二爻，代表七十二候。所以選此十二卦代表十二月，因爲其中的剛柔二爻的變化，體現了陰陽二氣消長的過程。前六卦，即從復卦到乾，表示陽爻逐漸增加，從下往上增長，復卦象爲一陽生，臨爲二陽生，泰爲三陽生，大壯爲四陽生，夬爲五陽生，乾卦六爻皆陽，表示陽氣極盛。此爲陽息的過程，同時也是陰消的過程。後六卦乃從姤到坤，表示陰爻逐漸增加，陰氣逐漸增長。姤卦爲一陰生，遯爲二陰生，否爲三陰生，觀爲四陰生，剝爲五陰生，坤六爻皆陰，表示陰氣極盛。此爲陰息的過程，同時也是陽消的過程，關於七十二候，復卦初九爻表示陽氣始動，爲十一月冬至次候，到乾卦六爻皆陽，表示陽氣盛極，爲四月小滿次候。姤卦初六爻表示陰氣始動，爲五月夏至次候，到坤卦六爻皆陰，表示陰氣極盛，爲十月小雪次候。這樣，十二辟卦又象徵二十四氣和七十二候的變化。此十二卦又被稱爲十二消息卦。就爻象的變化說，前六卦爲陽息陰消，被稱爲息卦；後六卦爲陰息陽消，被稱爲消卦。一年節氣的變化，亦是如此。此說來于彖的爻位說，如以剝卦爲「柔變剛」，夬卦爲「剛決柔」，所謂「消息盈虛，天行也。」清惠棟《易漢學》中，依孟喜的卦氣說，制有卦氣圖，今取其義，制十二消息圖，如圖」

(朱伯崑　易學哲學史　第一卷　頁一三五)

十二消息圖

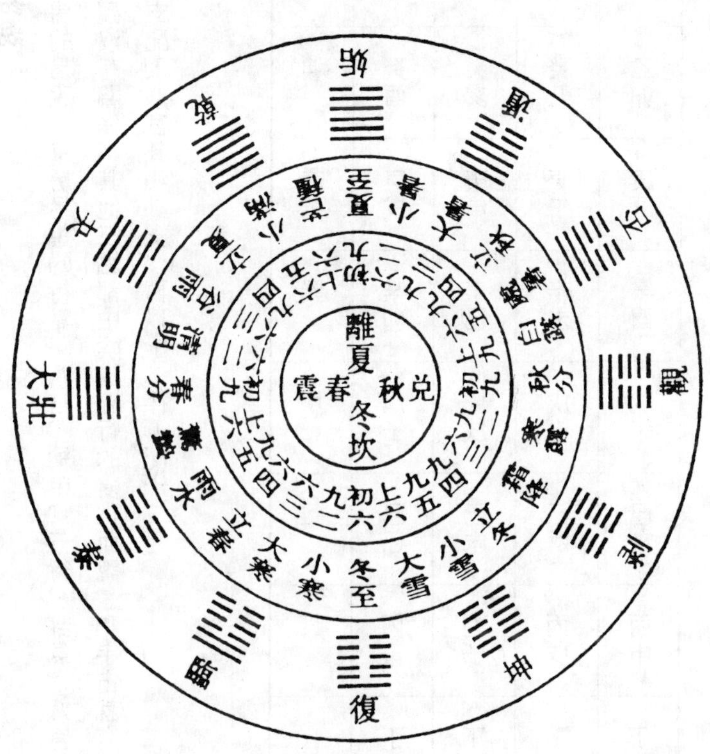

復
臨
泰
大壯
夬
乾
姤
遯
否
觀
剝
坤
離
夏
震
春
兌
秋
坎
冬
冬至
小寒
大寒
立春
雨水
驚蟄
春分
清明
穀雨
立夏
小滿
芒種
夏至
小暑
大暑
立秋
處暑
白露
秋分
寒露
霜降
立冬
小雪
大雪

乙、京房易說

漢朝的易學有京房的易說，京房易說的特點：八宮、納甲、五行、卦氣。八宮解釋六十四卦的次序，和宇宙觀沒有關係，其他三點都由陰陽五行的變化而說，和宇宙就有關係了。納甲，把天干地支配入八宮卦和卦支，再以十二律曆配十二月。

八卦納甲圖

八卦 爻位	乾	坤	震	巽	坎	離	艮	兌
上爻	壬戌	癸酉	庚戌	辛卯	戊子	己巳	丙寅	丁未
五爻	壬申	癸亥	庚申	辛巳	戊戌	己未	丙子	丁酉
四爻	壬午	癸丑	庚午	辛未	戊申	己酉	丙戌	丁亥
三爻	甲辰	乙卯	庚辰	辛酉	戊午	己亥	丙申	丁丑

二爻	初爻
甲寅	甲子
乙巳	乙未
庚寅	庚子
辛亥	辛丑
戊辰	戊寅
己丑	己卯
丙午	丙辰
丁卯	丁巳

十二支如下：

黃鐘十一月，子　蕤賓五月，午

大呂十二月，丑　林鐘六月，未

太蔟正月，寅　夷則七月，申

夾鐘二月，卯　南呂八月，酉

姑洗三月，辰　無射九月，戌

仲呂四月，巳　應鐘十月，亥

「以上十二月，奇數月爲陽，偶數月爲陰。按此說法，十一月，五月爲子午；十二月，六月爲丑未。配以乾坤父母卦，乾卦初爻爲子(十一月)，四爻爲午；坤卦初爻爲未(六月)，四爻爲丑，表示陰陽二氣之終始。乾卦其它各爻，由下往上，按陽支順序，配以寅，辰，申，戌。坤卦各爻，按陰支順序，配以巳，卯，亥，酉。其它六子卦，按律曆說，十一月、五月爲子午，配陽卦震，各爻按陽支順序，配以子，寅，辰，午，申，戌；十二月、六月爲丑未，配陰卦巽，各爻按陰支順序，配以丑，亥，酉，未，巳，卯；一月、七月爲寅申，配陽卦坎，各爻按陽支順序，則配以寅，辰，午，申，戌，子。餘卦皆類此。乾坤兩卦納支，同震巽兩卦基本上是一致的。」（朱伯崑 易學哲學史 第一卷 頁一五三）

五行說，以五行配八宮卦和卦爻。解釋爻象和卦爻辭的吉凶。

五行

八卦＼爻位	上爻	五爻	四爻	三爻	二爻	初爻
乾 金	土	金	火	土	木	水
坤 土	金	水	土	木	火	土
震 水	土	金	火	土	木	水

六位圖

巽	坎	離	艮	兌
木	水	火	土	金
木	水	火	木	土
火	土	土	水	金
土	金	金	土	水
金	火	水	金	土
水	土	土	火	木
土	木	木	土	火

「八宮卦配五行，本于《説卦》中取象和取義説。《説卦》以乾爲金；坤爲地即爲土；震爲旉，旉爲草木開花之象，故配木；巽爲木；坎爲水；離爲火；艮爲山即爲土；兑爲毀折，爲剛，故配金。各爻位配五行，本于《月令》五行配四時十二月説。按《月令》的説法，春季爲盛德在木，夏季爲盛德在火，秋季爲盛德在金，冬季爲盛德在水。土屬夏秋之間，故爲中央土。但土德不專主某一季，其德分布于四季之中。一季有三個月（孟、仲、季），土德則分別散布于季月

之中。如下圖：」（朱伯崑 易學哲學史 第一卷 頁一五五—一五六）

春｛正月，寅，木　二月，卯，木　三月，辰，土｝

夏｛四月，巳，火　五月，午，火　六月，未，土｝

秋｛七月，申，金　八月，酉，金　九月，戌，土｝

冬｛十月，亥，水　十一月，子，水　十二月，丑，土｝

京房易學的特點卦氣說，有同於孟喜的，有不同於孟喜的，這種差異在哲學上沒有意義；京房卦氣說在哲學的意義是提出陰陽兩氣，解釋周易的一切變化。他在易傳中說：

「積算隨卦進宮，乾坤震巽坎離艮兌，八卦相蕩，二氣陽入陰，陰入陽，二氣交互不停，故曰生生之謂易，天地之內無不通也。」

「陰陽二氣，天地相接，人事吉凶見乎象，立位適變，八卦分焉，陰雖虛納于陽位稱實，升降反復，不能久處，千變萬化，故稱乎易；易者，變也。」

漢朝的哲學思想，發揮戰國時的陰陽五行，作宇宙論的基本思想，又和周易的卦結在一起，再加上迷信的星宿鬼神，糾葛不清。董仲舒的春秋思想，鄭玄的五經注釋，就是這種思想的代表。

丙、易緯

緯書爲解釋經書的書，周易有易緯。緯書原書已散佚，經後人輯成的有，乾鑿度、乾坤鑿度、稽覽圖、通卦驗、是類謀、坤靈圖。這些緯書中以乾鑿度被採用的最多，對漢朝易學的影響也很大，而且特別在宇宙觀方面。

「昔者聖人因陰陽，定消息，立乾坤以統天地也。夫有形生于無形，乾坤安從生？故曰有太易，有太初，有太始，有太素。太易者未見氣也，太初者氣之始也，太始者形之始也，太素者質之始也。氣形質顯而未離，故曰渾淪。渾淪言萬物相渾成而未相離，視之不見，聽之不聞，循之不得，故曰易也。易無形畔，易變而爲一，一變而爲七，七變而爲九，九者氣之究也。乃復變爲一，一者形之始也。清輕者上爲天，濁重者下爲地，物有始有壯有究，故三畫而成乾。乾坤相並俱生。物有陰陽，因而重之，故六畫而成卦。」

這種思想把老子的「有生於無」加入周易，講太易而不講太極，氣形質也是老子的「一生三，三生萬物」。「渾淪」的觀念影響了張載的太虛觀念，氣清上爲天，氣濁下爲地；也影響了朱熹的天地觀念。易緯的宇宙觀對於後代易學的象數學影響更大。

太易、太初、太始、太素，氣形質相渾，天地，萬物，爲宇宙結構的歷程，渾淪，世稱爲太極。一，七，九的數爲卜占的數。

作八卦方位圖，以五常配八卦，在一年四季的氣節變換中，體現出人事倫理之道。

「這是以震離兌坎四正卦配仁禮義信，中央不配卦，但維系四維之卦，故配智。「五氣」，指五行之氣，其以五行配五常，五行主四時，四時分屬于卦氣，這樣，卦氣也就具有五常的品德。震居東方，爲木，陽氣生，生萬物，所以其德爲仁；離居南方，爲火，陽氣居上，陰氣居下，陽尊陰卑，其德爲禮；兌居西方，爲金，陰氣治理萬物，其德爲義；坎居北方爲水，陰氣中含陽氣，萬物歸藏，其德爲信。中央統率四方，四維之所系，善于決斷，其德爲智。五常不僅理人倫，而且明天道，通天意，所以乃「天人之際」的根本原理。以上即《乾鑿度》八卦方位說的主要內容。此說，以圖示之」（朱伯崑 易學哲學史 第一卷 頁二〇二）

朱伯崑在易學哲學史解釋這圖的意義：一、強調八卦的爻位數目規定一年四季節氣變化

八卦方位圖

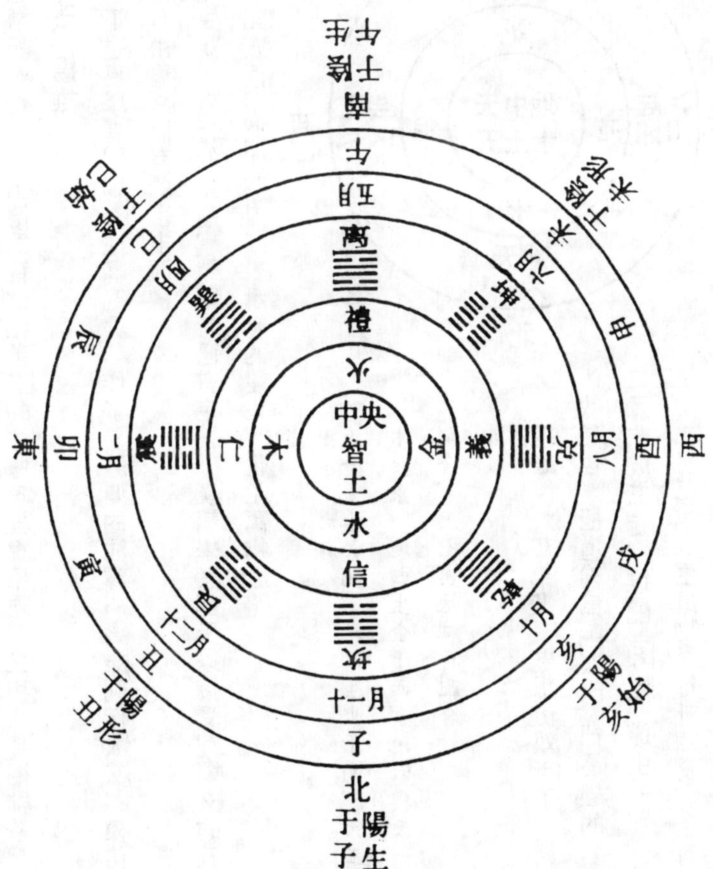
南
午
五月
離
禮
火
中央
土
智
水
信
坎
十一月
子
北
陽生于子
東
卯
二月
震
木
仁
西
酉
八月
兌
金
義
申
六月
坤
戌
十月
乾
亥
陽始于亥
辰
四月
巽
寅
十二月
艮
丑
陽形于丑

的度數。二、以五常配五行，以土德爲智，和鄭玄的注據孝經說相同，又和八卦相聯系。

丁、鄭玄、揚雄

鄭玄和揚雄，不是易學者，鄭玄注釋五經，作了易經傳的注釋；揚雄則作太玄，模仿易經而作，故兩人都有由周易而有的宇宙觀。

鄭玄作五行相生說，五行的生尅，戰國時已有定論，漢朝學者都予以接受，鄭玄的五行相生說，是以天地配五行，並配四方，表示氣的變化，化生萬物。

五行生成圖

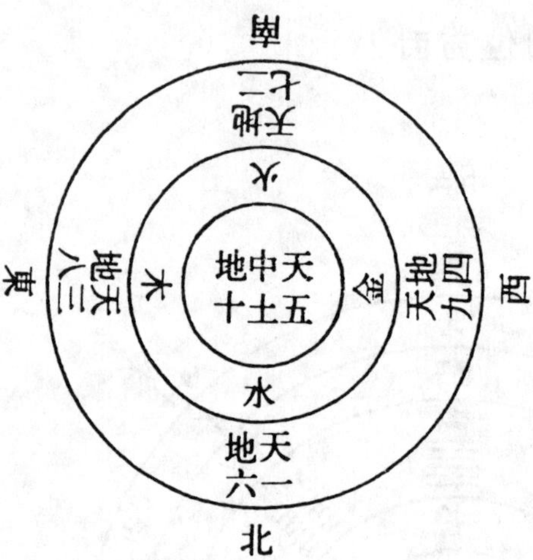

南
地二天七
火
西
地四天九
金
天五中土地十
水
天一地六
北
木
天三地八
東

> 天一生水於北，地二生火于南，天三生木於東，地四生金于西，地六與天一再配合，天七與地二再配合。

揚雄作太玄一書，思想仿效老子，結構仿效易經，把道稱爲「玄」，把易經的陰陽二元改成三元，以配老子的道生一，一生二，二生三，三生萬物。每卦四爻，所有變化爲三十二，乃有三十二卦。陰陽五行周遊變化，配合四季四方。太玄五行圖和鄭玄的五行生成圖相同，祇是中央的土爲五五，爲十，不同鄭玄圖中的中土爲十五。

太玄五行圖

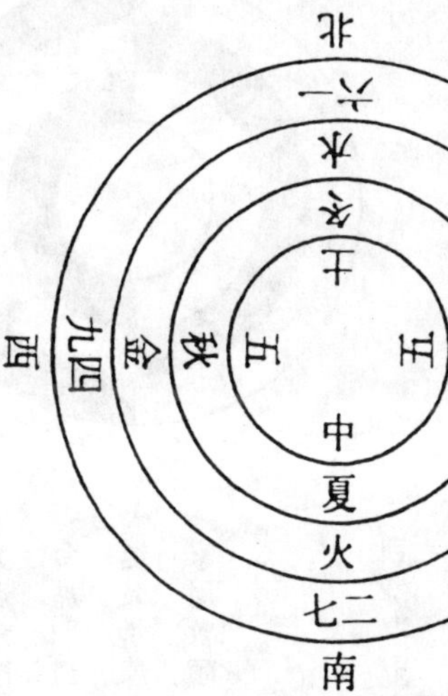

東 三八 木 春 五
南 二七 火 夏 中
西 四九 金 秋 五
北 一六 水 冬 十

戊、魏伯陽

漢朝從武帝獨尊儒家，設立學官，但是道家的思想卻盛行，南北朝的玄學即是道家之學。道教也在東漢時創立。漢朝繼承春秋戰國的風氣，迷信鬼神，追求長生。道教便以求長生爲宗旨，演出仙丹和吸引導氣之術。魏伯陽爲東漢末的煉丹術士，採用易經的氣運思想，解釋煉丹的理由，著有參同契一書。

煉丹的素材爲水銀、鉛、硫黃；水銀爲龍，鉛爲虎，硫黃爲黃芽。素材放在鼎內，鼎下加火，水銀和鉛和硫黃化解相合結成丹藥，吸入人身體內，固定元氣，長生不老。煉丹術的關鍵點，在於火候。魏伯陽藉易卦的陰陽變易，同月亮的虛盈配合而成「月體納甲說」。周易以「一陰一陽之謂道」爲宇宙變化的原則，一年四季由陰陽變化而成。漢易以四正卦象徵四時和四方。參同契有「水火匡廓圖」。

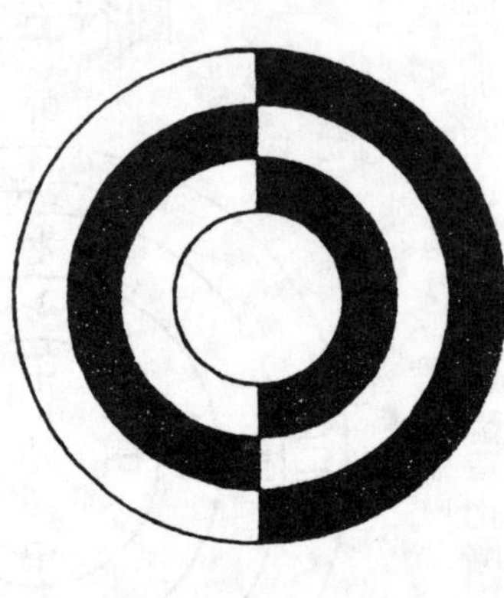

「此圖式中，左半爲離卦，右半爲坎卦象，白者爲陽爻，黑者爲陰爻，就煉外丹說，左離爲青龍即丹砂，右坎爲白虎即鉛。當中的小白圈，指丹藥。此圖式，後來成爲道教講煉丹的圖式之一，宋初道士陳摶的無極圖和道學家周敦頤的太極圖，皆出于此。」（朱伯崑 易學哲學史 第一卷 頁二五六）

參同契提出「三五與一」，以五行相剋的關係，解釋鉛汞加溫起反應，化成金丹的過程，煉丹術的關鍵點在於火溫，參同契說明火溫隨月亮的盈虛而轉移。

「此圖式中，八卦納甲的次序，皆本于京房說。月初位于西方，月望位于東方，亦本于京房說。太平御覽卷四引京房易說說：『月初光，見西方，己後生光見東方，皆日所照，』認爲月體無光，因日照而生光。參同契據此，置坎離于中宮，意謂「日月爲易剛柔相當」，表示月體憑日光而發光，乃月亮盈虧的根源。

月體納甲圖

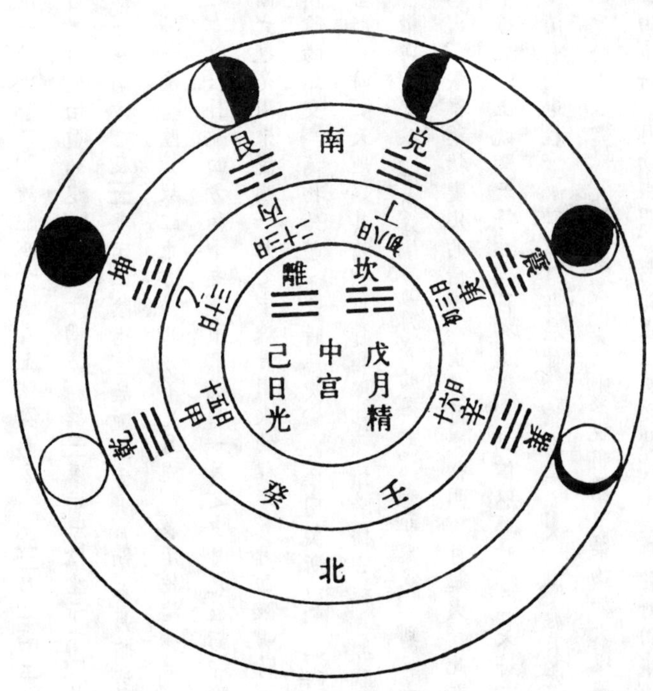

按卦氣說，震居東方，兌居西方，此圖式以震居西方這是因爲月初生光在西方，震☳表示一陽生于下，故配西方。月上弦在南方，兌☱乃二陽生之象，故以兌卦配南方。月光由盈始退，亦見于西方，巽☴表示一陰生于下，故以巽配西方。月下弦亦在南方，艮☶表示二陰生，故配南方。月望和月晦皆在東方，乾☰爲全陽，坤☷爲全陰，故配東方。北方不見月光，表示乾消坤藏，分別配以壬癸。總之，以六卦配四方和干支，用來說明一月之中月光盈虧即陰陽消長的過程。此圖式也是用來說明一月之中煉丹用火的程序。月初微明時，即震卦一陽生，表示陰陽始交，萬物始萌，此時起火。即參同契所說：「晦至朔旦，震來受符。當斯之時，天地媾其精，日月相撣持。雄陽播玄施，雌陰化黃包，混沌相交接，權與樹根基。」以後，隨月亮的盈虧，調節火候，到三十日，坤卦用事時，息火，觀察藥物變化的情況；次月月亮初明，再起火。此即參同契所說「聖人不虛生，上觀顯天符。天符有進退，詘信以應時。」「天符」指月亮的盈虧即陰陽消長的過程。「詘信」即屈伸，指增減炭火，順應月光的變化，此即「屈伸以應時」。據說，此圖式，也是用來說明鼎中藥物加火以後變化的過程。如震卦用事時，月初微明，乃鉛汞始交之狀；十五日乾卦用事，乃鉛汞融合之狀；到三十日，坤卦用事，鉛汞初成丹藥，此爲一轉，即一次變化。」

（朱伯崑　易學哲學史　第一卷　頁二六六）

漢易的宇宙觀，總括漢易卦氣的思想，宇宙開始有太易、太初、太始、太素、太極，總爲一氣。一氣分陰陽，陰陽分五行。陰陽五行之氣，在宇宙周遊，變化不停，化生萬物。宇宙的變化，有時間的四季，有空間的四方，四季又有十二月，二十四節氣，七十二候，這一切都由卦和爻去配合，象徵陰陽變化的含義。人事世界，也有變化，也由陰陽五行而成。節制人世變化的天干地支和倫理道德，也用卦爻去配合，這樣人事變化和宇宙變化互相關連，周易的卦爻由占卜吉凶，展開到哲學的宇宙論，又擴展到人事的倫理道德。到了後代，周易的卦又發展爲醫學、音樂、數學的基本原理，周易成爲萬能的學術。

2. 漢朝儒家哲學的宇宙觀

甲、呂氏春秋

經過戰國的百家爭論，漢朝的思想界趨於沈靜。秦始皇焚了經書，漢朝學者辛苦地搜尋古籍，加以整理，詳作註釋，這份學術工作，構成了後代所謂漢學或經學。易經沒有被焚，漢朝社會又多迷信，易卦的研究結成漢朝的易學。除了經學和易學外，漢朝儒者的思想沒有造成漢代的哲學，祇是把戰國時代的陰陽五行和吉凶、長生等迷信，作成了系統。但是這種系統對宋代理學家的思想，作了開始的導遊。這種系統思想的代表，是董仲舒。

開啓漢朝哲學思想的路，爲呂氏春秋。呂氏春秋爲秦朝宰相呂不韋集合賓客所作，說明治天下之道，在法天地。

呂氏春秋的宇宙觀，以氣爲宇宙元素，以天地相合化生萬物。

「天地有始，天微以成，地塞以形，天地合和，生之大經也。」（呂氏春秋 卷十三 有始篇）

高誘注說：

「天，陽也，虛而能施，故微以生萬物。地，陰也，實而能受，故塞以成形兆也。」、

「夫物合而成，離而生。知合知成，知離知生，則天地平矣。」（同上）

成，爲易傳所說「一陰一陽之謂道，……成之者性也。」的成字。離，爲麗字，易經離

卦配火，或置東方或置南方都象徵發揚。物的化生，由陰陽相合而成，由陰陽相麗附而生。陰陽兩氣在宇宙間周遊不停，循環變化，造成一年的十二個月。每一個月陰陽兩氣結合的程序，造成自然界的各種現象，人君施行政治，應該和自然現象配合，實現教法天地，呂氏春秋有「十二紀」。

「孟春之月，……是月也，天氣下降，地氣上騰，天地和，草木繁動。」(正月紀)

易經泰卦，三陽三陰，「小往大來，吉亨，則是天地交而萬物通也。」「象曰：天地交，泰。后以財成天地之道，輔相天地之宜，以左右民。」

「十二紀裡，列出每一月的數、律、味、草、虫、禽獸，以及天地自然氣候，和君王應穿的衣服，應吃的食物，應行的政事，這一切都含有五行，都要和時間中的五行相配合。時間爲月季，君王應按月季去安排一切，以實現天地人的合一，結成一個生命的大調協。」(羅光　中國哲學思想史　第二冊　兩漢南北朝篇　頁二十一)

呂氏春秋卷二十的召數篇，講論人事和自然現象的感應，顯示上天對人君人民善惡的賞罰。人的行善，動用人氣，行爲的善惡，動用的氣有善惡。人的善惡之氣感動天地間的善惡之氣，生出自然吉祥或災異的現象，這種現象警告人君，天將有賞罰。

「類同相召，氣同則合，聲比則應，故鼓宮而宮應，鼓角而角動，以龍致雨，以形逐影，禍福之所來，衆人以爲命焉，不知其所由。」（召數篇）

禍福的由來，乃來自人的善惡。這種氣運的思想，是結合春秋戰國的陰陽五行和方士的迷信，成了人生之道。

乙、董仲舒

董仲舒乃漢代哲學的代表，以治公羊傳著名，著有春秋繁露一書。孔子的春秋重宗法禮制，公羊傳更重君王的地位。董仲舒提倡儒家尊王的思想，說明災異出於上天的警戒，把陰陽五行和天意相結合，結成一種天人相應的學說。

董仲舒的宇宙觀，講「元」，爲宇宙之始。

「謂一元者，大始也。」（春秋繁露 卷三 玉英）

「是以春秋變一謂之元，元猶原也，其義以隨天地終始也。」(同上 卷五 重政)

「元爲一，爲開始，爲根源。天地萬物的根源和開始，在於一氣，這種氣稱爲元氣。元氣不分陰陽，周遊天地，爲天地萬物的成素。」(羅光 中國哲學思想史 第二卷 頁一七二)

「董仲舒的宇宙觀，以氣爲元爲一，由氣分陰陽，四時，五行。陰陽四時五行，都是氣。易經曾講陰陽，以陽爲剛，陰爲柔，陽爲明，陰爲晦；然而易經還沒有明顯的陰陽的氣的兩類，董仲舒則明明指出這一點。」(同上 頁一七二)

戰國時，已有陰陽相生相剋的觀念，董仲舒系統地說明這種關係，正式成爲哲學的思想。

「木生火，火生土，土生金，金生水，水生木，此其父子也。木居左，金居右，火居前，水居後，土居中央。此其父子之序，相受而布。是故，木受水而火受木，土受火而金受土，水受金也。諸授之者，皆其父也，受之者，皆其子也。」(春秋繁露 卷十一 五行之義)

「五行之隨，各如其序，五行之官，各致其能。是故木居東方而主春氣，火居

南方而居夏氣，金屬西方而主金氣，水居北方而居冬氣。是故木主生而金居殺，火主暑而水主寒。」（同上）

「金勝木，水勝火，木勝土，火勝金，土勝水。」（春秋繁露 卷十三 五行相勝）

五行相生相剋的次序，原是自然界五行所標示物體的關係。木生火，爲鑽木取火；火生土，爲火燒物而成灰；土生金，乃金屬生於土中；金生水，即金屬鎔化成爲液體；水生木，乃樹木由水而能生。鐵劈木，即金勝木；水淹火，即水勝火；木插入土中，即木勝土；火鎔化金屬，即火勝金；土塡水，即土勝水。這種自然現象應用到哲學本體論，是從陰陽兩氣的變化去作內容，也由卦爻的變去解釋。

董仲舒在春秋繁露，講天人合一，對於「天」，有五種意義；信仰的上帝；神化的自然天；感應的氣天；副人的形天；天理的哲天。五種意義的天中，第二種神化自然之天和第四種配人的形天，爲他的宇宙觀的天。董仲舒以天地生物，爲萬物之本，神妙莫測，有情有心。

「天地者，萬物之本，先祖之所出也。廣大無極，歷年衆天，永永無疆。天出主明，衆知類也，其伏無不炤也。地出主晦，星日爲明不敢闇。」（春秋繁露 觀

德）

神化的自然天，人可以體會到，但不是所看見的；所看見的天是形天，形天的結構和人的身體一樣，或更好說人身的結構和天的結構一樣，從人身的結構可以看到天的結構。人頭圓配天，形體骨肉配地，耳目配日月，身體的空竅血脈配水川山谷，頭髮配星辰，四肢配四季，身體大節十二配十二月，小節三百六十六配一年日數，乍視乍瞑配晝夜，乍剛乍柔配冬夏，情感喜怒哀樂配天氣變化。這種配合很機械化、很俗化，較比漢易的卦氣說所作配合更見勉強。但也可見董仲舒的宇宙論，和人事倫理，結合一起，結合一種物質性的天人合一說。董仲舒的宇宙論祇在配合人事倫理方面，較有新的意義，他所講的氣的變化，也是當時周易學者卦氣派所講，他在春秋繁露中說：

「初薄大冬，陰陽各從一方來，而移於後。陰由東方來西，陽由西方來東，至于中冬之月，相遇北方，合而爲一，謂之曰至。別而相去，陰適右，陽適左，……至於仲春之月，陽在正東，陰在正西，謂之春分；春分者陰陽相半也。……初得大夏之月，相遇南方，合而爲一，謂之至。別而相去，陽適左，陰適右，……至於中秋之月，陰在正東，謂之秋分；秋分者，陽陰相半也。」（春秋

繁露卷　陰陽出入）

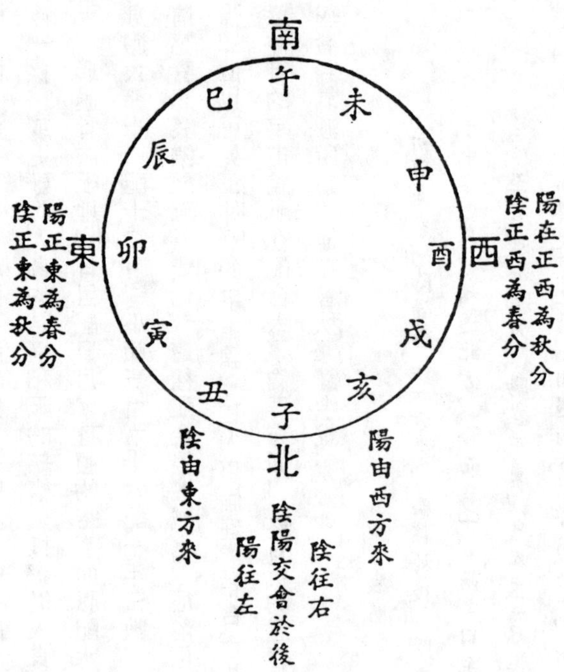

一年四季，由陰陽運轉而成。春分和秋分都爲陰陽相半，跟卦氣說的主張不相同，卦氣說以東，春，爲陽漸盛，陰漸衰，實際上陰多於陽。卦氣說以西，秋，爲陰漸盛，陽漸衰，實際上則陽多陰少。這些差異，卦氣說中也有。

董仲舒的宇宙論，以一元之氣爲宇宙之始，一元之氣分陰陽，再分爲五行。

丙、淮南子

淮南子一書，爲淮南王劉安的賓客所作，書中充滿道家的思想；但又以治國平天下爲宗旨，書中也有儒家的思想。

淮南子書中講宇宙演變歷程的篇章有三篇。俶眞訓篇中抄襲莊子齊物論的次序，加了一些混迷的說明。莊子齊物論說「有始也者，有未始有始也者，有未始有夫未始有始也者。有有也者，有無也者，有未始有無也者，有未始有夫未始有無也者。」淮南子俶眞訓說「有始者，有未始有有始者，有未始有夫未始有有始者。有有者，有無者，有未始有有無者，有未始有夫未始有有無者。」這兩書所說的次序完全相同，淮南子是抄襲莊子。莊子所排的七個次序，不是一列式的，而是分成兩列：一列以「始」爲標準，一列以「無」爲標準。「始」的一列有三個次序，「無」的一列有四個次序。這兩列並不是平行，又不能排成一列。按照俶眞訓的解釋，勉強可以列爲一行，共有六個次序。

但是天文訓所講的次序，則很明白。這個次序是道—宇宙—氣—天地—陰陽—四時—萬物。

精神訓則很簡單，演變的歷程爲道—陰陽—萬物—人。

淮南子各篇所有的共同點是「氣」，天地人物都由氣而成，淮南子一反普通儒家所說，把天地放在陰陽以先。儒家普通以陰陽在先，天地在後，天地爲陽陰兩氣所成。尤其天文訓所說有自相矛盾之處。「氣有涯垠，清陽者薄靡而爲天，重濁者凝滯而爲地。……天地之襲精爲陰陽。」在講天地之成爲天地時，也說出由陽陰兩氣而成，因爲清陽者即是陽氣，重濁者即是陰氣。然後卻又說：「天地之襲精爲陰陽，以陰陽爲天地之合氣而成。」這不是自相矛盾嗎？淮南子似乎採取列子的演變次序，氣、形、質。氣爲氣，形爲天地，質爲陰陽，天地在陰陽以先。莊子的演變歷程在齊物論一篇中講述，他使用齊有無，齊死生的方法。有有，有無，更好沒有有無，最好沒有所謂沒有有無。他對於有始和沒有始，也是一樣的說法。這就有似於佛教的中論或三論，有有，有空，更好沒有有和空，一切平等。這樣一來，對於演變的歷程便沒有意義了。淮南子加以許多說明，說明多含混不清，不能分析上下先後的層次。

老子道德經論「道」，從「道」的本體立言。雖說「道」不可道，但是老子還是勉強講論「道」的本體。莊子論「道」，已經注重「道」的演變。淮南子論「道」則專從「道」的演變去說，對於「道」的描述，是描述宇宙演變的源起時的狀態。「天地未形，馮馮翼翼。」「覆天載地，廓四方，析八極，高不可際，深不可測。」「天地未剖，陰陽未判，……寂然清澄，莫見其形。」僅祇從淮南子所說的去研究「道」，不能有一個對於「道」的明確觀念，要參照老子的話，才可以知道「道」是什麼。淮南子說：

「道至高無上，至深無下，平乎準，直乎繩，圓乎規，方乎矩，包裹宇宙，而

無表裡；」（繆道訓）

這一段所講的道，雖可以是實體的道，然更合於天地人物之道，為一切變化的規矩方圓。

書篇								
道德經第四十二章	道		道生一		道生二		道生三	三生萬物
莊子齊物篇	未始有有夫未始有無也者。	未始有無也者。	有無也者未始有夫未始有始也者。	未始有始也者。			有始也者。	有有者。
列子天瑞篇	太易未見氣也。		太初者，氣之始也。	太始者，形之始也。	太素者，質之始也。		氣形質具而未相離。	

淮南子俶眞訓	精神訓
未始有夫未始有有無者，天地未剖陰陽未判。	古未有天地之先，惟像無形。
未始有有無者包裹天地，陶冶萬物，大通混冥。	
未始有夫未始有有始者。天含和而未降，地懷氣而未揚，虛無寂寞。有無者，視之不見其形，聽之不聞其聲，……浩浩瀚瀚。	
未始有始者，天氣始下，地氣始上，陰陽錯合。	
	有二神混生，經天營地……於是乃別爲陰陽。
有始者繁憤未發，萌兆牙蘖，將欲生興，而未成物類。	
有有者言萬物摻落，根莖枝葉。……而有數量。	剛柔相成，萬物乃形。

天文訓
道始於虛霩。
虛霩生宇宙。
宇宙生氣，氣有涯垠。
清陽者爲天，重濁者爲地。
天地之襲精爲陰陽。
陰陽之專精爲四時。
四時之散精爲萬物。

（羅光 中國哲學史 第二冊 頁五五四—五五七）

淮南子的宇宙演變歷程，有道家的思想，又有儒家的演變歷程，因爲作者爲不同一人，作者的思想乃不相同；然而不同中有共同點，即是「氣」。宇宙由氣而成，氣在天地間周遊運轉。淮南子詮言訓中，說明陰陽運轉的途徑。

淮南子的思想，以陰陽並重，一年四季的變易由陰陽兩氣用事。

「陽氣起于東北，盡于西南。陰氣起于西南，盡于東北。陰陽之始，皆調適相似，日長其類以侵相還四或熱焦沙，或寒凝冷。」（詮言訓）

天地間的氣，分陰陽兩氣外，尚有「和氣」，「精氣」。「和氣」是天地之氣，「陰陽錯合」，有似於漢儒所說的「元氣」。「和氣」也在人身體內，人養和氣以保身體安寧，心

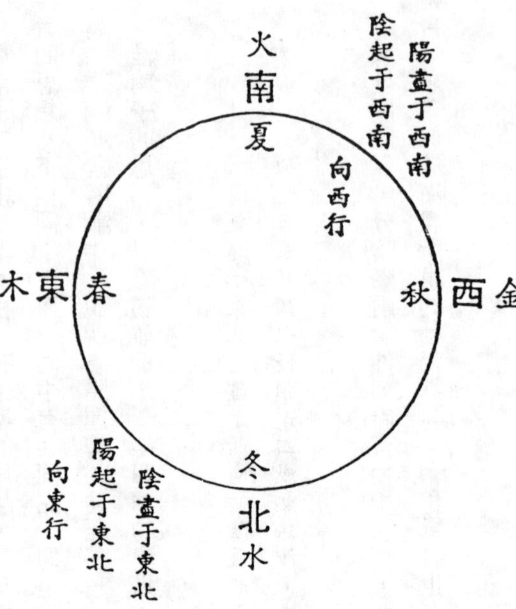

靈恬靜。「精氣」爲氣的精，在人成爲人的精神，爲人生命中心，乃是人的心靈。在天地中爲氣的動力，天文訓篇中說：「天地之襲精爲陰陽，陰陽之專精爲四時，四時之散精爲萬物。」

淮南子講宇宙的結構，以「泰一」爲宇宙的開始。儒家以太一解釋太極，鄭玄又以太一爲北斗星，爲泰一神。淮南子以一爲道所立。

「道者，一立而萬物生矣。是故一之理，施四海；一之解，際天地，百事之根皆出一門。」（道德訓）

按老子道德經所說：「道生一，一生二，二生三，三生萬物」，淮南子的一，爲老子所說的一。道爲無，一爲有，有爲氣，一爲不分陰陽之氣。高誘注淮南子以一爲道。

「天氣爲魂，地氣爲魄，反之玄房，各處其宅，守而勿失，上通太一。太一之精，通於天道，天道玄默，無容無則，大不可極，深不可測，尚與人化，知不能得。」（主術訓）

這種思想和道教的養生術相似，所用名詞，意義不清楚，內容也混迷不清。淮南子的思想代表漢末和魏晉南北朝的傾向，以道家融合儒家，王弼注易就是實現這種傾向。

漢朝儒家哲學的宇宙觀，和漢易的宇宙觀相同，淮南子的宇宙演變歷程雖出自莊子但和易緯乾鑿度的內容相彷彿。這種宇宙觀成爲宋明儒家宇宙觀思想的基礎。

三、宋明儒家的宇宙觀

漢朝儒家的宇宙觀，以漢朝易學爲主幹，這種趨勢在宋明儒家的宇宙觀，佔了相同的地位，因爲儒家宇宙觀，由周易建立。宋明易學繼承了漢朝易學，漢朝易學已形成易氣、易象、易數、易形、易理的派別。易理派最後出現，由王弼建立，然漢朝的費氏易已開易理派的先路。易氣的思想不僅成立一派，然通行在易象、易數、易形之中，在後代幾不可分，以至易氣不再成一派。

宋代為儒家哲學的復興期，稱為新儒學時代，稱為理學時代，理學時代的開路人為周敦頤，周敦頤的思想以「太極圖」和太極圖說作代表。太極圖的來源，大家都肯定來自道教的陳摶。陳摶所傳為周易的象數學，因此為解釋理學家的宇宙觀，先要講宋明易學的宇宙觀。

1. 宋明易學的宇宙觀

甲、陳摶的易圖

魏伯陽參同契以圖形解釋煉丹的歷程，圖形依據易學的氣運，開闢了唐宋的易圖學，易象的主旨，在於以象解釋易經的卦爻辭，為卜占之用，在漢易中非常發達，然對於哲學宇宙論沒有關係，僅有後來的先天後天卦位圖，和宇宙結構略有關連，同時又和易數的河圖、洛書說連結一起。關於卦數說，後面將有解說。

陳摶，號稱為華山道士，居華山四十年，宋太宗號他希第先生，曾傳三種圖式，「先天太極圖」、「龍圖」、「無極圖」。

(A)陳摶的先天太極圖：早已失傳，現存的是蔡元定從四川一位隱者所得，保存在明初趙撝謙的六書本義中。

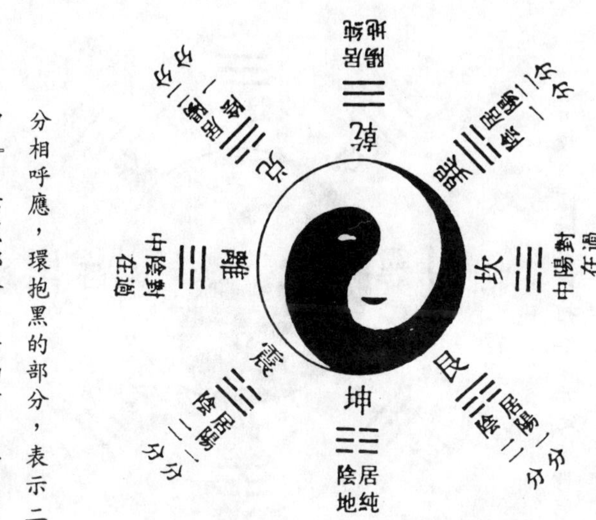

圖中黑白兩條魚形，乃陰陽二氣環抱之抱，陰氣盛居坤卦之位，于北方爲陰氣；陽氣盛於南方，純陽，成乾卦之位；陰氣極于北，陽氣始生，居東北震卦位，卦象爲一陽二陰，表示陽氣尚微弱。其後，經過東方離卦，東南兌卦位，至乾卦位，陽氣極盛，卦象爲三陽。陽氣極于南，同時一陰生起，迎接陽氣。陰氣初生，居西南巽卦位，卦象爲一陰二陽，表示陰氣尚薄弱。其後，經過西方坎，西北艮，至坤卦位，卦象爲三陰，陰氣極盛。如是，循環不已。圖中左白部分，居東方，與右白部分相呼應，環抱黑的部分，表示二陽中挾一陰，爲離卦象，此即『對過陰在中』，右黑部分，居西方，與左黑部分相呼應，環抱白的部分，表示二陰中挾一陽，爲坎卦象，此即『對過陽在中』。圖中左白部分，從震卦☳一陽生，到離卦☲二陽挾一陰，再到兌卦☱二陽增長，最後到乾卦☰三陽極盛，爲陽息的過程。右黑部分，從巽☴一陰生，經過坎艮兩卦，二陰增長，到坤卦三陰全盛，爲陰息的過程。」（朱伯崑　易學哲學史　第二卷　頁一四）

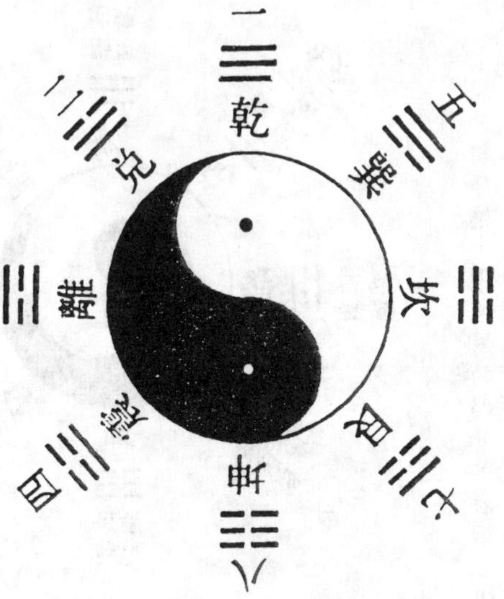

一 ☰ 乾　五 ☴ 巽　六 ☵ 坎　七 ☶ 艮　八 ☷ 坤　四 ☳ 震　三 ☲ 離　二 ☱ 兌

這個圖形，來自魏伯陽的參同契，其中八卦方位說、陰陽消息煉內丹說，爲中心的思想。趙撝謙傳另一種「先天圖」，和「先天太極圖」有些差別。

「乾一表示陽精，坤八表示母胞，即子宮，乾上坤下，表示父母媾精，如其所說：「受胎之後，藏于坤宮。」其它六卦方位表示陰陽二氣相交在體內互爲起伏的過程，故以陰陽魚環抱之象示之。即乾一陽交坤爲震，二陽交坤爲坎，三陽交坤爲艮；坤一陰交乾爲巽，二陰交乾爲離，三陰交乾爲兌。巽居西南，艮居西北，表示陽氣由起到伏，故陽魚象居西方，頭上尾下。震居東北，兌居東南，表示陰氣由起到伏，故陰魚象居東方，頭下尾上。此圖式表明陰陽魚環抱之太極圖象，在宋元時期屬于道教易學系統，成爲道教解釋煉丹術的依據之一。」（朱伯崑　易學哲學史　第二冊　頁六八）

兩圖的黑白兩魚相抱，或東或西，在後代都有影響，八卦方位，都以乾南坤北，離東坎西，就是後來邵雍的「先天伏羲卦位圖」的依據。

(B)易數學以易傳的大衍之數爲根據，企圖作一解釋，內容則以河圖、洛書作中心。河圖洛書之學，相傳也出於陳摶。陳摶作龍圖，龍圖有三變，第一變即天地未合之數，其圖式如下：

天數

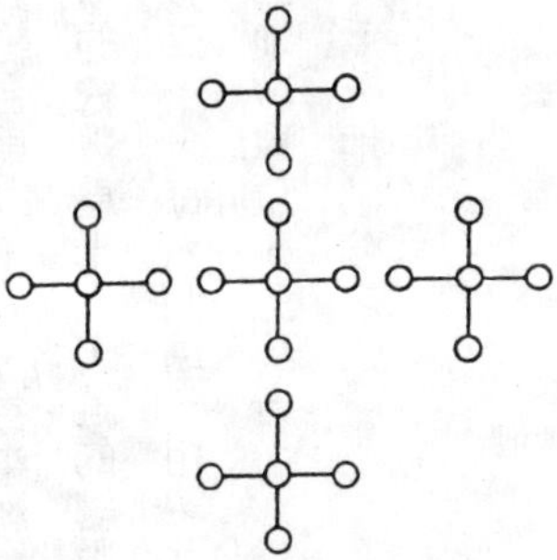

地數

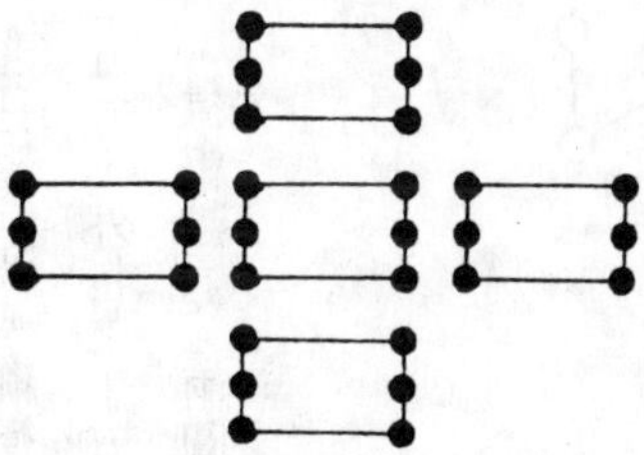

天數圖，天數總合爲二十五，每組縱橫之數皆三，代表天三。五組合列，縱橫之數皆九，代表天九。橫的總數爲十五，縱的總數也爲十五，代表中貫三五九，外包之十五。

地數圖，地數三十，每六個爲一組，共分五組，五組縱橫排列，每組數六。兩圖以五爲天數單位，以六爲地數單位，五爲奇，六爲偶。

龍圖第二變，爲天地已分之位。

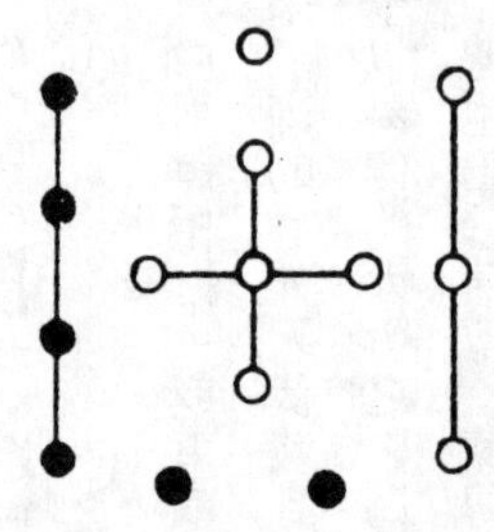

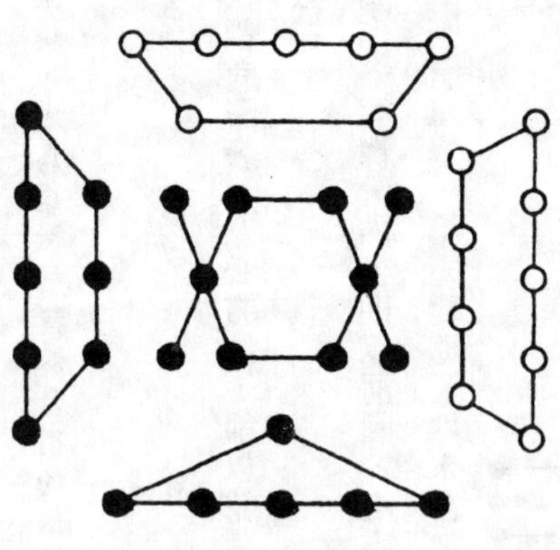

上圖天數中的五組，共去十個數，成爲奇偶相配，所去的十個數，隱藏在下圖中的十。上圖地數圖中六一組，去一加于上一組爲七；去二加于下一組爲八；去三加于右六一組爲九；下六一組不加任何數，仍爲六。這圖，偶數組爲六、八，奇數組七、九，分居四方，中十爲偶數，來自天數組去掉之十。兩圖的總數爲五十五，爲天地之數。

龍圖第三變，即第二變中的上下兩圖合在一起，成爲龍馬負圖。

河圖

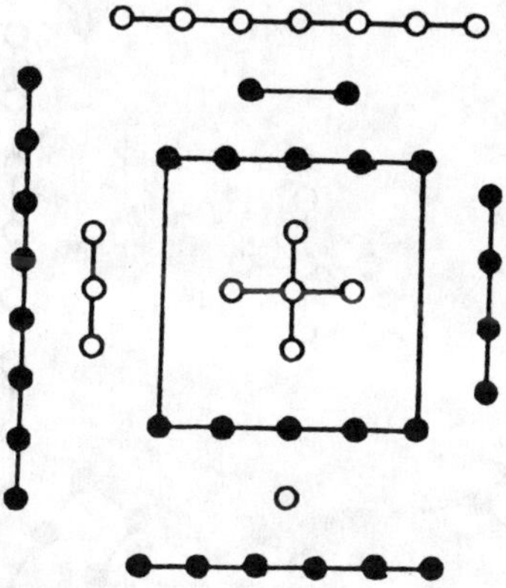

天一和地六重疊。天上地下。

地二與天七相重。天居上，地居下。

天三與地八相重。

地四與天九相重。

天五與地十相重。

這圖是五行的生數和五行的成數相合。下爲北方，天一生水，地六成之。上爲南方，地二生火，天七成之。左東方，天三生木，地八

洛書

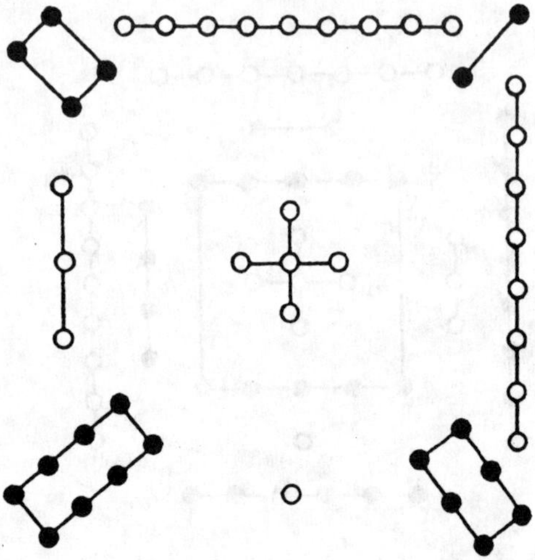

成之。右西方，地四生金，天九成之。中央天五生土，地十成之。

龍圖第三變另一圖形，清江永河洛精蘊書中所繪。

奇數一三七九，分別居於四方正位。

偶數二四六八，分別居於四角。

龍圖的三變，用爲解釋八卦的起源。

(C)無極圖，爲方士煉丹的方術，黃宗炎在圖學辯惑說：

「乃方士修煉之術，其義自下而上，以明逆則成丹之法。其大較重在水火，火性炎上，逆之使下，則火不燥烈，唯溫養而和煖；水性潤下，逆之使上，則水不卑濕，唯滋養而光澤，滋養之至，接續而不已；溫養之至，堅固而不敗，律以老氏虛無之道已爲有意。其圖下圈名爲玄牝之門，玄牝即谷神。牝者竅也，谷者虛也，指人身命門兩腎空隙之處，氣之所由以生，是爲祖氣。凡人五官百骸之運用知覺，皆根于此。于是提其祖氣上升爲稍上一圈，名爲煉精化氣，煉氣化神。煉有形之精，化爲微芒之氣。煉依希呼吸之氣，化爲出入有無之神。使貫徹于五臟六腑，而爲中層之左木火，右金水，中土相聯絡之一圈，名爲五氣朝元。行之而得也，則水火交媾而爲孕。又其上之中分黑白而相間雜之一圈，名爲取坎塡離，乃成聖胎。又使復還于無始，而爲最上之一圈，名爲煉神

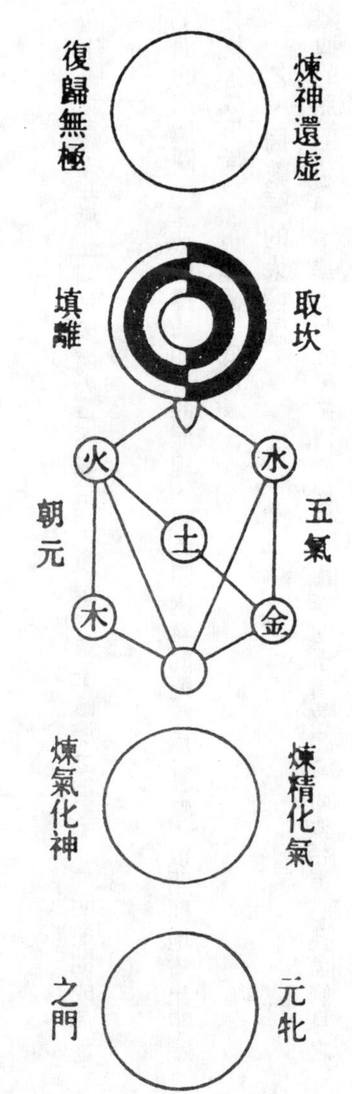

還虛，復歸無極，而功用至矣。」

黃宗炎認爲，此無極圖是講煉內丹的過程，所謂「方士修煉之術」、「明逆則成丹之法」。

上面的無極圖，道教解釋煉內丹的歷程，以陰陽兩氣的運行爲骨幹，很明顯地畫出了宇宙的結構，成爲周敦頤太極圖的底稿。

乙、周敦頤的太極圖

陳摶的無極圖曾刻于華山石壁，後傳於穆修，穆修傳于周敦頤。周敦頤專心孔孟修身之學，曾教二程尋顏回的樂處，以體會聖賢的生活。他不是易學家，但有心建立儒家形上學的系統，乃研究易經，採用陳摶所傳的無極圖，解釋宇宙化生萬物的演變歷程，易傳說明「易有太極，太極生兩儀」，漢儒建立五行的系統，周敦頤結合易傳的太極兩儀和漢儒五行的思想，把陳摶的無極圖加以修改，畫成他的太極圖，又作太極圖說。太極圖和太極圖說都經過朱熹的修訂，筆者懷疑不同於周敦頤的原著，但所不同點，祇在於無極和太極的表示。

清初毛奇齡考訂太極圖，提出南宋朱震向宋高宗所進的周敦頤太極圖，圖形如下：

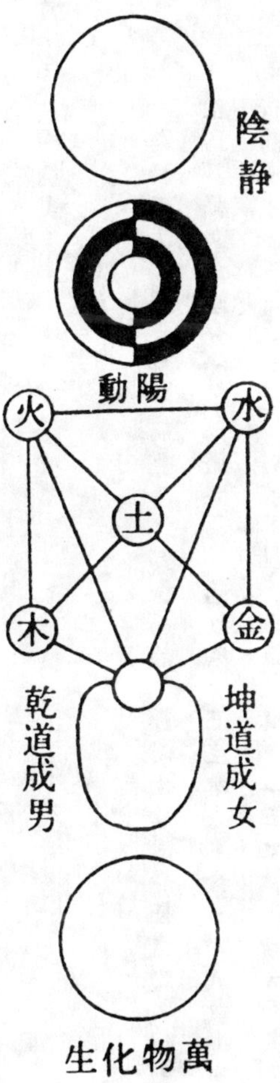

陰靜
陽動
火　水
土
木　金
乾道成男
坤道成女
萬物化生

這圖上圈爲白圈，注文爲陰靜，下面第二圈黑白相轉，注文爲陽動。朱熹曾說「舊傳圖說，皆有錯謬……，改而正之。」（朱文公文集　卷四十二）白圈或白條，普通代表陽，這圖上圈爲白圈，注文陰靜，意義不合。

今本道藏「洞玄部」有「上方大洞眞元妙經圖」，圖中有「先天太極圖」，圖形如左：

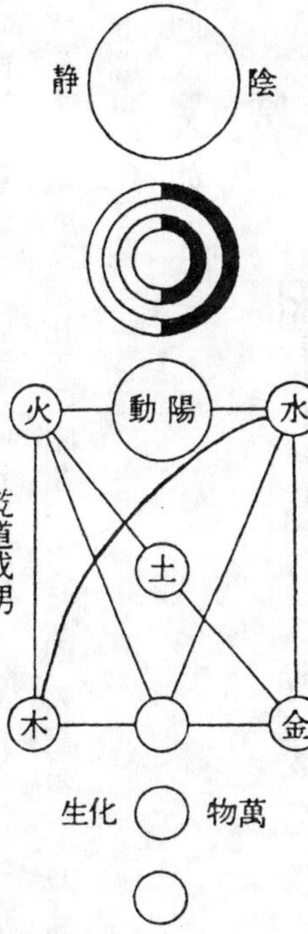

陰靜
陽動
火　水
土
乾道成男
坤道成女
木　金
萬物化生

這圖和上一圖的不同點：第一，上圖第二圈爲陰陽相交坎離相抱，這圖第二圈爲乾坎相抱。第二，上圖乾道成男，坤道成女列在第四圈左右，此圖則列在第三圈左右；第三點，上圖陽動標示第二圈，此圖標明第三圈。

朱熹修訂的太極圖，圖形如下：

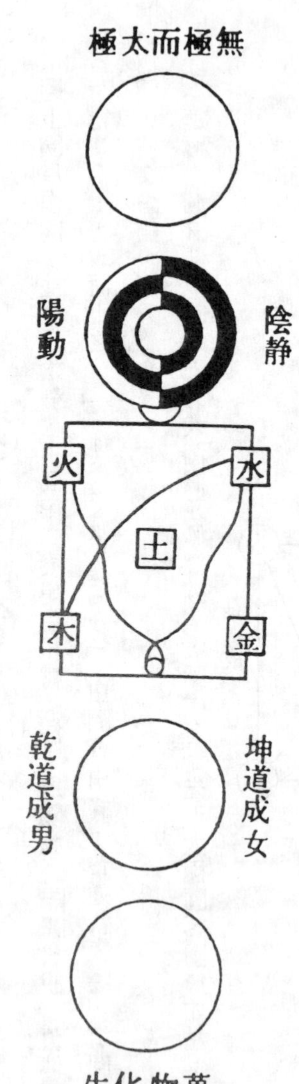

周敦頤的太極圖說：

「無極而太極，太極動而生陽，動極而靜，靜而生陰。靜極復動，一動一靜，互爲其根。分陰分陽，兩儀立焉。陽變陰合而生水火木金土，五氣順布，四時行焉。……五行之生也，各直其性，無極之眞，二五之精，妙合而凝，乾道成男，坤道成女，二氣交感，萬物化生，萬物生生而變化無窮焉。」

「太極圖」的來源按圖形說是來自陳摶的「無極圖」，內容的解說，則來自易經。在後面講理學的宇宙觀，將就「太極圖」的內容加以說明。周敦頤的「太極圖」總結了從易傳開始，經過兩漢易學發展的宇宙觀，建立了中國哲學的宇宙觀。

丙、劉牧的河圖洛書

漢易的特點，在於卦氣，但為占卜，特別發展了卦變的卦象，卦數並沒有多大的發揮。到了宋朝，繼承陳摶的三變龍圖，興起了河圖洛書的易學。北宋中期劉牧倡「圖九書十說」。圖九為九宮圖，稱為河圖；書十為五行生成圖的中央之天地之數，稱為洛書。

劉牧的洛書圖如下：

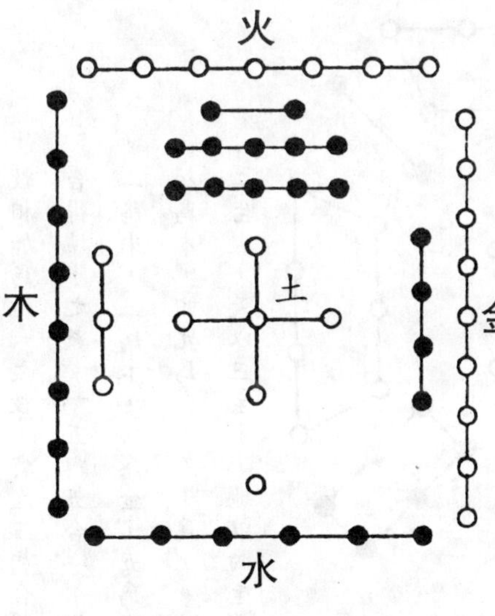

「此是說，中宮之五數與下一

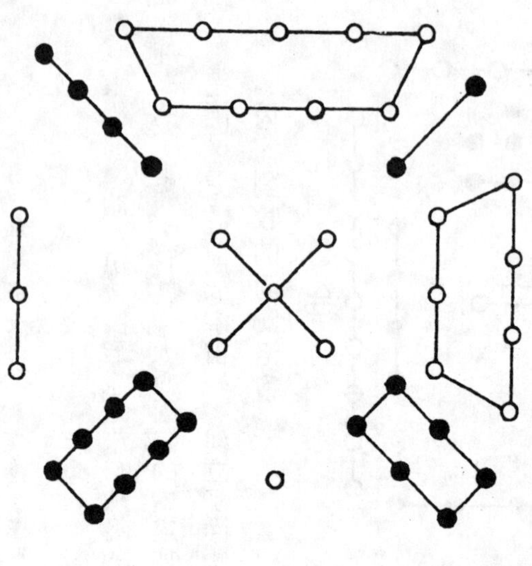

數相加爲地六之數，與左三相合得地八之數，與右四相合得天九之數，與五相合得地十之數。『五與五合』，指中宮五的倍數爲十。按洪範說法，一爲水，二爲火，三爲木，四爲金，五爲土，配以成數，所以一六爲水，二七爲火，三八爲木，四九爲金，五十爲土。此說來于漢書·五行志：『天以一生水，地以二生火，天以三生木，地以四生金，天以五生土』；『水之大數六，火七，木八，金九，土十。』」（朱伯崑 易學哲學史 第二冊 頁三三）

這圖的特點：一、陰陽各有匹偶；二、五行的順序爲五行之生數；三、天地之數爲五十五。

劉牧的河圖形如下：

「此圖即張理所說的陳摶龍圖易第三變中的九宮圖，七、九、四的排列圖式，稍有不同。劉牧對

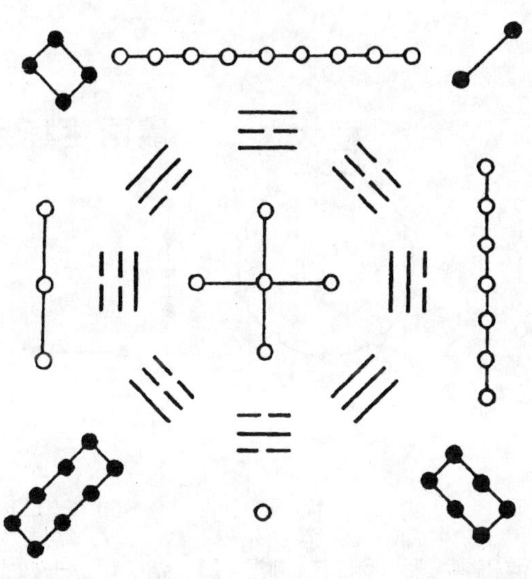

此圖的解釋，其來源有二，一是來于漢唐的九宮說。易緯的九宮說，到南北朝時期，被佛學家兼數學家甄鸞解釋爲神龜的形象。其于數術記遺中注九宮說：「二四爲肩，六八爲足，左三右七，戴九履一，五居中央。」唐王希明于太乙金鏡式經中亦說：「九宮之義，法以靈龜，以二四爲肩，六八爲足，左三右七，戴九履一。」南北朝以來的學者以龜形解釋九宮之義，大概是認爲九宮之九與洪範中九疇之九有關，漢人已稱洪範爲洛書，乃神龜所負之文，故以神龜之形象解說九宮之數。而劉牧則將漢唐的九宮說，稱爲河圖，將龜形改爲龍馬之形。」（朱伯崑　易學哲學史　第二卷　頁三五）

劉牧以河圖爲八卦之源，在「易數鉤隱圖」中說：「且天一生坎，地二生離，天三處震，地四居兑，天五由中，此五行之生數也。且孤陰不生，獨陽不發，故子配地六，午配天七，卯配地八，酉配天九，申配地十。既成五

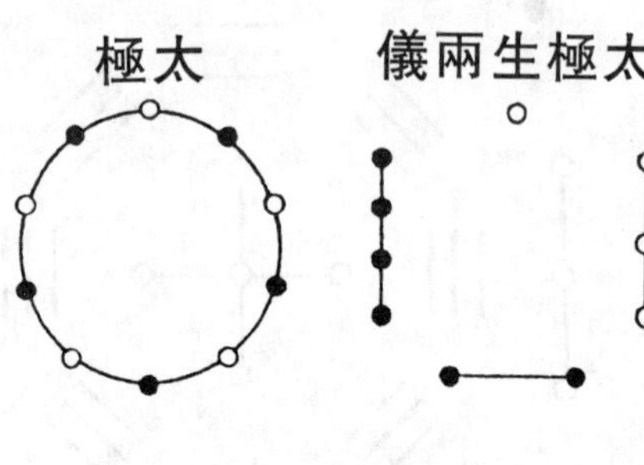

兩儀生四象

行之成數，遂定八卦之象，因而重之以成六十四卦三百八十四爻，此聖人設卦觀象之奧旨也。」按劉牧所說，可成下圖：

這圖以坎離震兌爲四正卦，居四正位。離居南方，但按九宮說離的數爲二，圖中的二，居在西南隅。鄭玄以離的數爲九，圖中的九則居在南方，劉牧採鄭玄的說法。

劉牧又有太極生兩儀，兩儀生四象，四象生八卦的圖形：

劉牧解釋太極說，「太極無數與象，今以二儀之氣，混而爲一以畫之，蓋明二儀所從生也。」劉牧解釋「太極生兩儀」圖式說：

「太極者一氣也。天地未分之前，元氣混而爲一，一氣所判，是曰兩儀。不云乎天地而云乎兩儀者，何也？蓋以兩儀則二氣始分，天地則形象斯著，以其始分兩體之儀，故謂之兩儀也。」

劉牧解釋兩儀生四象說：

「夫五上駕天一而下生地六，下駕地二而生天七，右駕天三而左生地八，左駕地四而右生天九，此河圖四十有五之數耳。斯兩儀所生之四象。」

四象生八卦

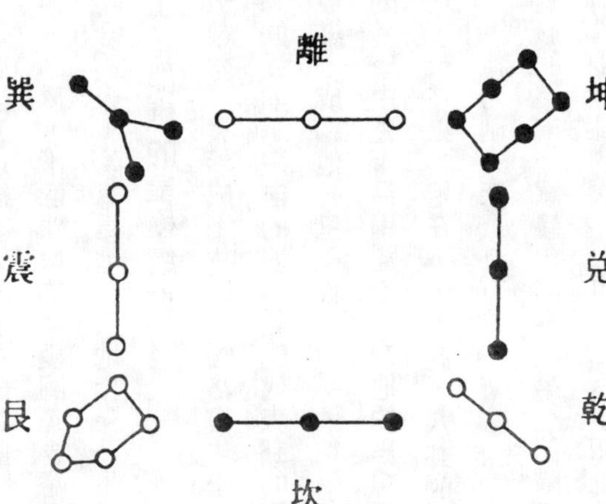

劉牧解釋四象生八卦說：

「五行成數者，水數六，金數九，火數七，木數八也。水居坎而生乾，金居兌而生坤，火居離而生巽，木居震而生艮，土居四正位而生乾坤，艮巽，共成八卦也。」

劉牧的河圖洛書和太極生兩儀，兩儀生四象，四象生八卦的圖形，都在企圖解釋八卦的來源和產生的歷程，他的數目以天地的數目爲根基，即是奇數偶數。他認爲當奇數偶數未分時爲太極，奇偶數分以後，以相生相成之數，代表八卦。太極分兩儀的圖中，他以兩儀隱在太極中，作一圓形，不像陳摶的無極圖，含意爲元氣混而爲一，爲太極。太極分陰陽二氣，爲兩儀。陽升爲天，陰降爲地。天地相交乃生五行，五行變化，化生萬物。

丁、邵雍的皇極經世

易的象數學，發展成劉牧的河圖洛書之學，將數和卦混合一起，卦有數，卦變可由數變的解釋。卦的變顯示宇宙的變，數既代表卦的變，數便可以代表宇宙的卦。邵雍的易學，就由這方面發顯，成爲他的皇極經世。

邵雍的易學由先天易學開始。在他的思想裡，宇宙的結構和變化，以陰陽爲根基，陽陰成形爲天地，天在上，地在下，因此，八卦的方法，乾坤兩卦代表天地，自然地該是乾在上，坤在下。他乃創先天八卦方位。

對這圖形的宇宙觀意義，已經在第一節講了。

邵雍講六十四卦的次序，也暗示六十四卦的產生，實用「一生二」的原則，陰陽兩爻由太極分爲二，二分爲四，四分爲八，八分爲十六，十六分爲三十二，三十二分爲六十四。製成六十四卦次序的方形圖，又製成六十四卦方位的圓形圖。這兩圖在朱熹的周易本義都列在書的開端。這種方法，爲數學的邏輯。

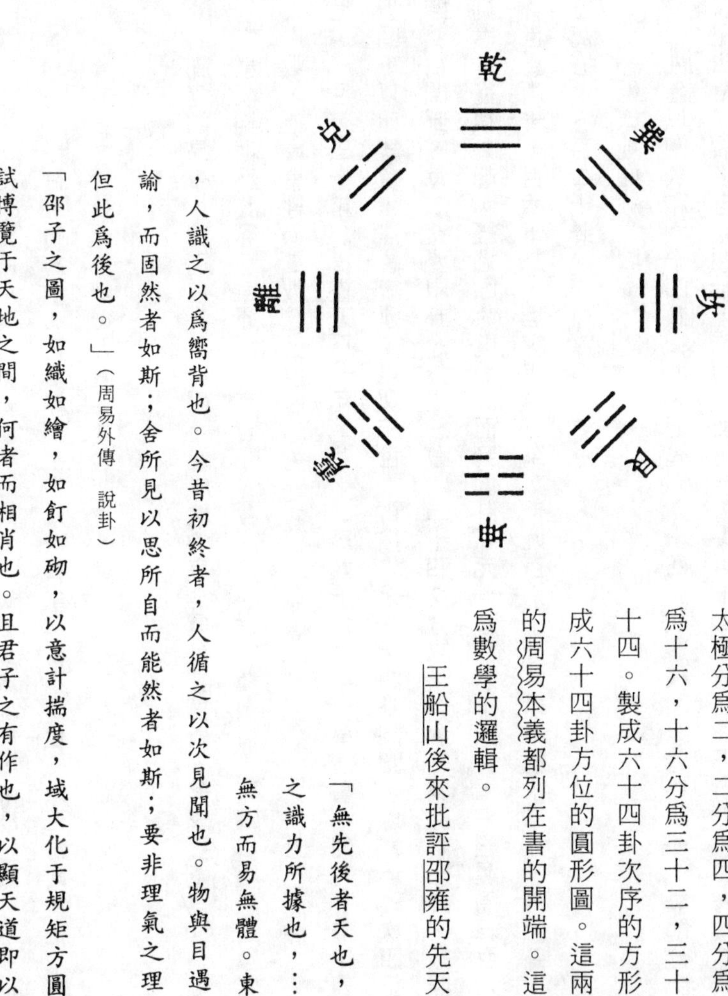

王船山後來批評邵雍的先天易學說：

「無先後者天也，先後者人之識力所據也，……故曰神無方而易無體。東西南北者，人識之以爲嚮背也。今昔初終者，人循之以次見聞也。物與目遇，目與心諭，而固然者如斯；舍所見以思所自而能然者如斯；要非理氣之理此爲先，但此爲後也。」（周易外傳　說卦）

「邵子之圖，如織如繪，如飣如砌，以意計揣度，域大化于規矩方圓之中。嘗試博覽于天地之間，何者而相肖也。且君子之有作也，以顯天道即以昭人道，使崇德而廣業焉。如邵子之圖，一切皆自然排比，乘除增減，不可推移，則亦何用勤勤于德業爲邪？……此術數家舉萬事萬理而歸之前定，使人無懼而聽其自始自終之術也。」（發例）

邵雍的易學，特別在卦數方面，造成他的宇宙運行計算術，著成皇極經世一書。皇極經世爲計算宇宙運行，定有元、會、運、世四種數目，天爲日經天之數，會爲月經天之數，運爲星經天之數，世爲辰經天之數。一元有十二會，一會有三十運，一運有十二世，一世有三十年。日經天爲一元，共十二萬九千六百年。皇極書中列有宇宙年表，稱爲經世圖，以元統會，以會統運，以運統世。再按先天六十四卦圓圖，以乾坤離坎四正卦的二十四爻爲閏卦，每二爻變兩卦，分主一會，二十四爻分立十二會。其餘六十卦，按照圓圖由左到右，從復卦起，經過頤、屯等卦而到剝卦。元經會爲六十四卦，會經運爲三百六十卦，運經世爲兩千一百六十卦，世經年爲一萬二千九百六十卦。以年統十二月，再配卦，則爲一十五萬五千五百二十卦。

經世天地始終之數。

邵雍以四象和六十四卦相配，把先天六十四卦次序橫圖，分爲四節，每節分上下兩列，以配四象。然後自乾開始，乾的本數爲一，夬以十二乘乾之一得十二，爲夬的本數，繼續按卦的次序，每後一卦以十二乘前一卦的本數所得爲本數，最後到坤，坤的本數爲三十一萬三千四百五十六萬六千五百六十三萬八千四百萬（313，456，656，384，000，000）這個數字代表天地的始終。然後另起一始終。

在天地變化之中，數和卦相配。朱熹說「天開於子，地闢於丑，人生於寅。」寅配春，人始生於天地間。唐堯和舜禹當元之第六會，配合乾卦，陽臻全盛，人類文明最發達。以後漸至陰多，文明漸衰，歷史盛衰和卦氣相合，成爲必然之勢。

王船山後來講歷史哲學，批評邵雍這個機械化的宇宙觀，既不是天文學，又不是哲學，祗是任意構成的空架，沒有學術價值。

在哲學思想方面，邵雍沒有系統地講宇宙物，在所著觀物內、外篇中，含有宇宙論的思想。他多次提到太極，以太極爲道、爲一、爲心、爲氣。

「心爲太極，又曰：道爲太極。」（觀物外篇 下之上）

關於宇宙歷程，他近乎易緯的思想：

「太極，道之極也；太玄，道之玄也；太素，色之本也；太一，數之始也；太

初，事之初也；其成功則一也。」（皇極經世　卷十二）

萬物生化的歷程，和卦的歷程相同。

「太極既分，兩儀立矣。陽下交於陰，陰上交於陽，四象生矣。陽交於陰，陰交於陽，而生天之四象。剛交於柔，柔交於剛，而生地之四象，於是八卦成矣。八卦相錯，然後萬物生焉。」（觀物外篇　中之上）

陰陽爲兩氣，宇宙變化，皆是氣的變化，氣的變化爲消長。

「本一氣也，生則爲陽，消則爲陰；一者一而已矣，四者二而已矣。」（觀物外篇　下之中）

邵雍宇宙結構的框架，爲周易的結構。

戊、張理的太極圖說

元朝易學者張理著易象圖三卷、大易象數鉤深圖三卷。他的易學屬於邵雍一派，講河圖洛書，又作太極圖說。他的太極圖說，以周敦頤的太極圖作基礎，再揉合河圖洛書和先天後天卦位卦次的思想，作圖形如下：

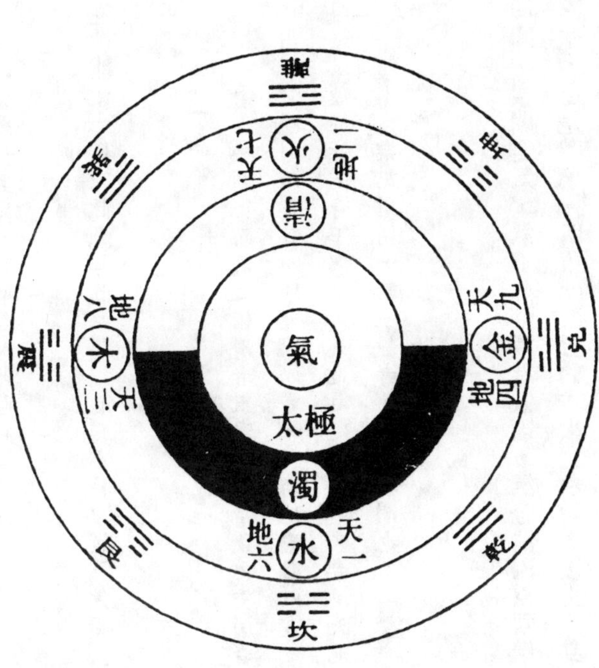

張理解釋說：

「太極未有象數，惟一氣耳，一氣既分，清輕者上爲天，重濁者下爲地，太極生兩儀也。兩儀既分，則金木水火四方之位列，兩儀生四象也。水數六居坎而生乾，金數九居兌而生坤，火數七居離而生巽，木數八

說：

居震而生艮，四象生八卦也。」

其注解說：「舊有此圖」此又是以混一不分之氣爲太極。因此，張氏解釋太極生兩之象

「太極判，而氣之輕清者上浮爲天；氣之重濁者下凝爲地。聖人仰觀俯察，受河圖則而畫卦。則天◯以畫⚊，則地●●以畫⚋，名⚊曰奇爲陽，名⚋曰偶爲陰。此上奇下偶者，天地之定位。中×者，天地氣交，四象八卦，萬物化生之本。樂記所謂一動一靜者，天地之間也。」（易象圖說內篇）（參考朱伯崑　易學哲學史　第三冊）

這個圖，中間是氣，氣不分陰陽爲太極。氣分清濁爲兩儀，兩儀變化按時間爲四方，按時間爲四季，這是四象。四象配五行的木火金水，然後生八卦。

關於五行的變化，和人事的關係，張理作了圖形：

此圖式所表示的陰陽五行之氣，配以五行生成之數，也是河洛圖式形成的依據。其易象圖說外篇有五氣之圖，其圖示如下：

張理解釋說：

「×者中也，中也者四方之交會也。東木西金，南火北水。其行之序則曰木火土金水。木火爲陽，金水爲陰，土居中央，亦陰亦陽。其生之序則曰水火木金土。水木爲陽，火金爲陰，天以一生水而地以六成之，故河圖一六居北而爲水……天以×生土而地十以成之，故河圖×＋居中而爲土，交貫四氣而作其樞紐也。是故五行之象見乎天，五行之質具乎地。人肖天地以有生，具五氣以成

陽儀

太陽　火　　少陰　金

土

少陽　木　　太陰　水

陰儀

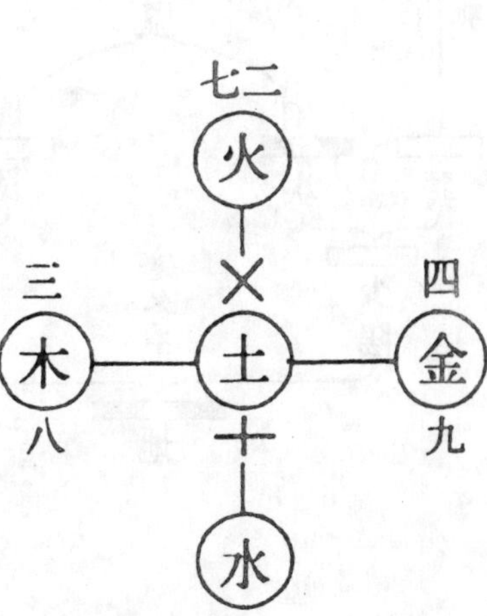

形，稟五性以成德。故語性道者無一不本于是。」（朱伯崑 易學哲學史 第三卷頁五九）

張理講論一年氣節和五行的關係，作圖如下：

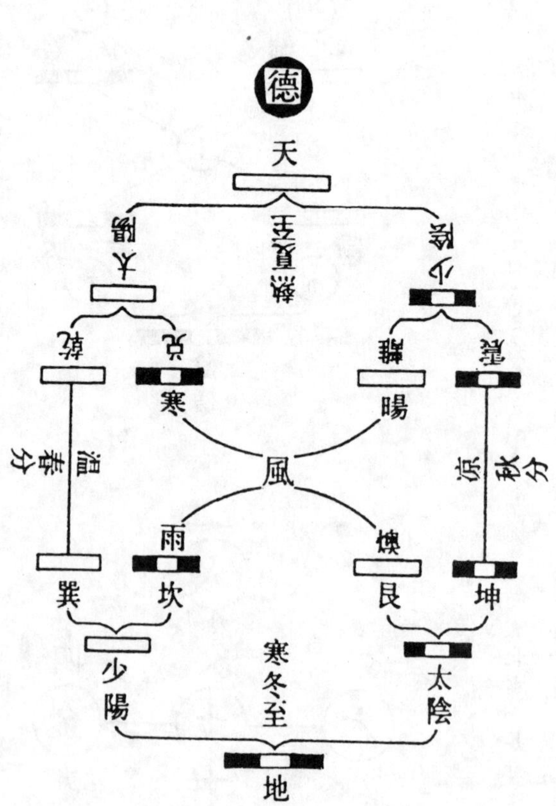

張理在易象圖說外篇解釋說：

「夫四時之氣，由乾坤闔闢動靜，陰陽升降消息使之然也。冬至陰極生陽，夏至陽極生陰，乾坤陰陽之合也。秋分陰之中，坤之闔。春分陽之中，乾之闔。冬夏二至，陰陽合也。春秋二分，陰陽離也。按圖而觀，義斯見矣。」

張理又將人體的構造，和陰陽八卦相配，作一圖如下：

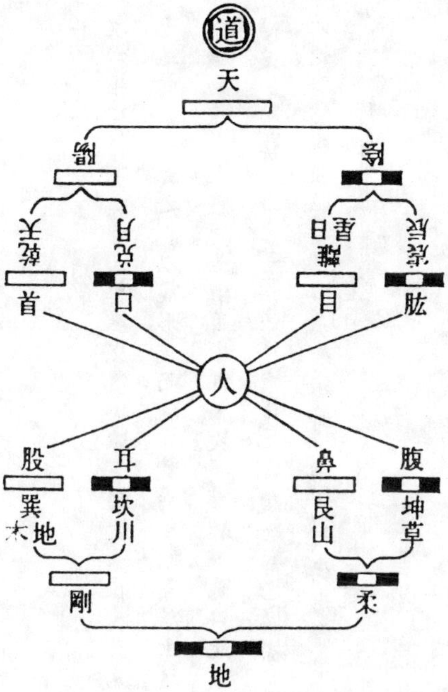

他解釋此圖式說：

「上下左右相交乾下交坤，巽上交震，離下交坎，艮上交兌。而人當其氣交之中，稟天地四象八卦之氣以成形，而理亦賦焉。頭圓居上得之乾，腹虛有容得之坤，股肱動作得之震巽，離目主視，坎耳善聽，兌口能言，艮鼻處嘿（目口陽也，得天之氣故動；耳鼻陰也，得地之氣故靜），所謂得是氣而爲是形也。」此是以首腹股肱耳目口鼻配八卦，認爲人的形體來于天地四象八卦之氣。（朱伯崑　易學哲學史　第三卷　頁六三）

這個人和天相配的時間，似乎和漢儒董仲舒的思想相近。董氏以人體配形天，張理以人體配八卦天地日月星辰山川草木。配合的理由，在於氣的變化。張理再又以六十四卦配一年的十二月。漢朝易學原有卦氣說，以六十四卦配一年四季十二月二十四節七十二候三百六十五日，作圖如下：

這圖根據先天六十四卦圓圖，以泰爲正月立春，乾爲四月立夏，否爲七月立秋，坤爲十月立冬。又以復爲十一月，臨爲十二月，泰爲正月，大壯爲二月，夬爲三月，乾爲四月，姤爲五月，遯爲六月，否爲七月，觀爲八月，剝爲九月，坤爲十月。這是按邵雍氣運說，陽由

否 七月三陰

漸 四陰

二陰 六月 遯 旅 觀八月

訟 咸 晉

(巽) 渙 (艮)

鼎 未濟 蒙

大過 困 小過 五陰

一陰降 五月 姤 無妄 蠱 萃 剝九月

同人 家人 井 蹇 比

履 恒 豫 六陰

四月 六陽 (乾) 小畜 (離) 益 (坎) 謙 (坤) 十月

大有 睽 噬嗑 解 師

三月 五陽 夬 大畜 隨 升 復十一月

中孚 賁 頤 一陽升

革 既濟 屯

(兌) 豐 (震)

需 損 明夷

二月 四陽 大壯 節 臨十二月

歸妹 二陽

泰正月三陽

東北左進，陰由西南右進。這十二月的卦，跟漢朝孟喜的十二辟卦或十二消息卦相同。

「此圖式，橫看，共七行。從上向下數，第二行爲一陽五陰之卦，共六卦；第六行爲五陽一陰之卦，共六卦；第三行爲二陽四陰之卦，共十五卦；第五行爲四陽二陰之卦，共十五卦；中間一行，即第四行，爲三陽三陰之卦，共二十卦。圖左爲陽，表示陽氣上升；右爲陰，表示陰氣下降。縱看當中爲乾離坎坤四卦，即先天圖的四正卦，統率一年四季。」（朱伯崑 易學哲學史 第三卷 頁六七）

張理又根據後天六十四卦造了後天致用圖如下：

「張理認爲，此圖式亦是洛書九宮之圖，其易象圖說外篇有九宮之圖。圖中九宮之位配以九州：西北爲雍州，西南爲荆州，正西爲梁州，正南爲揚州，東南爲徐州，正東爲青州，東北爲兗州，正北爲冀州，正中爲豫州。括孤內地地名，乃張理自注，爲元朝之地理疆界。此即他所說：『神禹別之而作貢，箕子演之而敍疇也。』按此觀點，後天六十四卦致用之圖也是用來表示地理疆界

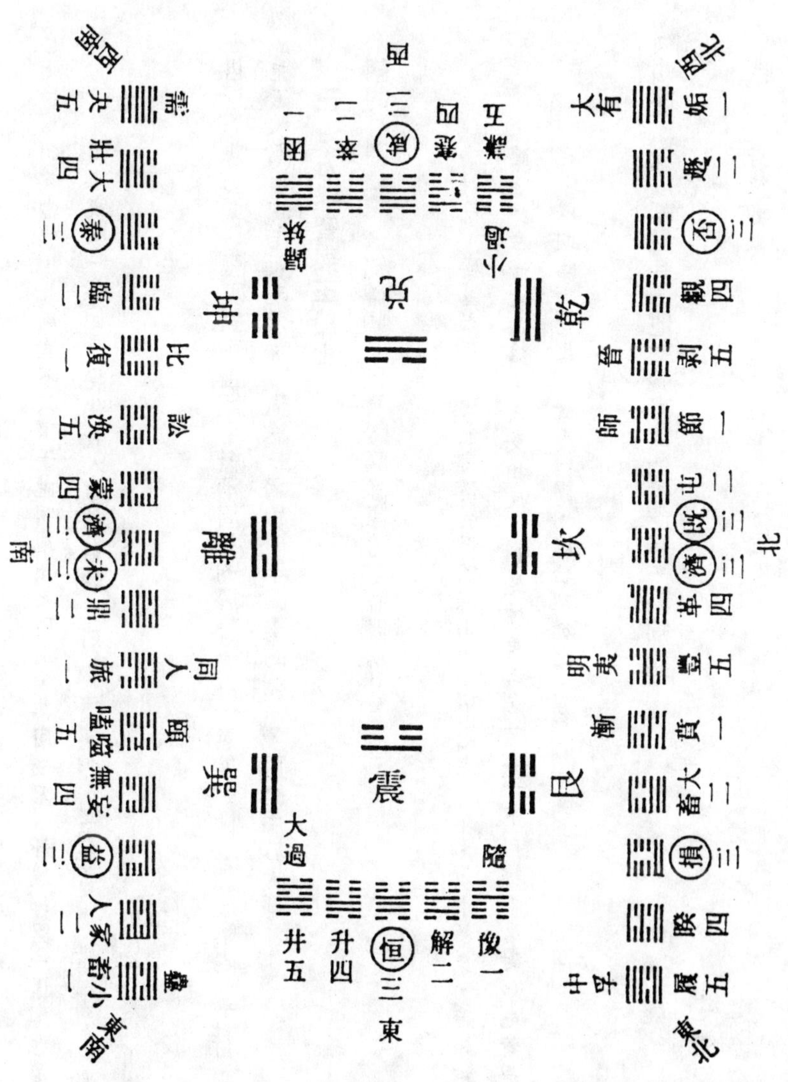

北
南
東
西
東北
西北
東南
西南
乾
坤
坎
離
震
巽
艮
兌

的。當然，此圖式不只限于說明地理之區別，其同後天八卦流行圖一樣，也是用來說明一年四季變化和人事活動的規則。」（朱伯崑　易學哲學史　第三卷　頁七一）

在哲學思想方面，張理對宇宙觀，繼承周易的思想，以一氣加太極，然後陰陽、五行、萬物。他繼承邵雍的先天後天說，講論卦氣和一年四季的關係，再應用於人事。

己、方以智與王船山

宋朝的易圖學，來知德頗有創意，黃宗羲在諸儒學案中說：

「親歿，廬墓六年，遂無宦情。至萬縣山中，潛心三十年，以求易象，著錯綜圖。一左一右曰錯，六爻相反，如乾坤是也；一上一下曰綜，反對如屯蒙是也；以觀陰陽變化，著黑白圖，以驗理欲之消長。」

來知德主以象解易卦。他對於宇宙觀，作有一圓圖如下：

對待者數

主宰者理

流行者氣

這圖黑白相抱，代表陰陽互抱，對待又流行。當中白圈代表主宰者理，寓於陰陽氣數中。

他以理氣數相合，當中爲太極，黑白爲陰陽，氣流行有乾坤對待的數，以解釋易傳的「易有太極」。

明朝易傳的象數學流行學者間，明末總結漢朝以來的象數學的易學家，爲方以智。方以智的易學出於家傳，祖孫三代專於易學，祖父方大鎭著有易意和野同錄；父親方孔炤著有周易時論，外祖父吳應賓，著有學易齋集；叔祖父方鯤，著有易蕩，方以智在這種易學的環境中長大，又從王宣學易，王宣著有風姬易溯和孔易衍。方以智對於易學，乃有總括象數易學的成就。他把理數象、先天後天、河洛五行，都融貫會通，提出：「虛空皆象數」、「先天在後天中」、「河洛中五說」、「陰陽五行觀」。

對於宇宙觀的思想，他主張太極即在有極中，反對以太極爲虛無或渾沌實體，肯定理氣合一，對宇宙演變歷程，他提出「一以二爲用」，本體分體用，以「相反相因」和「交輪幾」作變化的規律。

太極在有極中，由一在二中作說明，本體即在現象中，本體即在用中，太極在卦爻中。河圖洛書圖中都在中間有五，五中的一爲太極，河洛圖由中五展開，河洛全圖皆是太極，易傳的太極生兩儀四象八卦，太極即在兩儀四象八卦中。

「太極生兩儀，以至大業，同時即具者也。生大業而太極在人日月矣。」（周易時論合編　繫辭上）

太極生卦，自身沒有增減，一和多，相互包蘊。這一點似乎是佛教天台宗和華嚴宗的止觀，一與多相合，佛教以眞如爲體，萬法爲用，體用合一，互相融合，方以智以太極爲體，卦爻爲用，體用也相合爲一。方以智提出三極說：無極、太極、有極。三極相合，太極不落於有無。

相反相因，即陰陽的對立；但陰陽的差異和對立，不是矛盾相克的對立，而是互相成因的對立。宇宙間沒有獨陰獨陽，陰陽相交相錯，相錯而成變化，以生萬物。

交輪幾，即陰陽相交，輪爲體用。

方以智的宇宙觀，在傳統的易學思想裡，加入了一些佛教哲學的思想，一和多相融相攝，太極在事物中，對於宇宙的結構，他沒有新的思想。

王船山和方以智爲同時代的學者，都是反對宋明理學的虛空，提倡實學，王船山的易學，則是總結朱熹以後的易學，甚至可以說他超越朱熹，總結了整個的易學傳統，建立他的易學，王船山的易學和他的哲學緊緊連在一起，較比朱熹的易學和哲學的關係更緊。因此，對王船山的宇宙觀留在哲學思想一節裡講述，在這裡我也結束中國易學的宇宙觀。在這一節的易學宇宙觀裡，採用的資料多取自朱伯崑的四卷易學哲學史。

2. 宋明哲學的宇宙觀

這一章裡，把易學與哲學分開講，不是說易學不是哲學，祇是爲講述學理的方便，將易學方面專論易卦的部份，作爲專論易學，易學的哲學思想方面，留在哲學部份講，故在易學方面，沒有講朱熹，也沒有講王船山。

宋明的哲學，以易經和中庸爲基礎，再加以大學、論語和孟子作引導者，滲加道家和佛學的資料，結成了宋明理學。

甲、周敦頤

理學的開導者，爲周敦頤，周敦頤的宇宙觀，是他的太極圖說。

「無極而太極，太極動而生陽，動極而靜，靜而生陰，靜極復動，一動一靜，互爲其根。分陰分陽，兩儀立焉。陽變陰合，而生水火木金土。五氣順布，四時行焉。五行一陰陽也，陰陽一太極也，太極本無極也。五行之生也，各一其性，無極之眞，二五之精，妙合而凝，乾道成男，坤道成女，二氣交感，化生萬物，萬物生生，而變化無窮焉。」

這一段關於宇宙的演變，有易傳的架構，有道教的氣運，有漢儒的思想。篇中的名詞和術語，都不清晰，引起許多辯論。朱熹作了太極圖說的註解，把太極圖也作了修訂。

無極而太極，朱熹認爲無極是太極的註解，太極爲形上之理，無形無狀，稱爲太極。不是在太極之上，另有一無極。陸子靜和陸子美兄弟則以爲無極是道家的思想，和老子所謂「無名天地之始」相同，否認太極圖說爲周敦頤所作，而且在通書裡，從不提無極，二程從學周敦頤時，沒有見過太極圖。

按理去推測，太極圖和太極圖說該是周敦頤所作，因爲當時人都說是他作的，是他初期的作品，在作通書時，在思想上已經有所修改，因爲太極圖說的思想確實是道家的思想。「無極而太極」，由無極而到太極，無極沒有形狀可以畫，所以不能畫，也就沒有畫無極圓圖。太極已經是有，雖然空虛，但可以用一個空白圓圈代表；無極在太極之上。

「動而生陽，靜而生陰」，周易以動爲陽，靜爲陰，沒有動生陽，靜生陰的思想；在根本上在動生陽以前，太極是靜，這一點和「太極先天圖」以陰靜標示第一圓圈的思想相同。動極而靜，靜極而動，這是周易「物極必返」的思想，然也是老子的思想；王船山就反對這種思想。「無極之眞，二五之精，妙合而凝。」這種詞句和思想，和道教煉丹的詞句和思想很相似，而且「無極之眞，二五之精」，究竟指的是什麼？很不清楚。「乾道成男，坤道成女」，「先天太極圖」沒有男女的兩句，只有「萬物化生」上下兩白圈，陳摶的無極圖也沒有男女的兩句，周敦頤按照易傳的思想標出這兩句，作爲宇宙生化歷程的最後階段，然而「乾道坤道」代表什麼？「男女」代表什麼也不清楚。「無極圖」所標的是「煉精化氣，煉氣化神」，意思爲「煉有形之精，化爲微芒之氣，煉依希呼吸之氣，化爲出有入無之神」。周敦頤爲「無極之眞，二五之精，妙合而凝」，按理則萬物化生，卻是「乾道成男，坤道成女」，男女二氣交感，化生萬物。朱熹解釋太極爲理，爲形而上，陰陽爲氣，爲形而下。這種解釋不符合周敦頤的思想，周敦頤決沒有以「理」爲萬物的根本。

通書中，關於宇宙論有動靜第十六一章。

「動而無靜，靜而無動，物也。動而無動，靜而無靜，神也。動而無動，靜而無靜，非不動不靜也。物，則不通，神，妙萬物。水陰根陽，火陽根陰，五行陰陽，陰陽太極，四時運行，萬物終始。混兮闢兮，其無窮兮。」

這一章的思想，和太極圖相同，祇是不講無極。宇宙的構造是「五行陰陽，陰陽太極。」宇宙的變化，神奇莫測，物的變化則或動或靜。朱熹解釋「神」爲「理」，爲形而上，物爲器，爲形而下。周敦頤沒有講理和氣，周敦頤在通書順化第十一章說：

「天以陽生萬物，以陰成萬物。生，仁也；成，義也。故聖人在上，以仁育萬物，以義正萬民。天道行而萬物順，聖德修而萬民化。大順大化，不見其迹，莫知其然之謂神。」

神乃天道，天道不是朱熹所講理氣之理。天道是實的，不是抽象的；是活的，不是無動靜的呆板之理。天地之中有天道運行，化生萬物。通書理性命第二十章說：

「二氣五行，化生萬物。五殊二實，二本則一，是萬物爲一，一實萬分。萬一各正，小大有定。」

易傳說「各正性命」，性命由陰陽而成，陰陽由天道而行，乃能「萬一各正」。太極圖解說：「五行一陰陽也，陰陽一太極也。」太極因「天道」（宇宙之道）而變化，天道在宇宙整個變化之中。

周敦頤太極圖說的宇宙觀，奠定了宋明理學宇宙觀的基礎。

乙、張 載

張載的哲學思想，雖以周易爲根基，卻和漢末道教的煉丹的學說，不相關連，和周敦頤的太極圖也沒有從屬的關係，他的思想中心在於「氣」。

張載的宇宙觀，發表在正蒙一書裡。正蒙書中第一篇太和，第二篇參兩，第三篇天道，都講宇宙，構成了張載的宇宙觀。張載全書裡有易說上下兩篇，對易經卦爻辭的解釋，表示他的意見。彙合這兩書的意見，可以講明張載的宇宙觀。

宇宙的結構：太和或太虛之氣、陰陽、天地、萬物。

「太和所謂道，中涵浮沈升降，動靜相感之性，是生絪縕相盪，勝負屈伸之始。」（正蒙 太和）

「太虛無形象，氣之本體。其聚其散，變化之客形耳。至靜無感，性之淵源。有識有知，物交之客感爾。客感客形，與無感無形，惟盡性者一之。」（同

上）

太和爲宇宙的根源，太和乃太虛之氣，太虛之氣爲氣的本體，不分陰陽。太虛之氣，無形無象，但不是抽象之理，而是具體的實體。實體具有動靜浮沈升降各種性能，而且激盪飛揚，未嘗止息，有似老子的道，「太和所謂道」，又似莊子所謂「生物以息相吹野馬者。」

氣，張載以太和爲太虛之氣，乃氣的本體。氣的本體不分陰陽，但具有氣的一切本能，也是有氣的變化規律和動力。

氣不是從無而生，「若謂虛能生氣，則虛無窮，氣有限，體用殊絕，入老氏有生於無自然之論，不識所謂有無混一之常。」（太和）太虛之氣爲有無混一之體，不應談有無。

氣本體不是有形象之物，「若謂萬象爲太虛中所見之物，則物與虛不相資，形自形，性自性，形性天人，不相待而有，陷於浮屠以山河大地爲見病之說。」（太和）

陰陽，太虛之氣絪縕激盪，乃分爲陰陽，「氣坱然太虛，升降飛揚，未嘗止息，易所謂絪縕，莊生所謂生物以息相吹野馬者。與此虛實動靜之機，陰陽剛柔之始，浮而上者陽之清，降而下者陰之濁。」（太和）

太虛之氣分爲陰陽，上下飛揚，「陽之德，主於遂；陰之德，主於閉。」（參兩）「陰性凝聚，陽性發散。陰聚之物，陽必散之，其勢均散。」（同上）陰陽兩氣性能不同，互相交合，化生萬物。

萬物，由陰陽兩氣相聚而生，「太虛不能無氣，氣不能不聚而爲萬物。萬物不能不散而爲太虛，循是出入，是皆不得已而然也。」（太和）氣自然變化，聚則生物，散則回返太虛。

天地由氣運而成，「地純陰，凝聚於中，天浮陽，運旋於外，此天地之常體也。」（參兩）萬物皆由陰陽而成，「造化所成，無一物相肖者，以是知萬物雖多，其實一物，無無陰陽者。以是知天地，變化二端而已。」（太和）

在周易裡常以乾坤代天地，「不曰天地而乾坤云者，言其言也。乾坤亦何形，猶言神也。人鮮識天，天竟不可言體，姑指日月星辰處視以爲天。陰陽言其實，乾坤言其用，如言剛柔也，乾坤所包者廣。」（易說 繫辭）

變化，氣的變化有自化的原則，但亦神妙莫測。變化以一爲根本，以二爲化，「兩不立，則一不可見；一不可見，則兩之用息。兩體者，虛實也，動靜也，聚散也，清濁也，其究一也。」（太和）「一物兩體，氣也，一故神，兩故化，此天所以參也。」（參兩）

變化由漸而遽，由粗入精，「氣有陰陽，推行有漸爲化，合一不測爲神。」（天道）「變則化，由粗入精，化而裁之謂變。」（同上）

氣的變化，以天德爲動力，天德即是太和的力，自變自化，自然進行，稱之爲神。「大

率天之為德，虛而善應。其應非思慮聰明可求，故謂之神，老氏況諸谷以此。」（乾稱）

張載的宇宙觀，可以用他自己的話，簡單地說出：

「太虛者，氣之體。氣有陰陽屈伸相感之無窮，故神之應也無窮；其散無數，故神之應也無窮；雖無窮其實湛然。雖無數其實一而已。陰陽之氣，散則萬殊，人莫知其一也。合則混然，人莫知其殊也。形聚為物，物潰反原。反原者，其游魂為變與！所謂變者，對聚散存亡為文。非如螢雀之化，指前後身而為說也。」（乾稱）

張載主張，統宇宙一氣，一切都是氣的變化。

丙、朱　熹

朱熹的宇宙觀，講的人很多，大家都知道；但有幾點，講的人意見不同，所說的跟朱熹的思想並不相合。

朱熹的宇宙觀，建立在理氣二元論，他主張宇宙的一切由理和氣而成。理成物性，氣成物形。

「問人物皆稟天地之理以爲性，皆受天地之氣以爲形，若人品之不同，固是氣有昏明厚薄之異，若在物言之，是所稟之理，便有不全耶，亦是緣氣稟之昏蔽，故如此耶？曰：惟其所受之氣只有許多，故其理亦只有許多。」（朱子語類　卷四　性理一）

關於理氣有幾個問題：理氣的來源，太極問題，理一而殊的理，理氣先後，氣的清濁，氣理互相限制。

理氣的來源，朱熹主張理氣不單獨存在，有理必有氣，有氣必有理。「天下未有無理之氣，亦未有無氣之理。」（朱子語類　卷一）他不接受周敦頤的無極而太極，也不接受張載的太和或太虛之氣。對於張載的太虛之氣，他根本不能接受，因爲他主張氣爲形而下。對於周敦頤的太極，他加以解釋，說是理。

「問太極不是未有天地之先，有個渾成之物，是天地萬物之理總名否？曰：太極祇是天地萬物之理，在天地言，則天地中有太極，在萬物言，則萬物中各有太極，未有天地之先，畢竟是先有此理。動而生物，亦祇是理；靜而生陰，亦祇是理。」（朱子語類　卷一　理氣上）

朱熹對於弟子們明明講過太極不是天地之先就存在的實物，所以弟子來問他，把這一點作爲已經假設爲大家的共識；但是問他解釋周敦頤的太極爲理，這個太極之理是不是在天地之先？他先說了自己的意見，太極只是天地萬物之理，在天地萬物中，不在萬物以先。然後他答覆弟子所問周敦頤的太極，他說「未有天地之先，畢竟是先有此理。」朱熹理氣先後問題上，主張若從抽象理論方面說，理在氣先，但決不是從實體上說，從實體上說，理氣同時存在。因此，不能說朱熹主張有先天地的實體之理。對於實理這個名詞，應加注意，朱熹說實理，是講中庸的誠，誠爲實，不是虛僞。實理，理是眞正的，不是僞的，不是虛的，是有自己的內容。後來王船山常講這個實理。所以實理不是說具體存在的實體理。朱熹解釋周敦頤太極爲理，並不是主張太極是一存在的實體理。因此，不能肯定說朱熹主張一先天地存在的實體理，最多祇能說在抽象理論上有先天地存在的抽象理。

太極爲理之極至，即是完全之理。理成物性，每一物的物性是完全的，否則不成爲物。每一物的理便是完全的，便是太極。太極已不是名詞，而是形容詞，形容理的程度，好比程頤以「中」形容性的狀況，因而朱熹說天地有一太極，萬物各有一太極。

在天地以先，既沒有實體的太極，宇宙的根源應是什麼？理氣的根源在那裡？根源是天地，因爲沒有在天地以先的實體，天地便是宇宙結構中的第一。這個天地，當然不能是有形的天地。朱熹明明說天地由氣的運行而成。「天地初間，只是陰陽之氣，這一個氣運行，磨來磨去，磨得急了，便拶許多查滓，裡面無處出，便結成箇地在中央。氣之清者便爲天、爲日月、爲星辰，只在外常周環運轉，地只是在中央，不是在下。」(朱子語類　卷一)天地應該是周易的乾坤，周易常以乾坤爲元，又常以乾代表元。乾坤爲陰陽，「天地初間，只是陰陽之氣，這一個氣運行。」朱熹以天地沒有成的時代，只有陰陽之氣，這個氣是一個氣。這樣在天地成形以前，有陰陽一氣。朱熹不說是渾沌之氣，也不說是氣的本體，祇是在氣中已有理。所以他說萬物得天地之理以爲理，以天地之氣以爲氣。朱熹認爲宇宙的根源是有理有氣的乾坤天地(或單稱天)。王船山後來主張「乾坤並建」。

朱熹主張理一而殊。理一而殊，爲程頤的主張，「問理與氣。曰：伊川說得好，曰：理一分殊。合天地萬物而言，只是一個理，及在人，則又各自有一箇理。」(朱子語類　卷一)一理，即是天地之理；分殊，則是賦得天地之理的偏或全。「論萬物之一原，則理同而氣異。觀萬物之異體，則氣猶相似而理絕不同。氣之異者，粹駁之不齊；理之異者，偏全之或異。」(朱文公文集　卷四十六　答黃商伯)朱熹常主張人得理之全，物得理之偏。

這箇一理，究竟是什麼理？

理是性，性由心顯，天地之性，乃天理之心。朱熹說「天地以此心普及萬物，人得之遂爲人之心，物得之遂爲物之心。草木禽獸接著，遂爲草木禽獸之心；只是一箇天地之心爾。」（朱子語類　卷一）「天地以生物爲心者也，而人物之生，又各得夫天地之心以爲心者也。故語心之德，雖其總攝貫通，無所不備，然一言以蔽之，則曰仁而已矣。」（朱文公文集　卷六十七　仁說）天理是仁心，仁心是生生之理，朱熹以仁爲生、爲愛之理。天地一理，即一箇生生之理，天地萬物都有生命，但生命的程度不同，因爲萬物所賦得之理，有偏有全；全理祇在人的生命中，萬物的生命，都祇有一部份之理。

理氣的先後，朱熹常明白肯定理氣沒有先後，有理就有氣，有氣就有理。從理論方面講，理限制氣，按道理講先有理，後有氣。這種先後不是時間上的先後，也不是實際上的先後，祇是理論上的先後，是種邏輯推究的先後。「或問必有是理，然後有是氣，如何？曰：此本無先後之可言。然必欲推其所從來，則須說先有是理。然理又非別爲一物，即存乎是氣之中，無是氣，則是理亦無掛搭處。」（朱子語類　卷一）「或問先有理，後有氣之說。曰：不消如此說。而今知得他合下是先有理後有氣邪？後有理先有氣邪？皆不可得而推究。然以意度之，則疑此氣是依傍這理行，及此氣之聚，則理亦在焉。蓋氣則能凝結造作，理卻無情意，無計度，無造作。只此氣凝聚處，理便在其中」（同上）

理氣，實際上沒有先後，也不能分離，只是以意去推測，理在氣先，因爲有是理，才有是氣。

理限制氣，理是性，氣是形，物形由性而定。物性的分別在種類，每種物體有不同的物性，有不同的理，每種物體的物形則按理而定，理便限制氣。「且如天地間人物草木禽獸，其生也莫不有種，定不會無種子，曰：地生出一箇物事。這箇都是氣。若理則只是個淨潔空闊底世界，無形跡，他不會造作；氣則能醞釀凝聚生物也。但有此氣，則理便在其中。」（朱子語類　卷一）

人的氣，因人的性而限制；狗的氣，因狗的性而限制；人和狗的氣乃清濁不同。

另一個問題，則是同類的單體，每個單體的性相同，氣怎麼不同呢？例如我的氣和你的氣不相同，這箇氣怎麼被限制呢？弟子們問朱熹，朱熹答說也是理去限制。弟子們反問同類單體的理相同，怎麼限制的氣卻不相同呢？朱熹沒辦法可答。例如朱熹說氣質有善惡。因爲氣有清濁，但是爲什麼我和你的氣有清濁的不同，氣質之性也有善惡的不同呢？這個問題，要推到「天命之謂性」，不僅物種的性來自天命，每一個人的氣質之性，即是人的個性，也來自天命，由天命所定，普通也說一個人的性格和才能，都是命，孟子也說是命。

氣的清濁，來自氣的本性；氣不僅生陰陽，又生清濁。陰陽爲一氣的消長，清濁爲一氣的凝聚消散。「陰陽雖是兩個字，然卻只是一氣之消息，一進一退，一消一長。進處便是陽，退處便是陰；長處便是陽，消處便是陰，只是一氣之消長，做出古今天地間無限事來。所以陰陽做一箇說亦得，做兩箇說亦得。」（朱子語類　卷七十四）氣散發爲陽，爲清，凝聚爲陰，爲濁，朱熹說輕者陽上升爲天，濁者陰下降爲地。但普通所說清濁，在氣凝聚成物時的清濁，氣凝聚程度不同，因此清濁程度不同，所構成的氣質之性就不同。

萬物由氣的凝聚而生；五行金木水火土，爲陰陽兩氣變化所成。「陽變陰和，而生水火木金土。陰陽氣也，生五行之質。天地生物，五行獨先。地即是土，土便包含許多金木之類。天地之間，何事而非五行，五行陰陽七者袞合，便是生物底材料。五行順布，四時行焉。」（朱子語類 卷九十四）

朱熹的宇宙觀爲：天地、陰陽、五行、萬物；天地爲理氣。

丁、王船山

從朱熹到王船山，中間歷經宋末、元朝、明朝，中間有許多位儒家哲學家，尤其明朝有王陽明和他的弟子，但是這些學者在宇宙觀方面，沒有可講的意見。他們中間講宇宙觀的，則是述說朱熹的思想；講心學的王學派，則偏重講人心，不講宇宙的結構和演變。明末清初王船山總結從漢到清的易學，也結束了從宋朝朱熹到清末的理學。

王船山在易學上，反對漢易的卦變和象數，主張義理，更反對邵雍的隨意創設的先天後天和卦數；在理學上，反對陸象山和王陽明，責爲離經叛道，主空疏而亡國。他主倡實學，上溯到孔子孟子。對於理學，王船山追隨張載，作正蒙注，以氣成萬物，理在氣內。

宇宙的根源爲太極，太極不是周敦頤的太極，也不是朱熹的太極，雖然來自張載的太和，意義又不完全相同。他由易學方面講太極，太極爲一，一不是單一，而是合一，即陰陽相合。

「太者，極其大而無尚之辭。極，至也，語道至此而盡也，其實陰陽之渾合者而已。而不可名之爲陰陽，則但贊其極至而無以加，曰太極。太極者無有不極也，無有一極也，惟無有一極，則無所不極，故周子又從而贊之曰無極而太極。陰陽之本體，絪緼相得，合同而化，充塞于兩間，此所謂太極也，張子謂之太和。」（周易內傳　繫辭上）

在這段引文中，雖提出周子和張子，也提出無極和太和，實際上他的太極和他們的思想都不相同。

太極絪緼不息不僅有運動的性能，而且常在運動。他不贊成周敦頤的靜極而動，動極而靜。「一動一靜，闔闢之謂也。由闔而闢，由闢而闔，皆動也。廢然之靜，則是息矣。至誠無息，以天地乎！維天之命，于穆不已，何靜之有？」（思問錄　內篇）

太極不是太虛之氣，王船山不用太虛，他解釋張載的太虛之氣，「太虛即氣，絪緼之本性，陰陽合於太和，雖其實，氣也，而未名之爲氣，其升降飛揚，莫之爲而爲，萬物之資始者，于此言之，則謂之天。」（太和篇）

太極爲一，「一者，保合和同而秩然相節者也。始于道，成于性，動于情，變于才。才以就功，功以致效，功效散著于多而協于一，則又終合于道而以始。是故始于一，中于萬，終于一。始終一，故曰一本而萬殊，終于一而以始，故曰同歸而殊途。」（周易外傳　未濟）朱熹也說一而殊，他以理一而殊。王船山的一是氣，氣的運行，由天道始，天道爲太極一氣的力，力中有理，天道流行，萬物化生。

王船山宇宙論的特點，在於乾坤並建，他主張陰陽同時有，不是由一氣而分陰陽，而是一氣就是陰陽。張載以太和爲太虛之氣，爲氣之本體，不分陰陽，王船山以太和爲太極，太和之氣已有陰陽，祇是不顯出。「周易並建乾坤爲卦之統宗，不孤立也，然陽有獨運之神，陰有自立之體，天入地中，地函天化，而各效其功能。」（周易內傳　卷一）

「陰陽二氣絪緼於宇宙，不相離，不相勝，無有陽而無陰，有陰而無陽，無有地而無天，有天而無地。」（同上）

「陰陽之外無太極，得失順逆不越於陰陽之推盪，則皆太極渾淪之固有，至不一而無不一者，此貞也。是以乾坤立本，而象爻交動以趨時，莫不出於其中也。」（周易內傳　卷六上　繫辭下）

陰陽運行，隨天道周遊，化生萬物。王船山對大道周遊，注意易傳的神妙莫測，常常提出神字：

「天以清剛之氣，爲生物之神，而妙其變化，下入地中，以鼓動地之形質上蒸，而品物流行，無不暢遂。若「否」（卦）則神氣不流行於形質，而質且槁。」（周易內傳　泰卦）

「神者，道之妙萬物者也。易之所可見者象也，可數者數也；而立於吉凶之先，無心於分而爲兩之際，人謀之所不至，其動靜無端，莫之爲而爲者，神也。使陰陽有一成之則，升降消長，以漸而爲序，以均而爲適，則人可以私意測之，而無所謂神矣。」（周易內傳　卷五上　繫辭上）

王船山以氣的運行，爲絪縕生化，日新又新。「妙萬物而麗乎物者也，或動或撓，或燥或說，或潤或止者也。故六子之神，周流乎八卦，而天地則在位而爲午貫之經，在神則爲統同之主。妙矣哉！渾淪經緯，無所擬而不與道宣。」（周易外傳　說卦傳五）

王船山注正蒙乾稱篇下「以萬物本一」，說：「天下之物，皆天命所流行，太和所屈伸之化，既有形而又各成其陰陽剛柔之體，故一而異。惟其本一，故能合，惟其異，故必相待相成而有合。」

王船山的宇宙觀，以陰陽爲本體，陰陽在太極內不顯出陰陽，出太極而成天地，天地交相感以化生萬物。

第二章　儒家理論生命哲學的生生

一、易學的生生

1. 周易

甲、生生的意義

生生，來自周易，一貫地統一了歷代儒家的思想。爲明瞭生生的意義，先彙集周易有關生生的文據，再歸納出它的意義。

「彖曰：大哉乾元，萬物資始，乃統天，雲行雨施，品物流形。」（乾卦）

「彖曰：至哉坤元，萬物資生，乃順承天，坤厚載物，德合無疆。含弘光大，

品物咸亨。」(坤卦)

「彖曰：屯，剛柔始交而難生，動乎險中，大亨貞。」(屯卦)

「彖曰：泰，小往大來，吉亨。則是天地交而萬物通也。」(泰卦)

「彖曰：否，之匪人，不利君子貞，大往小來，則是天地不交而萬物不通也。」(否卦)

「彖曰：豫，順以動，故天地如之，而況建侯行師乎。天地以順動，故日月不過，而四時不忒。」(豫卦)

「彖曰：復，亨。剛反，動以順行，……反復其道，七日來復，天行也。……復其見天地之心乎。」(復卦)

「彖曰：頤，貞吉，養正則吉也。……天地養萬物。」(頤卦)

「彖曰：恆，久也。……久於其道也。天地之道，恆久而不已也。」(恆卦)

「彖曰：姤，遇也，柔遇剛也，……天地相遇，萬物咸章也。」(姤卦)

「彖曰：歸妹，天地之大義也，天地不交，而萬物不興，歸妹，人之終始也。」(歸妹卦)

「乾道成男，坤道成女；乾知大始，坤作成物。」(繫辭上 第一章)

「易與天地準，故能彌綸天地之道。……範圍天地之化而不過，曲成萬物而不

遺，通乎晝夜之道而知，故神無方而易無體。」（繫辭上 第四章）

「一陰一陽之謂道，繼之者善也，成之者性也。……富有之謂大業，日新之謂盛德，生生之謂易。……陰陽不測之謂神。」（繫辭上 第五章）

「夫乾，其靜也專，其動也直，是以大生焉。夫坤，其靜也翕，其動也闢，是以廣生焉。」（繫辭上 第六章）

「是故，天生神物，聖人則之。天地變化，聖人效之。」（繫辭上 第十一章）

「天地之道，貞觀者也；日月之道，貞明者也；天下之動，貞夫一者也。……天地之大德曰生，聖人之大寶曰位。何以守位？曰仁。」（繫辭下 第一章）

「天地絪縕，萬物化醇。男女構精，萬物化生。」（繫辭下 第五章）

「自天地，然後萬物生焉，盈天地之間者唯萬物，故受之以屯。屯者盈也，屯者，物之始生也。」（序卦傳）

總括上面易傳對於「生」的文據，我們得到四點結論：一、天地相交萬物化生。二、乾坤爲化生之始，乾爲萬物資始，坤爲萬物資生，都稱爲元。三、陰陽爲天地變化之本質，天爲陽，乾爲陽，地爲陰，坤爲陰。四、天地變化之道：順、恆、復，「天地以順動」、「天地之道，恆久而不已」，「天地之道貞夫一」，「七日來復，天行也。」

周易的思想，簡單明瞭，內容豐富。盈天地間唯萬物，萬物由天地而生。生生，在周易裡的意義爲化生生物。

化生爲天地的行動，天地的行動因陰陽而行；化生由陰陽的變化而成。變化爲一陰一陽的變化，八卦和六十四卦，都由陰陽相交而成；卦的不同，由於爻的變化；爻的變化在於位的變異；位代表時間空間，爻的變化，是爻在時空中的進退。在宇宙間，變化爲陰陽的變化，陰陽爲宇宙萬物的原質，萬物各都由陰陽而成。「一陰一陽之謂道，……成之者性也。」陰陽的性質，陽爲剛，陰爲柔，「剛柔相推而生變化。」

化生爲陰陽的變化，萬物由陰陽變化而生，陰陽的變化周易稱爲「天地絪縕，萬物化醇」，「天地交而萬物通」，「男女構精，萬物化生。」周易常用天地化生萬物，後代的易學者也常說天地化生萬物，不說陰陽化生萬物。天地在易學有兩方面的含義：一方面代表宇宙，有似上天下地代表有形的世界；一方面代表陰陽的本體，陰陽爲用，陰陽的變化即是天地的變化，周易也用「天」代表「天地」，天包括地，天爲宇宙一切化生的主體。因此乾坤雖爲化生的開始，都稱爲元，然而乾元乃統天，坤元乃順承天。統天不是統率著天，而是由天一統，周易以宇宙變化貞于一，說卦傳第五章說「帝出乎震，齊乎巽，……」周易本義朱熹注說：「帝者，天之主宰。」天有時代表天帝。

生生，上面的生字爲化生，由天地相交，陰陽運行而成。乾坤男女象徵陰陽，「乾道成男，坤道成女，乾知大始，坤作成物。」在變化的化生中，乾作始，坤作成。生生，下面的生字爲物，「一陰一陽之謂道……成之者性者。」陰陽化生所成的爲性，即是物性，物性不是抽象的理，而爲具體有物性的實體。這種實體稱爲生。

「子曰：乾坤其易之門邪！乾，陽物也，坤，陰物也，陰陽合德而剛柔有體，以體天地之撰，以通神明之德。」（繫辭下　第六章）

「夫乾，天下之至健也，德行恆易以知險。夫坤，天下之至順也，德行恆簡以知阻。」（繫辭下　第十二章）

周易卜筮吉凶，以爻變決吉凶。爻變代表事情的關係，關係的解釋，以爻所代表的事物去解釋。爻所表的事物，又以象去代表，說卦傳第十一章舉出許多象，漢朝易學家更增多了好幾倍的象。這些象都是實際的事物。宋朝易學家和明末王船山都反對漢易的象，然而以象解易的原則，朱熹和王船山都贊成。以象解易，用象所代表的事物發表的關係去決吉凶。事物的關係不是抽象的事物關係，而是在時空內具體事物的關係。具體事物發生關係，是在動作時發生關係，周易爲決吉凶的事物乃是活動的事物。「子曰：知幾其神乎！……幾者，動之微，吉之先見者也。君子見幾而作，不俟終日。」易曰：「介于石，不終日貞吉。介如石焉，寧用終日，斷可識矣。君子知微知彰，知柔知剛，萬夫之望。」（繫辭下 第五章）幾爲吉之先見者，幾爲動之微，決吉凶的事，是動的事物。因爲每一卦六爻，爻的變，造成吉凶。一個卦六爻代表一事物，爻的變，象徵事物自身的變，事物自身內裡變，事物是活的。因此，用活動的事物的關係，解釋爻變的吉凶，就是解釋事件自身變化的吉凶。主張以義理解釋卦爻的易學者，從漢朝費直魏晉王弼開始，宋明理學家和王船山都是這一派的易學者，不主張多用物象的解釋，然而用義理也是解釋爻的變；爻的變，乃易學的中心。

生生，下面一字的生物，以卦作代表，每一卦由爻構成，爻的變乃卦內部自身的變，這種變造成吉凶。六十四卦的變，都是每一卦的爻變，因此，卦所代表的物，是內部自有變動的物。

六十四卦，由乾坤兩卦的爻變而成，乾坤爲易之門。乾爲陽物，坤爲陰物。乾，主健，陰至順，常是「變動不居」。

整部易書講易，易的變；變爲爻變，爻變爲卦內部之變，六十四卦互相變，互相通。內部變的物，乃生物。卦爻變即陰陽爻之變，就是陰陽之變；陰陽爲每一物的構成質素。一物的陰陽變，乃是自已質素的變，爲眞正內部的變。

生物，爲內部陰陽變化之物。

生命，爲物內部的變化。

乙、生生的變化

A　生生的根源

周易的生生，由乾坤作根源，「大哉乾元，萬物資始，乃統天。」「至哉坤元，萬物資生，乃順承天」，乾坤兩卦，爲八卦和六十四卦的基本卦。八卦和六十四卦都由乾坤兩卦變化而出。雖然易傳曰：「易有太極，是生兩儀」，但在講六十四卦的變化，周易從來沒有提太極，所以後來王船山便倡乾坤並建。

乾坤在周易究竟有什麼意義？王船山倡乾坤並建，以乾坤指乾坤兩卦，意義則爲陽陰兩氣。氣的本體就分有陰陽，在太和或太極中，這種分別隱微不顯彰，陽陰顯明，便成天地。

實際上，周易常講天地化生萬物。

乾坤代表天地的德，乾爲剛，陰爲柔，周易的變化，乃是剛柔相推。因此，乾坤不是生生的最後根源。乾坤代表天地，周易常講天地交而萬物通，天地絪緼萬物化醇。上一節已經講了天地的意義，天地實際代表天德，或天道，周易乃用「天」作生生的根源，乾坤都和「天」相通。

「天」，在周易裡，是不是僅爲一箇理論的宇宙變化根源，和太極一樣，或者也是書經、詩經所說的神天？神字，在易傳裡用得許多次，然意義多指著神妙莫測的情狀，少有作爲實體的名詞；但有時則有這種意義，而且和上帝的帝，意義相同。繫辭下第六章說：「以體天地之撰，以通神明之德。」神明，可以是說卦所說「昔者聖人之作易也，幽贊於神明而生蓍。」（第一章）的神明。國語·周語下說：「崇立於上帝明神而敬事之。」以神明爲上帝所發光明。在繫辭上第十一章有「天生神物，聖人則之。」這種「天」，按理是指著上天，上天造生了龜蓍，可以推測吉凶，龜稱爲神物，乃上天所造。周易經傳中有「自天祐之，吉無不利。」（大有 象曰）「先王以作樂崇德，殷薦之上帝，以配祖考。」（豫卦 象曰）「觀天之神道而四時不忒，聖人以神道設教。」（觀卦 象曰）「天命不祐，行笑哉。」（無妄卦 象曰）「王用享于帝。」（益卦 象曰）「王假有廟，致孝享也。……利有攸往，順天命也。」（萃卦 象曰）「風行水上，渙；先王以享于帝立廟。」（渙卦 象曰）說卦傳第五章則有「帝出乎震」。

普通學者們常說易經排除了書經和詩經的上天或上帝，引用了自然的天地。這一點，周易爲卜卦，問鬼神問吉凶，周易經傳都講鬼神，講鬼神而不承認上天或上帝，不合邏輯。周易解釋卦爻，卦爻的變化，爲自然的變化，不牽涉到宗教的上天或上帝，便祇講自然界的關係。但彙集周易經傳的資料，可以講生生的根源爲「天」，「天」爲「上天」，即「神明上帝」。周易沒有講上天創造宇宙萬物，沒有創造的觀念，然而爲生生，則講「天意」、「天道」、「天命」，生生是遵照上天的旨意而進行。這一點，在後代易學和理學都有討論。

B　生生的運行

易傳講爻的變化，最重要的是爻的位，常按卦爻在卦中的位去解釋。位，是空間，有上下，有內外。繫辭開端就說：「天尊地卑，乾坤定矣。卑高以陳，貴賤位矣。」（繫辭上第一章）尊卑貴賤，爲禮的制度；禮乃古代人生的規律。禮的創制，由聖王按照天理而定；周易講宇宙變化，變化的規律即是天理。因此周易的變化原則，和禮制的原理必定相合。禮制是分，分別每人按身份應在的位置，由位分別尊卑貴賤；卦爻便應有位的分別，顯出陰陽的位。卦爻的位，是上下內外，繫辭說「天尊地卑，乾坤定矣。」乾爲天，坤爲地，天尊地卑，陽尊陰卑。「卑高以陳，貴賤位矣。」高爲貴，卑爲賤；陽高陰卑。周易家人卦彖曰：「家人，女正位乎內，男正位乎外，男女正，天地之大義也。」男爲陽，女爲陰，男外女內。

周易的位，貴在中正，中正表示陰陽爻在這卦中，處在應在的位，中正卦乃爲吉祥的卦。若不能中正，至少能中，或能正，卦也爲好卦。中，指第二爻和第五爻，爲上下或內外兩卦的中爻。正，指第二爻爲陰爻，第五爻爲陽爻。例如益卦䷩，「彖曰：損上益下，民說無疆，自上下下，其道大光，利有攸往，中正有慶。」益卦的上一卦爲損卦䷨，爻的變，是損卦的第五爻和第二爻，同益卦的第五爻和第二爻對換，即是「自上下下」，損卦第五爻陰爻，下到益卦的第二爻，損卦的第二爻陽爻，上到益卦的第五爻，益卦便是「中正有慶」。但是，位，不是呆板的位，而是要按「時」而生。繫辭說「變通者，趣時者也。」（繫辭下第一章）在周易的彖辭或象辭中，多處說「時之義大矣哉。」例如否卦的位，屬於中正䷋，然而否卦不是吉利的卦，因爲在時間來說，乃是「天地不交而萬物不通。」下一卦同人䷌，卦爻位置中正，「彖曰：同人，柔得位得中而應乎乾。……文明以健，中正而應」，乃「利君子貞。」既濟䷾，卦爻的位中正，「彖曰：剛柔正而位當也。初吉，柔得中也。終止則道，其道窮也。」因處時不當，卦爻雖中正，然終不免於亂。若反過來，陰爻在第五位，陽爻在第二位，卦也算不壞，即爲未濟䷿，「彖曰：未濟亨，柔得中也。……雖不當位，剛柔應也。」時，在周易中，非常重要。

爻的變化，乃氣的變化；氣的變化，爲氣的運行；氣的運行，繼續不停；氣運行的位，須由時間而定。時間同空間相合，乃有卦爻變化的位。

氣的運行，順承天道，「天地以順動」順，同時間相關，後代易學者，以陽向左，陰向右，爲陰陽在一年四季的運行，「而四時不忒。」生生的變化歷程，由漸到盛，四季的變化，五穀種植的變化，都是由漸而盛。

氣的運行，「恆久不已」。恆，繼續不息，常貞於一，久而不亂。所以「乾，元亨利貞」，「坤，元亨利牝馬之貞。」「恆，亨。……觀其所恆，而天地萬物之情可見矣。」。

氣的運行，循環往復。宇宙間事物，消長繼續。「豐，大也，明以動，故豐，……日中則昃，月盈則食，天地盈虛，與時消息。」（豐卦）

我們可以從這個卦例，研究周易爻變之道。

無妄䷘，「彖曰：無妄，剛自外來，而爲主於內，動而健，剛中而應，大亨以正，天之命也。其匪正有眚，不利有攸往，無妄之往何之矣？天命不祐，行矣哉。」

無妄由遯而來，遯䷠的九三，變爲無妄的初爻䷘，「剛自外來，而爲主於內」，初爻爲陽，主於二陰。無妄的第五爻爲陽爻，和第二爻陰爻相應，「動而健，剛中而應。」這卦爲中正卦，「大亨」；然有「無妄之災」，「六三，無妄之災。」遯卦的三爲陽爻，在無妄卦裡第三爻變成了陰爻，這第三爻陰爻居不當位，上面有三個陽爻，下面是個陰爻，所以不利，然而咎不由自取，災自外來。王船山解釋這卦說：

> 「乃此卦天道運於上（乾），固莫其位，二陰處下，非極其盛，而初陽震動（震），非以其時，理之所無，時之或有，妄矣。然自人而言則見妄矣，自天而言，則有常以序時，有變以起不測文化，既爲時之所有，即爲天之所不無。理，天理也。在天者即爲理，縱橫出入，隨感而不憂物之利，則人所謂妄者，皆無妄也。」（周易內傳　卷二下　無妄）

同人䷌「彖曰：柔得位而應乎乾。……文明以健，中正而應，君子正也。」這卦第五爻爲陽，第二爻爲陰，第二陰柔爲柔得位，和第五爻陽剛相應，「而應乎乾」，上卦爲乾，王船山解說：「二正應在五，不言應剛而言應乾者，人之志欲不齊，而皆欲同之，則爲衆皆說之鄉愿矣。唯不同乎其情之所應，而同乎純剛無私之龍德，以理與物相順，而得人心之同然而合乎天理，斯爲大同之德，而非時同也。」（周易內傳　卷二上　同人）

周易繫辭下第九章說：「二與四同功而異位，其善不同，二多譽，四多懼，近也。柔之爲道不利遠者，其要無咎，其用柔中也。三與五，同功而異位，三多凶，五多功，貴賤之等也。其柔危，其剛勝邪。」在一箇卦裡第二爻和第五爻，因居中位，多譽多功；第三爻和第四爻，位居上卦下卦之間，多懼多凶。

習坎䷜，「彖曰：習坎，重險也。水流而不盈，行險而不失其信。維心亨，乃以剛中也。行有尙，往有功也。」這卦兩陽爻都陷在陰中，稱爲重險。但因兩陽居在中位，能夠使陰不濫。中爲心，心爲陽，心乃中。心中而又剛強，乃有利。每一爻的解釋，「初六，習坎，入于坎窞，凶」，因爲「以陰柔入於潛伏之地，將以避險，而不知其自陷」（王船山　周易內傳　卷二下　習坎）「九二，坎有險，求小得。」因爲「二以剛居柔（二應是陰爻），雖中而未能固有其剛，誠信未篤，所行不決……足以自保，而憂危亦甚」。「六三，來之坎坎，險且枕，入于坎窞，勿用。」第三爻陰爻，上進第四爻也是陰爻，而第二爻卻是陽爻，第三爻是陰乘陽險；上進遇第四陰爻，又險，好像水流來往於險中，徒勞無功。「六四，……納約自牖，終無咎。」，因爲「六四，柔居柔當位，上承九五。……雖儉不中禮，……終得無咎。」「九五，坎不盈，祇既平，無咎。」因「九五剛中得位，……雖疑於爲陰所乘，而不得外見，然持之有道，何咎之有。」「上六，係用徽纆，寘于叢棘，三歲不得，凶」，因爲「憑高以陷陽，障洪流而終決，世既平，而已猶險，刑必及之。」（同上）

離卦和習坎相反䷝，第五爻和第二爻爲陰爻，兩陰處在陽中，但是吉，因爲「陰本柔暗，而附麗乎陽以得居乎中，則質之內斂者因而發於外者足以及物，故其化爲火。」（同上·離卦）「初九，履錯然，敬之，無咎」，初九陽爻，象徵有才之人，初到一地。第二爻爲陰爻，遇到逆境，乃謙謙自退，潛心敬愼，乃無咎。「六二，黃離，元吉」，第二爻爲中爲陰，在正位，「元吉」。「九三，日昃之離，不鼓缶而歌，則大耋之嗟，凶。」因爲「九三以剛居剛，而爲進爻，前明垂盡，不能安命自逸……所謂日暮途窮，倒居逆施。」第三爻陽爻，前進遇第四陽爻，不能向前，後面第二爻陰爻，因而如同太陽光盡則昃，而又不能鼓缶閒散自樂，必有老年的憂傷。「九四，突如其來，焚如，死如，棄如。」因爲第三爻陽爻的光尙沒有盡，第四陽爻突然出現，不在正位，第五爻則是陽爻，第四爻的陽光不能發射，因此，一點不起作用。「六五，出涕沱若，戚嗟若，吉。」因爲第五爻爲王公的位，應爲陽剛。現在六五以陰爻居中，謹愼戒懼，憂心忡忡，乃吉。「上九，王用出征，……無咎」，因爲上九陽爻爲第五陰爻所附麗，不是亢爭，而是扶助王公，無咎。

從這個例中，可以看到在卦爻變動時，位和位的重要。氣運流行，由漸而盛，不能驟然盛，不能驟消。陰陽互相激盪，或相抵抗，或相扶助，但不對立，互相融會。宇宙生生，有

生有滅，有長有消，「窮則變，變則通，通則久。」（繫辭下　第二章）

周易一書的中心爲易，易爲變化，變化的目的，爲生生，「生生之謂易」，生生便是周易一書的目的。

丙、生生爲天道

周易的易，爲天道，「易與天地準，故能彌綸天地之道。仰以觀乎天文，俯以察於地理，是故能知幽明之故。……與天地相似故不違，知周乎萬物而道濟天下故不過，旁行而不流，樂天知命故不憂，安土敦乎仁故能愛。範圍天地之化而不過。曲成萬物而不遺，通乎晝夜之道而知，故神無方而易無體。」（繫辭上　第四章）周易的變化生生之道，和天地變化之道相等，包含天地變化之道。聖人們觀察天地變化之道，研究周易的變化之道，能夠知周萬物，樂天知命，安土敦仁，這是因爲周易變化之道，範圍了天地變化生生之道，歷程一致。

「大哉乾元，萬物資始，乃統天。」（乾卦　彖曰）

「至哉坤元，萬物資生，乃順承天。」（坤卦　彖曰）

「泰，小往大來吉亨，則是天地交而萬物通也。」（泰卦　彖曰）

「否，之匪人，不利君子貞，大往小來，則是天地不交而萬物不通也。」（否卦　彖曰）

「豫，順以動，故天地如之，……天地以順動，故日月不過而四時不忒。」(豫卦 彖曰)

「剝，剝也，柔變剛也，……君子尚消息盈虛，天行也。」(剝卦 彖曰)

「復，亨，剛反，……復其見天地之心乎。」(復卦 彖曰)

「大畜，……利涉大川，應乎天也。」(大畜卦 彖曰)

「咸，感也。……天地感而萬物化生，聖人感人心而天下和平，觀其所感而天地萬物之情可見矣。」(咸卦 彖曰)

「恆，久也，……觀其所恆，而天地萬物之情可見矣。」(恆卦 彖曰)

「大壯，大者壯也，剛以動，故壯。大壯利貞，大者，正也，正大而天地之情可見矣。」(大壯卦 彖曰)

「家人，女正位乎內，男正位乎外，男女正，天地之大義也。」(家人卦 彖曰)

「姤，遇也，柔遇剛也，……天地相遇，品物咸章也。」(姤卦 彖曰)

「萃，聚也，順以說，剛中而應，故聚也，……觀其所聚，而天地萬物之情可見矣。」(萃卦 彖曰)

「歸妹，天地之大義也，天地不交而萬物不興，歸妹，人之終始也。」(歸妹卦 彖曰)

由各卦的彖曰，可以明明看出，周易的卦爻變化，代表天地之道，或是表現天地之道，或是表達天地之心，或是表達天地之情。心和情是人之所有，和人的性之理相連，心和情表現人性之理。周易所謂天地之心和天地之情，便是表天地之理，即是天地之道。

「夫乾，……是以大生焉。夫坤，……是以廣生焉。廣大配天地，變通配四時，陰陽之義配日月，易簡之善配至德。」(繫辭上 第六章)

乾坤配天地，乾坤的變通，配日月四時，便是「易與天地準」。

「易之爲書也，廣大悉備，有天道焉，有人道焉，有地道焉，兼三才而兩之，故六。六者，非它也，三才三道也。」(繫辭下 第十章)

「昔者，聖人之作易也，將以順性命之理，是以立天之道，曰陰與陽，立地之道，曰柔與剛，立人之道，曰仁與義，兼三才而兩之，故易六畫而成卦，分陰分陽，迭用柔剛，故易六位而成章。」(說卦傳 第二章)

周易六十四卦，爲卜占的用途，預報事件的吉凶，預報的方法，用卦爻的爻去推測。卦爻的爻按照天地之道而變化，由天地變化之道推測人事的吉凶，因爲人事爲宇宙的一部份，屬於天地之道的統轄。因此易卦有天道地道人道，稱爲三才之道，三才之道互相貫通，實則祇是一道，即是天道。天道的目的爲生生，化生萬物，一切爲萬物的生命。人道注重吉凶，吉凶關係人的生命，人生命的消長盈虛，和吉凶相關。吉凶的來由，在於人道，人道和天道相連。卦爻的變乃能推出人事吉凶。周易的卦的推測吉凶，目的在於人生命的消長盈虛，是爲生生。孔子向弟子講周易，以人生命的消長盈虛，不在於吉凶，而是在於善惡，善惡雖由天道去推測，實際是上天對人善惡的賞罰。上天的責罰不是隨便分施，而是按照每人行事的善惡，孔子乃用善惡代替吉凶。卦爻的變，指示人該行的事，易傳的象曰，處處指示君子效法爻變的倫理意義，易傳的繫辭，篇篇說明聖人法天，採納爻變的意義。「易其至矣乎！夫易聖人所以崇德而廣業也。」(繫辭上 第七章)「是故天生神物，聖人則之；天地變化，聖人效之；天垂象，見吉凶，聖人象之；河出圖，洛出書，聖人則之。」(同上 第十一章)「夫易聖人之所以極深而研幾也。唯深也，故能通天下之志。唯幾也，故能成天下之務。唯神也，故不疾而速，不行而至。」(同上 第十章)孔子和孟子以人的生命，爲心靈的生命，人心生來是仁，具有仁義禮智之端，人的生命在發揚這四端，人的生命發揚到最高，爲至德，爲盡性，爲至誠。人的心靈生命，按照人性天理，人性天理乃是天道，「天命之謂性」，孔子因此把卦爻變化的天道應用到人的心靈生命，構成人的倫理生命。「文言曰：元者，善之長也，亨者，嘉之會也，利者，義之和也，貞者，事之幹也。君子體仁足以長人，嘉會足以合禮，利物足以和義，貞固足以幹事，君子行此四德者，故曰：乾，元亨利貞。」（乾卦）孔子把元亨利貞，講成了仁義禮智，在各卦的彖曰，都說明君子生活之道，從這一點，也看出周易的爻變，在自然界的目的，爲化生萬物；在卜占的目的，爲預報人生命的消長；在倫理善惡的目的，爲發揚人心的生命。整個儒家的哲學，在講人生之道，發揚人心的生命。

2. 漢易的生生

漢代易學的特徵，在於卦氣和五行。象數雖也由漢易興起，但祗在卜筮方面的實用，在思想方面沒有學術性的內容。卦氣的思想，進一步發揮天道運行的觀念，五行更展開爻變的範圍。

卦氣的思想，起於孟喜。周易剝卦的彖曰：「君子尙消息盈虛，天行也。」豐卦彖曰：「天地盈虛，與時消息。」消息盈虛，「天行也」，天行爲氣的運行，消息爲氣的盛衰。息爲陽進，消爲陰進，陰陽互相消息，造成六十四卦。陰陽消息在天地中，實現在一年的時間內。一年有四季十二月。孟喜訂立四正卦配四季，十二消息卦配十二月。四正卦：坎爲冬，配北方，配水；震爲春，配東方，配木；離爲夏，配南方，配火；兌爲秋，配西方，配金。十二消息卦：復十一月，臨十二月，泰正月，大壯二月，夬三月，乾四月，姤五月，遯六月，否七月，觀八月，剝九月，坤十月。由復卦的一陽爻，漸進到乾的六陽爻，爲陽息；由姤的一陰爻，漸進到坤的六陰爻，爲陰消。

漢朝易學者都接納了這個思想，又更以四正卦的每一爻配二十四節氣，再以十二消息卦的每一爻配七十二候，又以六十卦（除去四正卦）的每一卦配六日七分。這樣氣運在天地的一年變化，都由卦去代表。一年的氣運，分春夏秋冬，春夏秋冬的意義由農產物去表現，乃是春生夏長秋收冬藏。在以農爲業的中華民族的心理上，天地的氣運都在於使農產物生長收藏。漢朝易學者配合這種心理，以周易的卦爻變化，代表一年中氣運的變化，變化的意氣爲使農產物生生。

漢書五行志講災異說：

「雷以二月出，其卦曰豫。言萬物隨雷出地，皆逸豫也。以八月入，其卦曰歸妹。言雷復歸入也，則孕育根核，保藏蟄火，避盛陰之害。出地則養長華實，發揚隱伏，宣盛陽之德。入能除害，出能興利，人君之象也。」

漢書律曆志解釋三統說：

「十一月，乾之初九，陽氣伏于地下，始著爲一，萬物萌動，鍾于太陰，故黃鐘爲天統，律長九丁。」

「坤六月，坤之初六，陰氣受任於太陽，繼養化柔，萬物生長，茂之于未，令種剛強大，故林鐘爲地統，律長六寸。」

「正月，乾之九三，萬物棣通，族出于寅，人奉而成之，仁以養之，義以行之，令萬物各得其理。」

卦氣說周旋在一年的十二月裡，以陰陽的消息，解釋萬物的生長。五行，由京房引用解釋卜占的吉凶。他以五行配八宮卦和卦的各爻。八宮卦爲京房所訂，解釋六十四卦的由來次序，易緯乾鑿度以五行配八卦的方位，木東、火南、金西、水北、土中。按照五行相生相剋次序，解釋卦爻變遷的吉凶。

舉幾個漢易學者疏解卦彖的例。

乾卦彖曰「雲行雨施，品物流形。」，虞翻曰：「已成既濟，上坎爲雲，下坎爲雨，故雲行雨施，故乾以雲雨流坤之形，萬物化成，故曰品物流形也。」（周易解纂疏 卷一）

屯卦彖曰：「屯，剛柔始交而難生」，崔憬曰：「十二月陽始浸長而交于陰，故曰剛柔始交，萬物萌芽，生于地中，有寒冰之難，故曰難生。」（同上 卷二）

剝卦彖曰：「不利攸往，小人長也。」鄭玄注曰：「陰氣侵陽，上至于五，萬物零落，故謂之剝。五陰一陽，小人極盛，君子不可有所之，故不利有攸往也。」（同上 卷四）

離卦彖曰：「日月麗乎天，百穀麗乎地。」虞翻注曰：「震爲百穀，巽爲草木，坤爲地，乾二五之坤成坎震體。屯，屯者，盈也，盈天地之間唯萬物，萬物出震，故百穀草木麗于地。」（同上 卷四）

家人卦象曰：「風自火出家人」，馬融注曰：「木生火，火以木爲家，故曰家人。火生于木，木得風而盛，猶夫婦之道相須而成。」（同上 卷五）

睽卦彖曰：「火動而上，澤動而下。」虞翻注曰：「離火焚上，澤水潤下也。」（同上）

從上所舉例，漢易學者，解釋爻變，常以陰陽五行爲依據，再以卦變增多體例。爻變的意義常在天地化生萬物，人事依據爻變生生的關係，推測吉凶。

魏伯陽鍊丹吸氣以求長生，用卦氣的運行解釋煉外丹和煉內丹的歷程，把卦氣的思想導引到人的生命上。

「丹砂木精，得金乃並，金水合處，木火爲侶。四者混沌，列爲龍虎。龍陽數

奇，虎陰數偶。肝青爲父，肺白爲母。腎黑爲子，脾黃爲祖。三物一家，都歸戊已」。（參同契）

魏伯陽講述煉外丹的藥物互相化合，金水爲鉛熔，木火爲硫化汞中出水銀。肝爲火，肺爲金，腎爲水，脾爲土，火爲心，再以五行相生講五臟的關係。

東漢鄭玄爲漢朝經學的代表，他注易的經傳，可以代表漢代經學的易學。他注說卦傳第六章：「神也者，妙萬物而言者也。」說：「一節別八卦生成之用。八卦運動，萬物變化應時不失，無所不成，莫有使之然者，而求其眞宰，無有遠近，了無晦迹，不知所以然而然，況之曰神也。」又注繫辭上第五章：「陰陽不測之謂神。」，說：「天下萬物，皆由陰陽或生或滅，本其所由之理，不可測量之謂也。」又注釋韓康伯的「至乎神無方易無體而道可見矣。」說：「神之發作動用，以生萬物，其功成就，乃在于無形。應機變化，雖有功用，本其用之所以，亦在于無也。故至乎神無方而易無體，自然無爲之道，可顯見矣。」又注復卦彖曰：「復其見天地之心乎。」說：「此贊明復卦之義。天地養萬物，以靜爲心，不爲而物自爲，不生而物自生，此天地之心也。」

鄭玄講神，以無爲無心爲神，天地之道，神妙自化，生成、養育萬物。

晉王弼注易，以義理爲根據，以人事爲範圍，很少講到萬物的生滅。王弼的明爻通變說：「夫爻者何也？言乎變者也。變者何也？情僞之所爲也。……是故，情僞相感，遠近相追，愛惡相攻，屈伸相推，見情者獲，直往則違，故擬議以成其變化，語成器而後有格，不知其所以爲主，鼓舞而天下從，見乎其情者也。」以情去解釋爻的變，是依據人和人的關係，他在這篇明爻通變裡說：「近不必比，遠不必乖，同聲相應，高下不必均也，同氣相求，體質不必齊也。」人際關係，爲人生活的關係，乃人生命的發展。王弼因反對漢易的氣數和象，捨棄了萬物生長的關係，祇就人際關係以明吉凶。他特別注重「時」，在明卦適變通爻一文說：「夫卦者，時也；爻者，適時之變者也，夫時有否泰，故用有行藏。……一時之制，可反而用也；一時之吉，可反而凶也。」時間對於人事情僞，非常有影響；但在萬物的生化，時間也一樣的非常重要。

3. 宋明易學的生生

甲、宋易的生生

宋朝的易學，成爲理學的一部份，宋朝理學家周敦頤、程顥、程頤、張載、朱熹，都以周易作哲學基本，都有易說，但是他們的思想，以理學思想爲主，應在哲學思想一節中去講，不在易學中重覆。唯一理學家以易學在全部學術思想的邵雍，則應在易學一節中講述。

邵雍的易學，有先天後天說，有皇極經世說，先天後天說，辨論卦的方位和卦的次序，涉及萬物的生成，他以天地萬物都是八卦的生成次序演變出來的。

「陰陽分而生兩儀，兩儀交而生四象，四象交而成八卦，八卦交而生萬物。」（觀物外篇）

「日爲暑，月爲寒，星爲晝，辰爲夜；寒暑晝夜交而天之變盡矣。水爲雨，火爲風，土爲露，石爲雷，雨風露雷交而地之化盡矣。暑變物之性，寒變物之情，晝變物之形，夜變物之體，性情形體交而動植之感盡之矣，雨化物之走，風化物之飛，露化物之草，雷化物之木，走飛草木交而動植之應盡之矣。」（觀物內篇之一）

「夫人者，暑寒晝夜無不變，雨風露雷無不化，性情形體無不感，走飛草木無不應。所以目善萬物之色，耳善萬物之聲，鼻善萬物之氣，口善萬物之味，靈于萬物不亦宜物。」（觀物內篇之二）

「觀春則知易之所存乎，觀夏則知書之所存乎，觀秋則知詩之所存乎，觀冬則知春秋之所存乎。易之易者，生生之謂也；易之書者，生長之謂也；易之詩者，生收之謂也；易之春秋者，生藏之謂也。書之易者，長生之謂也；書之書

者，長長之謂也；書之詩者，長收之謂也；書之春秋者，長藏之謂也。……」（觀物內篇之四）

「天由道而生，地由道而成，物由道而形，人由道而行。天地人物則異矣，其於道一也。夫道也者，道也。道無形，行之則見于事矣。」（觀物內篇之九）

邵雍專於易數，以數爲天地之易，易則是生生。他用易數把天地萬物，人事歷史，糾合一起，自成一說，在理論上沒有根據，他的用意則想以卦爻變成數，連串天地和人事演變的歷史，成一系統，中心的觀念，在於「生成」。

程顥對易傳的思想，以仁爲生，開啓了朱熹的思想，他解釋易繫辭下第一章的「天地之大德曰生」說：

「天地之大德曰生。天地絪緼，萬物化醇。生之謂性，萬物之生意可觀，此元者善之長也，斯所謂仁也。人與天地一物也，而人特自小之何邪？」（二程遺書十一）

「生生謂之易，是天之所以爲道也。天只是以生爲道，繼之生理者即是善也。善便是一個元底意思，元者善之長，萬物皆有春意，便是繼之者善也，成之者

性也。成卻待佗萬物自成，其性須得。」（遺書　二先生語）

程顥以「天只是以生爲道」，天道是生生之道，天理便是天之生理。天理的運行爲神，「化之妙者神也。」

楊簡爲陸象山的弟子，從陸象山的心說以解易，作易傳，他說：「坤之順即乾之健，坤之承天即乾之統天。坤之生物于春，長物于夏，成物于秋，藏物于冬，時行也。名殊形殊，陰陽之氣殊，而實一也。」（易傳　坤）

宋朝葉適，主張實用，反對邵雍和朱熹的易數易象，但他不否定周易生生之道，在所著習學記言·周易解釋乾坤兩卦說：「乾德終始主乎健，其象曰自強，曰不息。坤德終始主乎順，其象曰厚德，曰載物。」（周易四）「能自強不息，厚德載物，而天地之道在我矣。知用九天德不可爲自首而知始矣，知用六利永貞而知終矣。道之示人，未有切乎此者也，違而他求則遠矣。」（周易一）

乙、元明易學的生生

元雷思齊發展易數，著有易圖通變和「參天兩地倚數圖」，解釋日月運行，四時推移，晝夜結束，這圖也解釋一年的節氣、陰陽變化，爲化生萬物。

俞琰作先天卦圖解釋，以先天後天卦位模擬人的身體，講煉氣養生。

薛瑄易學，發揮程朱的易學，他解釋太極說：「太極自能生兩儀四象八卦，加倍生生而不容已，所謂生生之謂易也。」(讀書續錄 卷一) 所謂生，作爲散開或展開的意義，他說：「易有太極，是生兩儀，兩儀生四象，四象生八卦，謂之生則齊生，就非有片時之間斷也。」(同上 卷二) 齊生，沒有時間的先後，先後的次序爲理論上的次序。「無極而太極。太極動而生陽，靜而生陰，以至陽變陰合而生水火木金土，眞精妙合，氣化生男女，形化生萬物。竊意其初，理爲之主，而一齊造化生就。」(讀書續錄 卷二)

蔡清在所著周易蒙引對卦序，他說：「愚意乾坤者造化之本體，坎離者，乾坤之大用，坎爲水陰也，離爲火陽也。天地所以造化萬物者，一陰一陽而已。此即太極之陰靜陽動也。」他以陰陽爲太極，此陰陽整合之氣乃天地造化之本體。「總是體統一元之氣流行貫通而無間然者也，不然，天雖不物物而雕之，亦當一一而取之，而天亦當一一而應之，而造化亦勞矣，亦當有時而息矣。豈可謂天道無心而成化也哉！豈無謂動靜無端，陰陽無始之妙道哉。」(周易蒙引 乾)「萬物資生，生者形之始，始字細認，方見是坤元。……萬物之生成，只是一元之氣，造化原無兩個原也。」(同上 坤)

羅欽順繼承朱熹的易學，批評張載。在批評正濛的「聚亦吾體，散亦吾體，知死之不亡者，可與言性矣。」說：「夫人物則有生有死，天地則萬古如一，氣聚而生形而爲有，有此物即有此理。氣散而死，終歸於無。無此物即無此理，安得所謂死而不亡者耶？若夫天地之

運，萬古如一，又何死生存亡之有？」（困知記　卷下）

王廷相的易學，以氣爲主：

「天內外皆氣也，地中亦氣，物虛實皆氣，極通上下造化之實體也。是故虛受乎氣，非能生氣也。理載於氣，非能始氣也。世儒謂理能生氣，即老氏道生天地矣。謂理可離氣而論，是形性不相待而立，即佛氏以山河大地爲病，而別有所謂眞性矣，可乎不可乎！」（王氏家藏集　愼言　道體）

「夫萬物之生，氣爲理之本，理乃氣之載，所謂有元氣則有動靜，有天地則有化育，有父子則有慈孝，有耳目則有聰明也。非大觀造化，默契道體者，惡足以識之？」（王氏家藏集　內台集　太極辯）

「余嘗以爲元氣之上無物，有元氣即有元神，有元神能運行而爲陰陽，有陰陽則天地萬物之性理備矣，非元氣之外又有物以主宰之也。」（內台集　答薛君采論性書）

「道體不可言無，生有有無。天地未判，元氣混涵，清虛無間，造化之天機也。有虛即有氣，虛不離氣，氣不離虛，無所始，無所終之妙也。……二氣感化，群象顯設，天地萬物所由生也，非實體乎？是故即其象，可稱曰有；及其化，

可稱曰無，而造化之天機，實未嘗泯。故曰道體不可言無。」（愼言　道體）

湛若水爲心學的易學派，然而以萬物的化生，是氣之功能，「夫天地之生物也，猶父母之生子也，一氣而已矣。」（文集　語錄）

王陽明則以生生之理，爲太極之理：「太極生生之理，妙用無息，而常體不易。太極之生生，即陰陽之生生。就其生生之中，指其妙用無息者而謂之動，謂之陽之生，非謂動而後生陽也。就其生生之中，指其常體不易者謂之靜，謂之陰之生，非謂靜而後生陰也。」（傳習錄　答陸原靜書）又以仁解釋生生之理：「仁是造化生生不息之理。」（傳習錄）

來知德以象解湯，然以天地萬物化生，皆出於氣。他解釋坤元說：「乾以施之，坤則受之，交接之間，一氣而已，始者氣之始，生者形之氣，萬物之形，皆生於地，然非地之自能爲也，天所施之氣至，則生矣。故曰乃順承天。」（易注　坤）

張介賓以易卦講論醫學，創易醫的一派，以陰陽五行配人身體，以五行生剋關係，講述醫術，用邵雍先天圖解釋人的生命變化歷程，他的易學成爲人的生命學。

方以智結束易學的象數學，「以河洛象數爲一切生成之公證。」（時論合編　圖象幾表　太極圖說）以火爲五行的動力，「世但知火能生土，不知火能生金，生水，生木。蓋金非火不能生成，水非火不能升降，木非火不能發榮。易稱乾爲龍，龍，火之精也。……今之土中、石中、金中、海中、樹中，敲之、擊之、鑽之，無不有火出焉，則此火能藏神于萬物，而又能生物也。」（五行尊火爲宗）他主張陰陽相反相因，他論剝復兩卦說：「人止于復言學問，豈知不剝不復之故耶？雜卦傳曰：爛也，反也。善于圖畫碩果之仁，浸長其乾元之幹者也。仁必克核而芽出反生，則仁爛矣，發而參天，全樹皆仁，豈非顯諸仁乎。」（時論合編　剝）

歷代易學的生生，爲一個傳統一貫的思想，整個宇宙的形成和萬物化生，自然連成一系，這一點從周敦頤的太極圖就很明顯地表示出來，對於萬物的化生，周易常說天地化生萬物，宋明的易學則常用一氣化生萬物，又說元氣化生萬物，元氣一詞來自漢朝學者的思想，宋明採用以解釋太極。同時代也有薛瑄以生不是父子的生，而是發展或散開，且沒有時間先後，祇是「齊生」。這些思想由理學家接受和整理，作成宋明理學的生生思想。

丙、王船山易學的生生思想

王船山結束了歷代的易學，在各方面作了總結，對於生生，他也有較完整的結合。

「易者，互相推移以摩盪之謂。周易之書，乾坤並建以爲首，易之體也，六十二卦錯綜乎三十四象而交列焉，易之用也。純乾純坤，未有易也，而相峙以並立，則易之道在，而立乎至足者爲易之資。……大哉，易之爲道，天地不能違之以成化，而況於人乎。」（周易內傳　卷一　上經乾坤）

這一段是王船山在周易內傳開卷的話。易，是變，「互相推移以摩盪。變化，以乾坤並建爲體，沒有純乾純坤，乾坤相峙」。這是易變之道，也就是天道。天道，是成化萬物。生生，爲易變以成化，易變由乾坤對峙互相推移以摩盪。

「乾，氣之舒也。陰氣之結，爲形爲魄，恆凝而有質。陽氣之行於形質之中外者，爲氣爲神，恆舒而畢通，推盪乎陰而善其變化，無大不居，無小不入。」(同上)

「物皆有本，事皆有始，所謂元也，易之言元者多矣，唯純乾之爲元，以太和清剛之氣，動而不息，無大不居，無小不察，入乎地中，出乎地上，發起生化之理，肇乎形，成乎性，以興起有爲而見乎德，則凡物之本，事之始，皆此以倡先而起用，故其大莫與倫也，木火水金，川融山結，靈蠢動植，皆天至健之氣以爲資而肇始。」(同上)

「陰非陽無以始，而陽藉陰之材以生萬物，形質成而性即麗焉。相配而合，方始而即方生，坤之元，所以與乾同也。」(同上　坤)

萬物的生生，陽爲主動，陰爲隨順，陽「發起生化之理」，「藉陰之材以生萬物，形質成而性即麗焉。」

「冬春之交，氣動地中，而生達地上，於時復有風雨凝寒未盡之雪霜，遏之而不得暢，天地始交，理數之自然者也。」(周易內傳 卷一下 屯)

「天以清剛之氣，爲生物之神，而妙其變化，下入地中，以鼓動地之形質上蒸，而品物流行，無不暢遂。」(同上 泰)

「乾者，陽氣之舒，天之所以運行。坤者，陰氣之凝，地之所以翕受。天地，一誠無妄之至德，生化之主宰也。」(周易內傳 卷五上 繫辭上)

「一陰一陽之謂道。推性之所自出而言之。道謂天道也。陰陽者太極所有之實也。凡兩間之所有，爲形爲象，爲精爲氣，爲清爲濁，自雷風水火山澤以至蜎子萌芽之小，自成形而上以至未有成形，相與絪緼以待用之初，皆此二者之充塞無間，而判然各爲一物，其性情才質功效，皆不可強之而同。……此太極之所以出生萬物，成萬理而起萬事者也，資始資生之本體也；故謂之道，亘古今，統天人，攝人物，皆受成於此。」(同上)

王船山以太極爲陰陽不顯之實體，具有變化之道，稱道，即天道，爲出生萬物之理。

「生生之謂易。此以下正言易之所自設，皆一陰一陽之道，而人性之全體也。生生者，有其體，而動幾必萌，以顯諸仁；有其藏，必以時利見，而效其用。故鼓萬物而不憂，則無不可發見，以興起富有日新之德業，此性一而四端必萌，萬善必興，生生不已之幾。而易之繇大衍而生數，繇數而生爻，繇爻而生卦，繇卦而生變占，繇變占而生天下之亹亹，有源故不窮，乘時故不悖，皆即此道也。」(同上)

「至德，猶中庸言大德，天地敦化之本也。唯有此至德以敦其化，故廣大之生，變通之道，陰陽倡和之義，皆川流而不息，易之首建乾坤以備天道者，以此。」(周易內傳 卷五上)

「天地之大德曰生，統陰陽柔剛而言之。萬物之生，天之陰陽具而噓吸以通，地之柔剛具而融結以成，陰以斂之而使固，陽以發之而使靈，剛以幹之而使立，柔以濡之而使動。天地之爲德，即立天立地之本德，於其生見之矣。」(同上 卷六上)

「夫道之生天地者，則即天地之體道者是已。故天體道以爲行，則健而乾，地體道以爲勢，則順而坤，無有先之者矣。體道之全，而行與勢各有其德，無始混而後分矣。語其分，則有太極而必有動靜之殊矣。語其合，則形器之餘，終無有偏焉者，而亦可以謂之混成矣。」（周易外傳 卷一 乾）

「陰陽之生萬物，父爲之化，母爲之基。基立而化施，化至而基凝，基不求化而化無虛施。所以然者，陰虛也，而致用實，形之精也；陽實也，而致用虛，性之神也。形之所成斯有性，性之所顯惟其形，故曰形色天性也，惟聖人然後可以踐形。陽方來而致功，陰受化而成用，故乾言造，坤言正位。造者動，正位者靜。動繼而善，靜成而性。故曰人生而靜，天之性也。繇此言之，動而虛者必凝於形氣之靜實。陽方來而交陰，爲天地之初幾，萬物之始兆，而屯紹乾坤以始建，信矣。」（周易外傳 卷一 屯）

「今夫人之有生，天事惟父，地事惟母。天地之際，間不容髮，而陰陽無畔者謂之沖，其清濁異用，多少分劑之不齊，而同功無忤者謂之和。」（周易外傳 卷二 復）

「夫陽主性，陰主形，理自性生，欲以形開。其或冀夫欲盡而理乃孤行，亦似矣。然而天理人欲同行異情。」（同上 卷一 屯）

「若其養萬物者，陽不專功，取材於陰，然而大化之行，啓不言之利，則亦終

歸於陽也。」（周易外傳　卷二　頤）

「且夫泰者，天地之交也，然性情交而功效未起。由泰而恆，由恆而既濟，由既濟而咸，皆有致一之感，必抵咸而後臻其極。臻其極，而外護性情，欣暢凝定，以固其陰陽之郛廓者，道乃盛而不可加，陽不外護，則陰波流而不知所止；陰不外護，則陽燄起而不烊其和。」（周易外傳　卷三　咸）

「故坤立而乾斯交，乾立而坤斯交。一交而成命，基乃立焉；再交而成性，藏乃固焉；三交而成形，道乃顯焉。性、命、形，三始同原而漸即於實。故乾坤之道，抵乎艮、兌，而後爲之性命者，凝聚堅固，保和充實於人之有身。」（同上）

「受命者期效其所生，報生者務推其所利。今夫天地以生爲德者，水火木金與人物而同生於天地。迨其已生，水火木金不自養，天地養之；天地無以養人物，水火木金相化以養之。生者所受也，養者所利也。水火木金相效以化，推養而施於人物，其以續天地之生而效法其恩育，以爲報稱者也。」（周易外傳　卷三　益）

「抑太和之流行無息，時可以生，器可以生，而各得其盈縮者以建生也。」（同上　困）

「嘗論之曰：道者，物所衆著而共緜者也。物之所著，惟其可見之實也；物之所緜，惟其有可循之恆也。既盈兩間而無不可見，盈兩間而無不可循，故盈兩間皆道也。可見者其象也，可循者其形也。出乎象，入乎形；出乎形，入乎象，則兩間皆陰陽也。兩間皆陰陽，兩間皆道。」（周易外傳　卷五　繫辭上　第五章）

「天地之間，流行不息，皆其生焉者也，故曰天地之大德曰生。」（同上　繫辭下　第五章）

「理之御氣，渾淪乎無門，即始即終，即所生即所自生，即所居即所行，即分即合，無所不肇，無所不成，徹首尾者誠也，妙變化者幾也。」（周易外傳　卷七　說卦傳二）

綜合上面所引王船山的文據，對於生生有下列幾點重要思想：

1.「天地之間，流行不息，皆其生焉者也。」天地間所有的就是「生」，因爲天地之間所有的是萬物，萬物是生生。

2.天地間的生生，因有大化的流行。大化的流行爲太和流行無息，雖有可循之跡，但妙化不可測。

3.太和的流行，由陽主動，陰主歛，陽成性，陰成形，陽陰相交，一交而成命，再交而立性，三交而成形。

4.太和即太極，太極爲道，道爲大化流行，萬物化生之道，在一物內則爲性所生之理。

5.陰陽相交而化生萬物，須要養育，乃以五行養萬物。五行爲陰陽所生所養，陰陽（天地）以五行養物。

6.六十四卦的爻卦，都是陰陽的變，也就是生生之變。例如在周易外傳卷三解釋恆卦說：「陽奮乎上，亢而窮則爲災，陰散乎下，抑而相疑則戰。天地也，雷風也，水火也，山澤也，無之而不以陽升而陰降爲凶吝之門也。」

結束了歷代易學對「生生」的思想，避免易緯和道家煉丹的迷信和神話，簡單地提出幾點重要觀念，可見易學以卦爲本體，卦爲陰氣陽氣的峙立摩盪，解釋萬物化生的關係。易學乃是生生之學，因爲「生生之謂易」。

二、儒家哲學的生生

1.先秦以天時行政

儒家的思想，上溯到堯舜禹湯文武周公。堯舜和夏商周三代的思想，可以從書經和周禮去探索。從這種經書裡我們看到一項特殊的政治思想，人君按照天時而行政。從外面行政去看，因先民以農業謀生，一年四季的氣候對農業關係密切，人君須按一年的天時施行政治；從政治行動去追求哲學的意義，乃是一種「法天」的思想，人君既然是代天行道，必須按照天道行政；天道在一年的天上地面各種自然現象中顯出，天時代表這些自然現象，人君便注重天時。天時運流，使百穀生成，以養民，堯舜乃行仁政，行政效法上天愛物，愛民乃養民。

堯典（舜典）述說帝命羲和、羲仲、羲叔，掌管人民的生活，配合天象和四時。在洪範一篇裡講論人民的生活，使「百穀用成，家用平康。」重要的因素，在於歲月日星能夠順時不亂。

呂氏春秋總結春秋戰國的思想，很明顯地發揮這種「以天時行政」的政治，以十二紀勾劃出一個藍圖。在十二紀的後一篇有始覽中說：「天微以成，地塞以形」，高誘注說：「天，陽也，虛而能施，故微以生萬物；地，陰也，實而能受，故塞以成形兆也。」

禮記的十二月令，和十二紀相同，更能代表儒家的思想。

「是月也，以立春，先立春之日，大史謁之天子曰：某日立春，盛德在木，天子乃齋。立春之日，天子親帥三公九卿諸侯大夫以迎春於東郊，還反，賞公卿諸侯大夫於朝。」

「是月也，天子乃以元日祈穀于上帝。乃擇元辰，天子親載耒耜，措之于參保介之御間，帥三公九卿諸侯大夫躬耕帝藉，天子三推，三公五推，卿諸侯九推。反，執爵于大寢，三公九卿諸侯大夫皆御命曰勞酒。」

「是月也，天氣下降，地氣上騰，天地和同，草木萌動。王命布農事，命田舍東郊皆修封疆，審端經術，善相丘陵阪險原隰？土地所宜，五穀所殖，以教道民，必躬親之。田事既飭，先定準直，農乃不惑。」

「是月也，命樂正入學習舞，乃脩祭典，命祀山林川澤，犧牲毋用牝，禁止伐木，毋覆巢，毋殺孩蟲，胎夭飛鳥，毋麛毋卵。」（月令　孟春）

「立冬之日，天子親帥三公九卿大夫以迎冬於北郊，還反，賞死事，恤孤寡。是月也，天子始裘，命有司曰：天氣上騰，地氣下降，天地不通，閉塞而成冬。命百官謹蓋藏。」（月令　孟冬）

上面所引的孟春和孟冬的天子行事律，思想完全以天時行政。一年每月的氣象，和周易的思想相同，天地相通，萬物化生；天地不通，萬物凋零。天子行政，配合天時對萬物的關係，協調春生夏長秋收冬藏的生生現象。

唐孔穎達注疏禮記月令，在開端的注疏中說：「按老子云：道生一，一生二，二生三，三生萬物。易云：易有太極，是生兩儀。禮運云：禮必本於大一，分而爲天地。易乾鑿度云：大極者，未見有氣；大初者，氣之始；大始者，形之始；大素者，質之始，此四者同論天地之前及天地之始。老子云道生一，道與大易自然虛無之氣，不可以形求，不可以類取，強名曰道，強謂之大易也，道生一者，一則混元之氣，與大初大始大素同，又與易之大極，禮之大一，其義不殊，皆爲氣形之始也。一生二者，謂混元之氣分爲二，二則天地也，與易之兩儀，又與禮之大一分而爲天地同也。二生三者，謂參之以人爲三才也。三生萬物者，謂天地人既定，萬物備生其間。」

孔穎達的注疏，將道家、易經、易緯、禮運的思想，混合爲一。孔注爲唐朝官方注釋，代表儒家。

禮記書中有樂記一篇，樂記以禮樂反映自然的天道。天道化生萬物，萬物分種分類，不相混亂；萬物有互相連繫，結成一大生命。在人的生活中，禮代表天道的分，樂代表天道的合。

「方以類聚，物以群分，則性命不同矣。在天成象，在地成形；如此，則禮者，天地之別也。地氣上齊，天氣下降，陰陽相摩，天地相盪，鼓之以雷霆，奮之以風雨，動之以四時，煖之以日月，而百化興焉；如此，則樂者，天地之合也。」

「是故先王本之情性，稽之度數，制之禮義，合生氣之和，道五常之行，使之陽而不散，陰而不密，剛氣不怒，柔氣不懾，四暢交於中而發作於外，皆安其位而不相奪也。」

禮記不能算作先秦的書，書中的思想則為春秋戰國的思想，和周易的十翼思想相同。天氣下降，地氣上騰，天地之氣相合，化生萬物，聖人治國，效法天道，制訂禮樂，養育人的生命，人和天相合，人的生命和天地萬物的生命相連，生命的規律是一致的。

2. 孔孟的心靈生命

儒家以孔子為先師，儒家思想導源於孔子。孔子在論語裡很少談到萬物的生生，但是孔子教授弟子易經，儒家傳統肯定孔子作十翼；在事實上十翼不是孔子作的；然而十翼的基本倫理思想，則應認定是孔子的，因為和中庸的思想一致。在易傳裡，孔子把周易占卜吉凶的思想代以倫理善惡的思想。人的生命不在身體的生活，而是在心靈的生活，心靈生活乃是仁義的道德生活，孔子把人的心靈生命和天地萬物的生命連繫起來，不從爻變去求吉凶，但從爻變去求道德規範，易傳的象曰，特別表現這種情況，例如：「天行健，君子以自強不息。」「地勢坤，君子以厚德載物。」「山下出泉，蒙，君子以果行育德。」，幾乎六十四卦的每一卦的「象曰」，都說到君子修德之道，這一點，也作證「象曰」的思想必來自孔子。孔子的生生觀，由易卦的萬物生生的關係，看到宇宙爲一美好的倫常世界，有次序，有調協，有生氣，孔子乃嘆說：「天何言哉！四時行焉，百物生焉，天何言哉！」（陽貨）孟子後來發揮這種思想，造成了後代所謂「心學」。孟子明白指出人的生命是心靈的生命，心靈的生命爲發揚仁義禮智四端的道德生活。孔孟的這種思想，在宋朝便有張載主張易爲君子謀，不爲小人謀，以倫理道德思想解釋易卦。王船山的易學，便是傑出的代表人。

中庸一書引有孔子的許多話，也眞可代表孔子的思想。在中庸書裡有顯明的生生思想。

「天地之道，可一言而盡也，其爲物不貳，則其生物不測。」（第二十六章）

「致中和，天地位焉，萬物育焉。」（第一章）

「唯天下至誠，爲能盡其性。……能盡物之性，則可以贊天地之化育，可以贊天地之化育，則可以與天地參矣。」（第二十二章）

「大哉聖人之道，洋洋乎發育萬物，峻極于天。」（第二十七章）

「唯天下至誠，……知天地之化育，夫焉有所依，肫肫其仁，淵淵其淵，浩浩其天。」（第三十二章）

從中庸和周易「象曰」，幾項關於「生生」的重要思想，已經明顯地表達出來。第一：萬物生生，乃是天地之道，是天地化生萬物，這一點爲易學的中心思想。第二：宇宙間的萬物，人也包括在內，按照自己的物性，是發揚自己的生命，因爲盡性就是化育。第三：人的心靈生命，發揚到最高點，達到聖人的境界，乃是贊天地的化育，即所謂「與天地合其德」這幾項生生思想成爲儒家思想的基本思想。

3. 漢代的生生思想

漢代哲學的生生思想，和漢易的思想結合一起。陸賈的新語說天地：

「張日月，列星辰，序四時，調陰陽，布氣治性，以置五行，春生夏長，秋收冬藏，陽生雷電，陰成雪霜。養育群生，一茂一亡，潤之以風雨，曝之以日

光，溫之以節氣。」（新語　卷上　道基）

「故知天者，仰觀天文；知地者，俯察地理。跂行喘息蜎飛蠕動之類，水生陸行根著葉長之屬，爲寧其心，而安其性。蓋天地相承，氣感相應而成者也。」（同上）

陸賈認定天地相承以化生萬物，萬物由氣而成，乃互相感應。漢初已盛行鄒衍天人感應的思想，宇宙爲一氣運行的整體，氣的運行即是萬物的生命，人君和人民的行爲善惡，造了善惡的氣，和天地間的善惡之氣，互相感應，發生異象，異象又預告上天將行賞罰。天地萬物和人的生命，是一氣的運行，主宰一氣的運行乃是上天（上帝）。

賈誼在所著新書裡，講「道」和「禮」，表露生生之理。

「道者，德之本也。……道無形，平和而神。……道雖神必載於德，而頌乃有因以發動變化而爲變，變及諸生之理，皆道之化也。」（新書　道德說）

「故仁人行其禮則天下安，而方理得矣，逮至德渥澤洽，調和大暢，則天清澈，地富煴，物時熟，民心不挾詐。」（新書　禮）

賈誼主張道變而有德，德變而有氣，氣聚而有性有形，性和形以成一物。這種道德的思想，來自老子道德經，賈誼用於萬物化生的歷程，成爲一種獨特的思想。

董仲舒被認爲漢代哲學的代表，他不像陸賈和賈誼專從政治發表言論，他效法孔子以春秋的論斷，指導政治。孔子作春秋，按照古禮評判歷史人物和史事，成爲中國第一冊歷史哲學書。董仲舒作春秋繁露，從天地變化之道以講人事，不成爲歷史哲學，而成爲天道政治學，他的天道，不是堯舜的倫理天道，而是戰國時的自然哲學。春秋繁露中便充滿了陰陽五行的思想。

董仲舒的生生思想，以一元爲開端，然後有氣，有陰陽，有五行。

「謂一元者，大始也。」（春秋繁露　卷三　玉英）

「天地之氣，合而爲一，分爲陰陽，判爲四時，列爲五行。」（春秋繁露　卷十三　五行相生）

陰陽兩氣按照一定的法則周遊宇內，乃成四時。四時的氣：春氣暖，萬物發生；夏氣溫，萬物得養；秋氣清，萬物得收；冬氣寒，萬物得藏。

「天之道，春煖以生，夏暑以養，秋涼以殺，冬寒以藏。煖暑清寒，異氣而同功，皆天之所以成歲也。」（春秋繁露　卷十三　四時之副）

四時的氣，是「異氣而同功」，四時的異氣由五行而顯。

「天有五行，木火土金水是也。木生火，火生土，土生金，金生水。水爲冬，金爲秋，土爲季夏，火爲夏，木爲春。春主生，季夏主養，秋主收，冬主藏。」（春秋繁露　卷十　五行對）

五行不僅相生，也互相剋：土剋水，水剋火，火剋金，金剋木，木剋土。五行相生相剋的次序，爲生生演變的歷程。五行思想由易學的發展，自然界發展到人事、地勢、音樂、醫藥。中國歷代對於人生的一切，都包括在五行相生相剋的次序裡，如看地、結婚、旅行、治病……等等，都按五行生剋的次序去處理。在董仲舒的思想裡，還沒有到達這種程度。

董仲舒還有一種獨特的思想，以人體配天。在宇宙結構的一文裡，我已經說到，這種獨特的思想：以人身體的結構，配合天地的結構。天地爲萬物生生的資元，人爲萬物的優秀者，爲萬物的代表，和天地結成三才。人體配合天地，表現三才的密切關係。人和萬物爲天地所生，天地以氣化生萬物，氣凝成物形，人爲萬物的優秀，人的形體肖似天地，和天地相配合。天人合一，不僅是「與天地合其德」，也是「與天地合其形」，易傳已經說到「與天地合其德，與日月合其明，與四時合其序，與鬼神合其吉凶。」這是大人（聖王）的生活，和天地的運行相合，乃能達到中庸所說至誠的人「贊天地之化育」，和聖人「洋洋乎發育萬物」的境界，這種境界是道德的心靈生活境界；董仲舒所說的天人合一，則是包括身體方面的天然結構，整個人的生命和天地相合了。

董仲舒的生生思想，因著這個獨特點，人的生活和天地自然界不可分，政治的生活也是在這種天人合一的情況下進行。但是他以後的儒家，沒有人繼承他的這種天人合一的思想，而且王充根本反對。

王充爲漢代董仲舒一派思想所激起的反動，寫了論衡一書，專爲辯駁漢代學者虛妄的學說。以天人感應，天人合一，都是虛妄不實。天地萬物，爲一行之氣。

「或曰：五行之氣，天生萬物，以萬物含五行之氣，五行之氣更相賊害。曰：天自當以一行之氣生萬物，令之相親愛，不當令五行之氣，反使相賊害也。」

（論衡 卷二 物勢篇）

「天之動也，施氣也。體動，氣乃出，物乃生矣。」（論衡 卷十八 自然篇）

「上世之天，下世之天也，天不變易，氣不更改。上世之民，下世之民也，俱稟元氣。元氣純和，古今不異。……萬物之生，俱得一氣，氣之薄渥，萬世若一。」（論衡 卷十八 齊世篇）

王充辯駁漢易和漢朝經學，極力攻擊天地大德曰生，天生物完全自然，絕對不是天有心化生萬物。

「春觀萬物之生，秋觀其成，天地爲之乎？物自然也。……道家論自然，不知引物事以驗其言行，故自然之說未見信也。然雖自然，亦復有爲輔助者，耒耜耕耘，因春播種，人爲之也。及穀入地日夜長，夫人不能爲也。或爲之者，敗之道也。」（同上）

王充以萬物化生，爲一氣的自然變化，沒有主宰，不是天地生萬物，乃是萬物自然化生，這種思想對宋明理學家主張「天無心而生物」發生了影響。

總觀漢朝哲學對「生生」觀念，沒有新的思想，和漢易相同，祗有董仲舒的天人相配和王充的自然化生有獨特處。

4. 周敦頤的生生思想

在宇宙結構一節裡，已經談到周敦頤的太極圖說，現在講宋代理學的生生思想，必須再講太極圖說。

對於太極圖說，我們不要去談朱熹的太極圖說注解，朱熹是用自己的哲學思想去作解釋。太極圖說的第一項意義，是把周易構成卦的歷程，貫串到宇宙萬物的化生。「太極圖」簡明地表示：無極而太極，太極生陰陽兩儀，陰陽互變化生五行，五行互變生男女，男女生萬物。這一連串的歷程，畫成了一個太極圖，由上而下，說明氣演變的歷程，由太極直到萬物。萬物的化生，爲太極演變的止變，止變併不是休止符，而是縱線的止點，卻開啓橫線的變化面，演變不停，這個圖形的意義，表示宇宙萬物的演變是一個，是同一的演變。宇宙的演變稱爲「易」，稱爲「生生」，整個宇宙萬物就是一個「生生」，一個生命。

生生，不僅是普通所說有生物的生生，乃是整個宇宙的演變，也是萬物的演變。這項思想爲周易的思想，宋代理學採納作爲哲學的思想。

周敦頤的太極圖說的第二項意義，是將生生的意義，歸結到人生的善惡，人的生命在於仁義。

「惟人也，得其秀而最靈。形既生矣，神發知矣，五性感動，而善惡分，萬事出矣。聖人定之以中正仁義，而主靜，立人極焉。故聖人與天地合其德，日月合其明，四時合其序，鬼神合其吉凶。君子脩之以吉，小人悖之以凶，故曰：立天之道曰陰與陽，立地之道曰柔與剛，立人之道曰仁與義。又曰：原始反終，故知死生之說。大哉易也，斯其至矣。」

易傳的說卦傳，曾講天地人之道，但天地人三才之道並列，說明易卦所以有六爻的理由，順著性命之理，宇宙間的變易是天地人的變易。太極圖說引用說卦傳的話，證明人道的仁義，和天地之道相連。但是周敦頤以人道的仁義，爲天道陰陽和地道剛柔演化的目標，易卦變化的意義，在於解釋「仁義」。君子順乎卦爻的變化，脩養仁義乃吉，小人悖乎卦爻的變化，敗喪仁義乃凶。「大哉易也，斯其至矣」，周敦頤讚嘆易卦的這項意義，宋明儒家都同他一樣，以生生的意義在於仁義。

周敦頤太極圖說的另外兩項思想：主靜；動極而靜。動極而靜，則不爲儒家大家都接受。理學家中有人主靜，有人主動，又有人主張動靜相繼續，有人主張動靜沒有先後。

周敦頤的通書，沒有提到太極圖說，因此陸象山懷疑太極圖說爲周敦頤所作。但在通書中，可以看到和太極圖說相同的思想，例如通書第六·道：「聖人之道，仁義中正而已矣。」

又如通書第二十二·理性命：「剛善剛惡，柔亦如之，中焉止矣。」

通書的重點在於誠，誠的意義爲「與天地合其德」。意義就是順乎天地的變化，把變化的意義完全實現出來。周易以「易」代表天地的變化，也包涵變化意義的實現。周敦頤以「誠」就是「易」。所以說：

「大哉乾元，萬物資始，誠之源也。乾道變化，各正性命，誠斯立焉。元亨，誠之通，利貞，誠之復。大哉易也，性命之源乎。」（誠上 第一）

「聖，誠而已矣。誠，五常之本，百行之源也。」（誠下 第二）

通書的誠，和中庸的「至誠」相通，要從生生去解釋，即發展人的生命到最高點，人性的理完全發揮出來，達到盡性的境界，所以說「聖，誠而已矣。」

周敦頤的生生思想：宇宙間的一切爲一氣的變化，一氣變化而生陰陽，五行和萬物，變化乃是生命。氣在宇宙的變化，爲宇宙的生命，在萬物中，爲萬物的生命，人爲萬物的最秀，人的生命乃最高，人的生命爲中正仁義，即心靈的倫理生命。孔孟的倫理生命，和周易的宇宙生命連成一貫，得了形上的基礎。儒家的思想形成了整體的形態，具有理論和實踐兩部份，成爲一有系統的學說。

5. 張載的生生思想

張載的宇宙觀，以太和爲宇宙根源，太和乃太虛之氣。太虛之氣絪緼激盪，乃分爲陰陽，陽性發散，陰性聚斂，陰陽合而生物。太虛具有變化的天德。

「有天德然後天地之道可一言而盡。」(天道)

陰陽二氣互相感，合而爲一，生生爲感爲一。有二故能變，有一故能合，合乃能生。

「有無一，內外合，此人心之所自來也。……無所不感者虛也，感即合也，咸也。以萬物一本，故一能合異，以其能合異，故謂之感。若非有異則無合。天性，乾坤陰陽也，二端故有感，本一故能合。天地生萬物，所受雖不相，皆無復臾之不感，所謂性即天道也。」(乾稱)

張載特別注重宇宙變化之一，他在參兩篇說：「一物兩體，氣也，一故神，兩故化。」

在乾稱篇說：「感者，性之神，性者，感之體。惟屈伸動靜終始之能一也，故所以妙萬物而謂之神，通萬物而謂之道，體萬物而謂之性。」

「造物之功，發乎動，畢達乎順，形諸明，養諸容，載遂乎說，潤勝乎健，不匱乎勞，終始乎止。」(大易)

「靜之動也，無休息之期，故地雷爲卦，言反又言復，終則有始，循環無窮。入指其化而裁之爾，深其反也，幾其復也，故曰反復其道，又曰出入無疾。」(同上)

「易，一物而三才：陰陽氣也，而謂之天；剛柔質也，而謂之地；仁義德也，而謂之人。」(同上)

「一物兩體，其太極之謂與！陰陽天道，象之成也；剛柔地道，法之效也；仁義人道，性之立也。」(同上)

「六爻各盡利而動，所以順陰陽，剛柔性命之理也，故曰六爻之動，三極之道也。」(同上)

張載生生之思想，從上面所引的文中，可以知道，他以太和爲氣，乃一物兩體，兩體爲陰陽；陰陽兩端相感，聚而生物。陰陽兩體的特性，陽爲剛爲動，陰爲柔爲靜，剛柔動靜的變是順性命之理，性命之理，是「反復其道」和「出入無疾」，而且「至誠，天性也；不息，天命也。」（可狀篇）「有無虛實通爲一物者，性也，不能爲一，非盡性也。」（同上。可狀篇也作乾稱篇）

張載生生之化，變而爲一，整個宇宙乃爲一體。乾稱篇單獨提出作爲西銘，發揮這種思想。

「乾稱父，坤稱母，予兹藐焉，乃混然中處。故天地之塞，吾其體，天地之帥，吾其性。民，吾同胞；物，吾與也。……尊高年，所以長其長，慈孤弱，所以幼其幼。……凡天下疲癃殘疾，惸獨鰥寡，皆吾兄弟之顚連而無告者也。「于時保之」，子之翼也；「樂且不憂」，純乎孝者也。違曰悖德，害仁曰賊，濟惡者不才；其踐形，惟肖者也。知化則善述其事，窮神則善繼其志。」

西銘一篇的思想有兩點成爲儒家的共識：一是宇宙大同，一是孝道合於天道。禮記禮運篇有大同思想，愛一切人如兄弟，即論語所說「四海之內，皆兄弟也。」西銘則以宇宙爲一家，天父地母，人物同一生生，這是宇宙大同觀，也是孟子所說親親、仁民、愛物。從宇宙生生的觀念，到宇宙同一生生而爲一體，這種思想在王陽明的傳習錄乃有「一體之仁」，即一體的生命。

西銘的第二點，以孝道合於天道。宇宙的變化，順性命之理，性命之理以一體之生命互相連繫。認識生命的來源來自天地，天地爲乾坤，宇宙變化是「反復其道」，萬物反回乾坤，反回生命之源爲孝。西銘篇不僅講愛人，另外講孝親：「知化則善述其事，窮神則善繼其志。」述事和繼志爲儒家的孝道，西銘說知化窮神，爲周易的「窮理盡性以致於命。」知道宇宙變化之理，則知道善盡孝道。王船山正蒙注注這一段說：「化者，天地生物之事，父母之必教育其子，亦此事也。善述者必至於知化，而引伸以陶成乎萬物。神者，天地生物之心理，父母所生氣中之理，亦即此也。善繼者必神無不存，而合撰於乾坤以全至德。」

人以生命與宇宙萬物合而爲一。

6. 朱熹的生生思想

朱熹宇宙觀的特點，在理氣二元說，把理和氣並立，而且還更看重理。以理在理論上先於氣，「有是理，有是氣」，但是在實際上，天地化生萬物，氣的功能更重要，更明顯，因爲氣分清濁，清濁之氣所成物形各不相同。物的質，尤其人的質，由五行結成，五行爲氣，氣又成人的質。朱熹生生的理氣二元說，還免了張載氣一元說的影響。

萬物由天地所化生。

「某謂天地別無勾當，只是以生物爲心。一元之氣，運轉流運，略無停間，只是生出許多萬物而已。」（朱子語類 卷一）

「造化之理，如磨上面常轉而不止，萬物之生，似磨中撒出，有粗有細，自是不齊。又曰：天地之形，如人以西盌相合，貯水於內，似乎常常掉開，則水在內不出，稍住手，則水漏矣。」（朱子語類 卷一）

「晝夜運而無息，便是陰陽之兩端，其四邊散出紛擾者，便是浮氣，以生人物之殊，如麵磨相似，其四邊只層層散出。天地之氣，運轉無已，只管層層生出人物，其中有粗有細，如一物有偏有正。」（朱子語類 卷九十八）

「横渠言，游氣紛擾，合而成質者，生人物之殊。其陰陽兩端，循環不已，立天地之大義，說得似稍支離。只合云：循環錯綜，升降往來，所以生人物之殊，立天地之大義。」（朱子語類 九十八）

朱熹以天地生萬物；他說：「天地以生物爲心」，天地既然有心，天地便不是形色的上天下地，應該是有人格的主宰，周易以天地代表乾坤，乾坤代表陽陰；然也可說天地代表上天。朱熹的天地有心生物，當然是主宰造化的上天。但是朱熹又說：「天地之形，如人以兩盌兩合」，則所說天地則爲形色的上天下地，因而朱熹對弟子問天地有心，他又答說天地是無心生物。朱熹在講「仁」時，卻肯定：「仁者，天地生物之心。」（朱子語類　卷五十三）

「天地以生物爲心，天包著地，別無作爲，只是生物而已。亘古至今，生生不窮，人物得此心以爲心。」（朱子語類　卷五十三）

「問：復見天地之心？曰：一元之氣，亨通發散，只物流行，天地之心盡見在品物上。但叢雜難看，及到利貞時，萬物俱已收歛，那時只有個天地之心，丹青著見。故云利貞者，性情也，正與復見天地之心相似。」（朱子語類　卷七十一）

朱熹的天地之心，乃是生之理。利貞代表秋冬，在秋冬時，萬物的紛紛花葉都已凋零，剩下的樹幹，藏著生之理，到了春來，生理又發散出來，朱熹所以說仁是生，人心是仁，人心具有生之理。

以生之理解釋天地之心，天地便不必解爲代表主宰的上天，天地乃是陰陽之氣，也就是乾坤。

整個宇宙，所有的現象，是生生不息，朱熹乃說「天地別無勾當，只是以生物爲心。」「天地以生物爲心，天包著地，別無作爲，只是生物而已。」整個宇宙的唯一動作，是化生萬物。儒家的宇宙論，以宇宙爲化生萬物的宇宙，化生萬物，爲宇宙的唯一動作，宇宙爲動的宇宙，動爲化生萬物。希臘亞里斯多德的宇宙論，也以宇宙所有的爲變動，宇宙論乃講變動。然而亞氏講變動，講變動的理由，沒有說宇宙變動的意義爲化生萬物。

天地生物，是「一元之氣，運轉流運，略無停間。」朱熹說的「一元之氣」是什麼？是不是沒有分陰陽之氣？這種氣是不是氣的本體？張載講太和，太和爲太虛之氣，乃是氣之本體，未分陰陽。太虛之氣稱爲太虛，即是沒有成形，爲形而上。朱熹反對氣在形而上，肯定氣爲形而下，理爲形而上。他的一元之氣，不是不成形之氣，而是天地之氣。天地之間祗有一氣，理學家都有這樣的主張；朱熹雖不主張有無形之氣，但也主張陰陽是一氣，天地之氣應是不分陰陽之氣。儒家和道家都主張元氣爲天地之氣，爲人生命的根本，人應保養元氣以求長生。

一元之氣，在宇宙間運流不息。朱熹說輕者上升爲天，濁者凝聚爲地，天地相合形似兩盌相合，一元之氣在中間運轉，四邊散出浮氣，乃成萬物。這種比喻沒有一絲哲學意味，不能說明萬物化生的經歷，但是他講五行的化生和人的生，則有次序。

「又問以質而語其生之次序，不是相生否？只是陽變而助陰，故生水；陰合而陽盛，故生火。木金各從其類，故在左右，曰：水陰根陽，火陽根陰，錯綜而生。其端是天一生水，地二生火，天三生木，地四生金，到得運行處，便是水生木，木生火，火生土，土生金，金又生水，水又生木，循環相生。」

「或問太極圖之說？曰：以人身言之，呼吸之氣便是陰陽，軀體血肉便是五行，其性便是理。又曰：其氣便是春夏秋冬，其物便是金木水火土，其理便是仁義禮智信，又曰：氣自是氣，質自是質，不可究說。」（朱子語類　卷九十四）

朱熹說明人有氣、有質、有理，氣爲陰陽之氣，陰陽之氣和理相聚，結成人，陰陽之氣和理相聚時，凝成人的形。氣成人形質則用五行；氣在人體內仍然運轉，人用呼吸以維持生命。人的理成人性，人性爲仁義禮智信，人的理和氣相聚以五行成人的形質，而成氣質之性，人的仁義禮智信也受五行的影響，使每一個人因受一行偏多而偏於相應的一德。例如受木行多的，偏於溫柔，受火行多的，偏於急躁。

朱熹生生思想的特殊點，在以生爲仁，以仁爲天地生物之心，人得天地之心爲心，人心故仁。儒家以五行配五常，乃是一種共同的思識。周易以仁義禮智配元亨利貞，漢朝易學以五行配仁義禮智信五常，宋明易學和理學都接受這種思想。這是繼承孟子以仁義禮智爲人心的四端，發自人性，人性故善而爲倫理人。朱熹更說明孔子所特別主張的一貫之道的「仁」，孟子所說「仁，人心也。」，乃是來自天道或天理。天道或天理即天地生物之心，整個天道或天理，就是爲化生萬物，天地之心除生物外，別無勾當，朱熹以天道或天理爲仁，仁是化生萬物，人心即人的理爲仁，人心也是爲化生萬物。人本不能化生萬物，乃贊天地的化育，周易所講聖人以仁保位爲法天地好生之德，中庸所講聖人贊天地的化育，朱熹以人心來自天心，都予以說明，構成了儒家的仁學。

朱熹的生生思想，宇宙乃一生生的世界，生生由一元之氣繼續轉運而成。一元之氣以陰陽合「理」成物之性，以五行成物的形質。人心則來自天地生生之理，人心故仁，親親，仁民而愛物。

7. 王船山的生生思想

在易學的生生思想裡，已經講到王船山的生生思想。他繼承張載的思想，以氣爲天地萬物的一元，氣爲一氣，本來就有陰陽，所以主張乾坤並立。一元之氣即天地間的大化之氣，大化之氣在天地間運行不停，化生萬物，萬物化生以後，由五行予以養育。

王船山在正蒙注，對於生生，說明次序。

「天之氣伸於人物而行其化者曰神。」

「天以神御氣而時行物生，人以神感物而移風易俗，神者，所以感物之神而類應者也。」

「氣之所生，神皆至焉。氣充塞無間，神亦無間，明無不徹，用無不利，神之爲德莫有盛焉矣。」（神化篇）

王船山在周易內傳卷五，解釋繫辭上第五章，「陰陽不測之謂神」說：

「神者，道之妙萬物者也。易之所可見者象也，可數者數也；而立於吉凶之先，無心於分而爲兩之際，人謀之所不至，其動靜無端，莫之爲而爲者，神也。使陰陽有一成之則，升降消長，以漸而爲序，以均而爲適，則人可以私意測之，而無所謂神矣。」

王船山因此尖銳地批評邵雍的易學，也批評朱熹易學，批評他們以數學方式，範圍易的變化，使宇宙變成了一架機器。他肯定宇宙生生內有神；並不是他主張宇宙由上帝而造化，但是他肯定宇宙生生有種靈性，使變化無方而不可測。宇宙的變化，便不是純物質的變化，而是含有靈性的變化，不能用物質變化的方式去測驗。當前大陸學者一心捧王船山爲唯物主義易學家，還說他是唯物辯証論者，是太小看了王船山。

王船山論宇宙變易以神爲主，以氣爲素料，「神御氣而時行物生」，神御氣沒有一定方式，但雖沒有一定方式，卻有一定的理，理稱爲天道。

「夫道何所自出乎？皆出於人之性也。性何所自受乎？則受之於天也。天以其一眞無妄之理爲陰陽，爲五行而化生萬物者曰天道。陰陽五行之氣化生萬物，其最秀而最靈者爲人，形既成而理固在其中。」(四書訓義 卷二 中庸一)

「自道之全體而言之，萬物之所資始者也，天道之所運行者也。……萬物之生，藉有發之育之者而始遂；而聖人一心之所涵而大仁存焉，萬物生理所自全者，皆其心量之所周也，發育之矣。」(同上 中庸三)

宇宙化生萬物，有一元之氣，有神，有天道。由天道指導一元之氣，由神發動一元之氣，運轉不息，化生萬物。天道成物之性，氣成形質，神成生命，生命乃是氣依照天道的不停之動。

「聖人之道，天道也，唯聖人之德，天德也。故曰：誠者天之道也，實天之德也。」(同上)

道，爲理；德爲用，聖人之大，在於合天道而發爲大用，效法天德。

「天地之大德敦化，定辟生之品類，正萬物之性命，全覆載之功能，故並育並行者以之而不相害悖。以此思聖人之大德，又何如哉？夫在天爲理者，在人而爲倫；在天而爲命者，在人而爲性；在天主宰而有其能者，而人贊化育而有知；一而已矣。故誠者，天之道也；而天下至誠之德，即天之大德也。」(同上)

「天下之生，有其消所以善其長，則存乎化；有其成所以遂其生，則存乎育。化育行，而四時百物交以著天地之功能而無悖害。然唯天地默運於無象之中，而成其妙用者，人不得而與之。唯天下至誠實於不見不聞之中，而喻其眞理者，天地不得而私之。」(同上)

王船山稱宇宙的化生萬物爲天地之大德，也即是天德，天德是天道之用，「定群生之品類，正萬物之性命，全覆載之功能。」天道化成萬物，顯明天德。天德可見的部份，在乎湯經所說的象，象是已經成形；天道御元氣而化，是無形象，「默運於無象之中」，稱爲神，人不能參與。至誠的聖人，在不見不聞之中，能夠「喻其眞理」，直接體會到元氣變化之道。這種「喻知」，就是易傳所謂「窮神知化」，也是宋明理學家講致知時的「體會」，是一種直接之知，是氣運的相通，所以說「聖人通於天道」。

王船山在生生思想中有一特殊重點，則是「性日生而命日降」的盡性說。

中庸講盡性，性爲人的理，理爲抽象觀念，一有這理，就有全理，這是朱熹所講太極。人性在生時，人性的理是全，不能增，不能減，人一生到死，常有同一的性，而且所有的人，都有同一的性。但是每一個人的性，則是氣和理相合的性，氣是具體的，一個人的性稱爲氣質的性，氣質的性是性理和才質合聚的性。才質不是抽象的，是具體實際的，不是一成不變的，而是要發育的。一個人由小到老，常要發育自己的才質。再者抽象的性理，也要表現於人的生活，性的表現由人心表現，孟子乃說人心有仁義禮智四端。四端來於性理，性理要發揮，發揮不是一次就可以完全發揮出來，因此，儒家講盡性，把人性的仁義禮智的理，完全予以發揮，把人的才質完全發育，成爲至誠的聖人。既然講發揮人性，則人性不是一成不變的人性，而是有發育的人性。但是所謂發育，並不是變動人性的理，而是把理完全表現出來。才質屬於氣質之性，爲氣所成，氣常動，氣質之性爲具體的性，乃可以動，可以變。所謂動與變，祇在氣的變動，理則不變。一個人從小長大，身體隨時變，才質隨時變，道德隨時變，都是生活上氣的變，因爲氣和理結成一個人，結合一個人性；氣變，便是人的變，也是人性的變，即是氣質性的變。

王船山在尚書引義卷三，湯誥篇說：

「是故人之生也，氣以成形，形以載氣。所交徹乎形氣之中，所以成，所以載者，有理焉，謂之『存存』。」

在同卷的太甲篇說：

「夫性者生理也，日生則日成也。則夫天命者，豈但初生之傾命之？是持一物而予之於一日，俾牢持終身以不失。天且有心以勞勞於給與，而人之受之，一受其成侀而無可損益矣。

夫天之生物，其化不息，初生之傾，非無所命也。何以知其有所命？無所命，則仁義禮智無所根也。幼而少，少而壯，壯而老，亦非無所命也。何以知其有命？不更有所命，則年逝而性亦日忘也。

形化者化醇也，氣化者化生也。二氣之運，五行之實，始以爲胎孕，後以爲長養，取精用物，一受天產地產之精英，無以異也。形日以養，氣日以滋，理日以成；方生而受之，一日生而一日受之。受之者有所自授，豈非天哉？故天日命於人，而人日受命於天，故曰性者生也，性日生而日成之也。」

王船山說明人的形體，從胎孕、出生、長養，天天在變。「形以養，氣日以滋，理日以成。」這都是氣在變，但是氣變仍有性理，理授自天。氣的每一變都須有性理。性理由天授與時，不是一次授予就完了，氣須有理，理在氣內「稱爲存存」；氣變理不存，須要再受理，就是須再有人性。天再授人以性理，天授理稱爲天命。天命的內容對於一個人的性理常是一樣，雖然天命日降，人性日生，一個人的性，因天命內容不變，性日生仍是一樣的性。

王船山的「命日降而性日生」，完成了他的生生思想。從王船山的生生思想中，我們有一元大化之氣，天道，天理，大化之氣的不停運轉，陰陽成物性，五行成物形質，命日降而性日生，化生歷程神妙莫測，大化之氣有理有神，聖人「喻知」造化之妙而與天德同功，發育萬物。在這連貫的思想中可以見到儒家的全部生生思想。

清朝有戴震講生生，注意化生的次序。清末有康有爲作大同書，譚嗣同作仁說，企圖發揮儒家生生的大同和仁。民國則有熊式一講生生，以佛家的緣生說配合易經的翕闢，有方東美頌揚生生之德，儒家的生命哲學，乃儒家一貫的思想，也是儒家全部的思想。

附錄　方東美　生生之德　哲學三慧

中國人知生化之無已，體道相而不渝，統元德而一貫，兼愛利而同情，生廣大而悉備，道玄妙以周行，元旁通而貞一，愛和順以神明。其理體湛然合天地之心，秩然配天地之德，故慧成如實。其智相闢宏天下之博，翕含天下之約，故善巧方便。存其心如生，成其德無息，博者因其博，約者應其約，無有偏私隱曲，故運智取境，平等平等，成慧攝相，亦平等平等。準此立論，中國之哲學，可以下列諸義統攝焉。

(1)生之理。生命苞容萬類，緜絡大道，變通化裁，原始要終，敦仁存愛，繼善成性，無方無體，亦剛亦柔，趣時顯用，亦動亦靜。生含五義：一、育種成性義；二、開物成務義；三、創進不息義；四、變化通幾義；五、緜延長存義。故易重言之曰生生。

(2)愛之理。生之理，原本於愛，愛之情取象乎易。故易以道陰陽，建天地人物之情以成其愛。愛者陰陽和會，繼善成性之謂，所以合天地，摩剛柔，定人道，類物情，會典禮。愛有五相四義：五相者，一曰雌雄和會，二曰男女構精，三曰日月貞明，四曰天地交泰，五曰乾坤定位，四義者：一曰睽通，睽在易爲「二女同居其志不同行」(睽象)，「二女同居其志不相得」(革象)，通在易爲「天地睽而其事同，男女睽而其志通，萬物睽而其事類也」(睽象)。二曰慕說，慕說在易爲「柔進而應乎剛」(兌彖)，「二氣感以相與，止而說，天地感而萬物化生；」(咸彖)「剛來而下，柔動而說。」(隨彖)三曰交泰，交泰在老子爲「天地相合，以降甘露。」在易爲「陰陽合德而剛柔有體，以體天地之撰；」(繫辭下)，「男女正，天地之大義。」(家人彖)其他歸妹、漸、鼎、升、萃、益、離、臨、同人、泰諸卦反復言之綦詳。又左傳昭公五年正義曰：「陽之所求者陰，陰之所求者陽，陰陽相値爲有應。」四曰恆久，在易爲「恆與旣濟定。」恆彖曰：「剛柔皆應，恆，亨，無咎，久於其道也，……觀其所恆而天地萬物之情可見矣。」

(3)化育之理。生爲元體，化育乃其行相，元體是一而不局於一，故判爲乾坤，一動一靜，相並俱生，盡性而萬象成焉。元體攝相以顯用，故流爲陰陽，(陰陽者翕闢之勢，義非陰陽五行說所攝。)一翕一闢，相薄交會，成和而萬類出焉。生者，貫通天、地、人之道也，乾元引發坤元，體天地人之道，攝之以行，動無死地，是乃化育之大義也。

(4)原始統會之理。生之體是一，轉而爲元。元之行孳多，散爲萬殊。老子曰：「道生一，一生二，二生三，三生萬物。」道乃能生，能生又出所生，所生復是能生，如是生生不已，至於無窮。品類之分歧至於無窮可謂多矣。然窮其究竟，萬類含生以相待，渾淪而不離。易大傳所謂天下之動貞夫一。

第三章　儒家理論生命哲學的人論

一、人之本體

儒家哲學爲人生之道，講論人的生活，以人爲主題；人在儒家哲學居中心的位置，儒家哲學乃號稱人文哲學。老子道德經講「道」，由道而到人生，莊子講氣，養生以長生；老莊哲學的目標也在於人的生活；但是講道和氣的部份多了些，講人的部份少一些，老莊哲學乃形成一種形上學。儒家哲學則講修身的部份很多，講宇宙的部份少，便被視爲祗是倫理實踐哲學，缺少形上基礎。實際上宋明理學家就是爲儒家哲學建立一個形上基礎，追溯到易經。宋明理學家沒有一個不研究易經，只有清朝儒家學者把經學留給考據家，自己專求一點實學。

宋明理學重建了儒家哲學，連貫了易學宇宙論和大學中庸修身論，儒家哲學有了一個系統，在系統中心站著「人」。周易的卦爻三或六，都以第二和第五爻爲中，第二和第五爻代表人。

人和宇宙相連，爲宇宙的一部份，即天地人三才。天地化生萬物，人爲萬物之一，由天地所化生。天地的生理，在人生命中，完全表現，人的生命爲萬物成全的最高生命，人乃爲萬物之靈，代表萬物，成爲和天地的三才。講論了宇宙和生生，現在就講論「人」。

方東美曾說：「儒家形上學具有兩大特色：第一，肯定天道的創造力，充塞宇宙，流衍演化，萬物由之而出。第二，強調人性之內在價值，翕含闢弘，發揚光大，妙與宇宙秩序，合德無間。」（生生之德 頁二八八）「至於人性與其在宇宙中之地位。中國人，無論其爲個人小我或社會大我，均不以遺世獨立爲尙，冀能免於與世界脫節，與人群疏離的大患。」（同上 頁三一五）

儒家的「人」和天地相連，和萬物相連，中間連繫的脈絡，是生生。生生是生命，是存在；若是人和天地和萬物脫節，人的生命就受傷害。

中國講論「人」的學者，常把中國人論的人和西洋哲學的人相比，因爲西洋哲學派別相當多，爲作比較，常拿西洋傳統的士林哲學。士林哲學爲天主教信仰的哲學，而且被誤認爲神學的侍女，講天主創造宇宙，創造人。士林哲學由天主造物主的立場去看人，中國學者乃認爲人的地位壓低了，西洋哲學是以「神」爲主體，中國哲學則以「人」爲主體。這種比較法是種錯覺，實際上，士林哲學所講人和神的關係，如同儒家哲學所講人和天地的關係，都是以生生爲基礎，西洋哲學以神（天主、上帝）創造萬物，中國哲學以天地化生萬物。西洋哲學處處出現「神」，中國哲學處處出現天地。由這種視線去作比較研究，才可以有根據，但不可缺少的條件，還是對天主教信仰有研究。

人的本體論，在書經詩經時期，沒有討論過，到了春秋戰國時期，「氣」的觀念漸漸形成萬物的原素，莊子就主張人由氣而成，氣合則生，氣散則死。孟子說：「氣，體之充也。」（公孫丑上）荀子說：

> 「水火有氣而無生，草木有生而無知，禽獸有知而無義，人有氣有生有知亦且有義，故最爲天下貴也。」（王制）

荀子已經以人有氣爲本體，和水火、草木、禽獸，同由氣所生。這種思想來自周易，周易以天地相交，化生萬物，「天地絪緼，萬物化醇，男女媾精，萬物化生。」（繫辭下　第五章）周易雖常講萬物，不專講人；但在歸妹卦的彖辭說：

> 「歸妹，天地之大義也，天地不交而萬物不興，歸妹，人之終始也。」

歸妹爲人的終始，好似天地爲萬物的終始，天地相交以氣化生萬物；男女相交，以氣生人。

禮記的禮運篇說：

「人者，其天地之德，陰陽之交，鬼神之會，五行之秀氣也。故人者，天地之心也，五行之端也，食味，別聲，被色而生者也。」

漢朝易學的卦氣、卦數，專講天地的變化，以六十四卦解釋天地化生萬物，不特別講人，但是道教魏伯陽用易卦解釋煉丹的歷程，煉丹則爲求人的長生，魏伯陽的易學乃專於人的生命。道教以人的生命是氣的流行，外丹以乾固人的元氣，內丹以新造人的生氣，氣爲人的本體。

宋朝的理學從周敦頤的太極圖說開端，太極圖來自道教，太極圖說乃專講「人」。但是周敦頤是儒家，不接納魏伯陽求長生的信仰，而繼承孔子以周易卦變講人的心靈倫理生命，太極圖便專講人的倫理道德生命，但仍以氣爲人的本體，又加入五行的本質。

「無極之眞，二五之精，妙合而凝，乾道成男，坤道成女，二氣交感，化生萬物。萬物生生，而變化無窮焉。惟人也，得其秀而最靈。形既生矣，神發知矣，五性感動而善惡分，萬事出矣。聖人定之以中正仁義，而主靜，立人極焉。」

太極圖說的這一段話，建立了理學家的人論。在這種人論裡，關於本體論有幾個重點：

本體的來源：無極之眞，二五之精。

本體的性質：得氣之秀。

本體的內容：形、神、五性。

「無極之眞，二五之精。」朱熹太極圖注解說：「眞以理言，精以氣言。」「無極之眞」即是天道，爲天地生物之道，人的出生，因天道而生。「二五之精」，爲陰陽五行之氣。人得秀氣，在禮運篇說人得「五行之秀氣也」。氣之秀爲氣之淸，氣淸則靈，人因此而靈。

形、神、五性，形而生，神而知，五性感動。人生便有身體，身體爲人是生，沒有身體人就死了。神，爲靈，爲心靈，人因心而有知，荀子所以說：「心能徵知」。五性爲五行所結成的才質，情感屬於才質，人因才質而有感。荀子也曾說：「人有氣，有生有知亦且有義。」人有義，太極圖說「五性感動而善惡分。聖人定之以中正仁義。」禮運篇乃說：「人者，其天地之大德。……故人者，天地之心也，五行之端也。」理學家的人論，在太極圖說繪出了模型。

張載在正蒙裡論人，對太極圖說的人論加有幾點發揮：「合虛與氣有性之名。」（正蒙 太和）「氣之性，本虛而神」（乾稱篇）「性者，感之體，感者，性之神。」（同上）「形而後有氣質之性，善者反之，則天地之性有焉。故氣質之性，君子有弗性者焉。」（誠明）「合性與知覺、有心之名。」（誠明）「心統性情者也。」（張子全書 卷十四 性理拾遺）

張載以人有性、有心、有情、有感、有知。

「合虛與氣，有性之名」，「氣之性本虛而神」，虛爲無形，爲靈。氣的本體太虛或太和，是虛而靈，且變化靈妙莫測。人的氣爲虛靈，虛靈乃爲人的性。這個性字，不是指著天理，是指著一個具體的人所以是人，跟禽獸草木有分別，是在於人有靈性。

「合性與知覺，有心之名」，心爲生命之所在，爲秀氣所成，故虛而靈。人的生命爲人性的生命，心的虛靈來自性；心既虛靈故能知。五行之氣成人的才質，才質發自心，能感；故「合性與知覺，有心之名。」

張載另一點，則是分別「天地之性」和「氣質之性」，二程也講「氣質之性」，朱熹後來用氣質之性解釋性之善惡。

朱熹結合了太極圖說的人論，張載的人論，以及二程的思想，構成了他的人論；朱熹的人論，可以作爲理學家人論的代表。

朱熹把人和天地緊緊相連，人得天地之氣以爲氣，得天地之理以爲性，得天地之心以爲心。

「天即人，人即天。人之始生，得於天也。既生此人則天在人矣。」（朱子語類　卷十七）

「性者，人所受之天理。」（朱子語類　卷五）

「發明心學，曰：一言以蔽之，曰生而已。天地之大德曰生，人受天地之氣而生，故此心必仁，仁則生矣。」（同上）

「天地以生物爲心，……人物則得此生物之心以爲心。」（朱子語類　卷五十三）

朱熹根據理氣二元論，解說人的本體。人的本體由理氣合成，理在人，爲天地之性，即人的本然之性。氣在人，爲人的形體，即具體的人，包括身體和心。人的氣，較萬物的氣都清，然而仍有清濁，身體的氣較濁，心的氣則清。而且人和人彼此有間，又有分別，這種分別也來自氣，有的人較清，有的人較濁。這種清濁的表現在三方面很明顯：一是身體外貌的清秀或俗陋；二是才能和氣質的高下，美麗，三是情感的輕濃。

才質和情感，爲氣所成，然分析來說，爲水火木金土五行所成，才質和情感的好壞，在於得五行之氣正與不正，正則好，不正則壞。

朱熹人論的特點，提出人心爲仁，仁爲生。爲愛之理，人心爲人，具有全部的生之理，全部生之理在人心靈的生命。生命之理爲愛，人心乃愛，這是孟子所說「仁，人心也。」朱熹以仁爲元，元統亨利貞，仁統義禮智。整個實踐生命學用這種觀念作根據，修身盡性，才質和情感在朱熹的人性論不佔重要位置，佔重要位置是心，人的生活，是性和情的生活，心則統性情，人的生活一統於心。

然而陸象山和王陽明反對朱熹，自稱是心學派，以朱熹爲理學派。

陸象山和王陽明，當然也主張人由氣而成，然氣在人的功能，全部縮在心上。陸象山以理等於心，心就是理，心外無理；雖然不是說氣等於心，但除心以外，氣在人沒有其他意義。王陽明以陸象山繼承孟子的心學，然而孟子主張養氣，主張克慾。王陽明以心等於知，知爲良知，不學而有的天生之知，知道分別善惡，指導人實踐。

陸象山的弟子楊簡，以凋易卦爻的陰陽，解釋人的心理，以人心有陰陽之氣，若陽氣在下，寂然不動，心便安定，與天地爲一，如同乾卦初九爻，「潛龍勿用」；若是陽氣在下，人的心動，則必得咎。楊簡更以人心無體，包含天地萬物。「類則通，通則同，同則一者，非合而爲一也，未始不一也。人心無體，無體則無際，無際則天地在其中，人物生其中，鬼神行其中，萬化萬變皆在其中，然則何往而不一乎！如人之身目口鼻四肢，雖不同而一人也，根幹枝葉花實雖不同，而一木也。源流瀦派洑激雖不同，而一水也。人惟意動而遷，自昏自亂，自紛紛，而不昏者自不睹其爲異也。」（易傳 睽）

宋末元初的易學家俞琰，以道家煉丹術法合邵雍的先天學，主張先天圖爲人身體結構的模形，對先天六十四卦圓圖，他解釋說：

「愚謂月窟在上，天根在下。往來乎月窟天根之間者心也。何謂三十六宮？乾一兌二離三震四巽五坎六艮七坤八是也。三十六宮都是春，謂和氣週流乎一身也。如此則三十六宮不在紙上而在吾身中矣。」（易外別卦序）

先天圓圖，乾在上，坤在下，始於復，終於坤；所以說月窟在上，天根在下。他又解釋先天八卦圖說：「人之一身，首乾腹坤，而心居其中，其位猶三才也。氣統于腎，形統于首，一上一下，本不相交，所以使之交者神也，神運乎中，則上下混融，與天地同流，此非三才之道歟！夫神，守于腎則靜而藏伏，坤之道也。守于首則動而運行，乾之道也。」（同上）他以心爲神，神爲心。（參考朱伯崑 易學哲學史 第三卷 頁四二）

先天卦乾上坤下圖

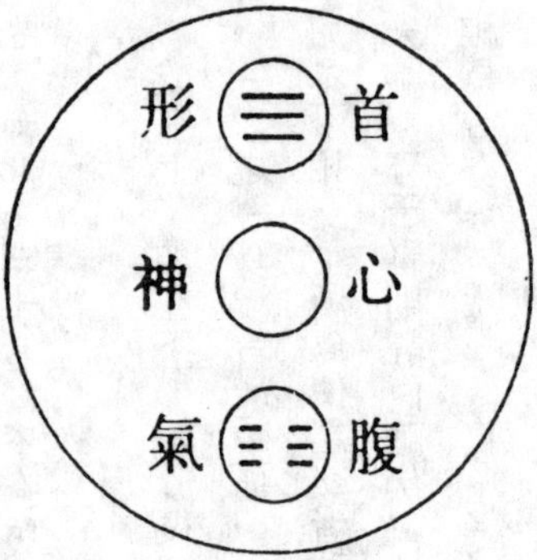

形 ☰ 首
神 ○ 心
氣 ☷ 腹

後天卦離南坎北圖

精 ☲ 目
神 ○ 心
氣 ☵ 腎

先天卦位，乾爲首爲天，坤爲腹爲地，心居天地之中。首爲形體陽氣所聚，腎爲腹內陰氣所凝，形氣相交通過人心的神。後天卦位腎屬水，心屬火，火入水中，水火交媾交結于丹田，丹田在臍之後，腎之前。修煉之術，目視鼻，以鼻對臍，降心火入于氣海。

這種思想，爲道家煉氣的方法，沒有哲學的根據，我們引來祗是爲說明陸王派的心學，以心爲人的本體中心。

元朝張理專心周易的圖象，以四象八卦圖式解釋儒家六經。他作六十四卦變通圖，用這圖配合人體的結構，說：「今以此圖推之，蓋以人身形合天地陰陽者也。乾爲首居上，坤爲腹居下，離爲心，坎爲腎；心，火也；腎，水也。故離上而坎下。陽起于腹，自左而升，由人之督脈（陽脈）起自尻，循脊背而上走于首。陰起于姤，自右而降，由人之任脈（陰脈）至自咽，循膺胸而下，起於腹也。」（易象圖說　內篇）張理的易圖和俞琰的易圖相同，思想也同一。

易卦配人體的思想，到了張介賓的易醫學，更普遍流行，且于以系統化。

「乃知天地之道，以陰陽二氣而造化萬物。人生之理，以陰陽二氣而養百骸。易者易也，具陰陽動靜之妙。醫者意也，合陰陽消長之機。雖陰陽已備于內經，而變化莫大乎周易。故天人一理者，一此陰陽也。醫易同源，同此變化也。」（類經附翼　醫易義）

「偉哉人也，稟二五之精，爲萬物之靈，得天地之中和，參乾坤之化育。四象應天，四體應地，天地之闔闢，即吾身之呼吸也。晝夜之潮汐即吾身之脈息也。天之北辰爲群動之本，人之一心爲全體之君也，由是觀之，天之氣即人之氣，人之體即天之體。」（同上）

儒家哲學沒有採用這種思想；然而這種思想的來源，可以上溯到漢朝的董仲舒和漢朝易學，儒家哲學追隨孔子的思想，以周易的卦和卦變，配合人的道德生命，以周易為倫理的根據；周易醫學沿用道家的煉丹，以卦和卦變，配合人的身體生命，以周易為醫學的根據。兩者所講的：一者為心靈生命，一者為身體生命。

明末方以智為易象數學專家，以天地間皆是氣，人的本體為氣，氣因理而神化會通於心；但是他認為「彼離氣執理，掃物專心，皆病也。」(物理小識 氣論引) 他以心也為一物，「盈天地之間皆物也，人受其中以生，生寓於身，身寓于世，所見所聞，無非事也，事一物也。聖人制器利用以安其生，因表理治其心，器固物也，心一物也。深而言性命，性命一物也。通觀天地，天地一物也。」(物理小識 自序) 方以智所謂物，不是指物質，不是指實物，天地間的事物，皆是實，不是虛；所謂心虛，心的虛不是無，而是實，所謂物皆是由氣而成，心也由氣而成，是實。

王船山的人論，聚合張載和朱熹的思想，加以自己的易學，可以說是儒家哲學人論的總結。

「天地之生，以人為始；故其弔靈而聚美，首物以克家，明聰睿哲，流動以入物之藏而顯天地之妙用，人實任之。人者，天地之心也，故曰復其見天地之心乎！聖人者，亦人也，反本自立而體乎天地之生，則全乎人矣。」(周易外傳 卷

二　復卦）

「天地之生，人爲貴。惟得五行敦厚之化。」（思問錄　內篇）

「天地化生萬物，始生爲人，因爲人最貴，人最貴，因爲人爲天地之心。人爲天地之心，因天地以人主持萬物，自然者天地，主持者人，人者天地之心。」（同上）

「天以理授氣於人，此謂之命。即其所品節限制者，亦無心而化成。則是一言命，而皆氣以爲實，理以爲紀，固不容折之，以爲此兼理，此不兼理矣。乃謂後命字專指氣而言，則天固有無理之命；有無理之命，是有無理之天矣！而亦不誣天也哉！」（讀四書大全　卷六　盡心下）

天以理氣授於人，人得天的理氣以生。每一個出生都因天命而生，天命限制每一個的品節，「即其所品節限制者」，每一個人所受於天命的，有性。

「就氣化之成於人者，實有其當然者則曰性。……故以氣之理，即於化而爲化之理者，正之以性之名。」（讀四書大全說　卷十）

這是中庸所說天命之性，是人的氣之理。但是每一個人有自己的個性，個性各不相同。朱熹說是由氣之淸濁不同而成。弟子們問朱熹爲什麼每個人的氣之淸濁不同，朱熹說是由於「理」所限制。弟子們反問說理限制個人的氣爲人的氣，而不是每個人的氣，朱熹不能答。王船山解答每個人的氣也來自天命，天命授於每個人的氣，氣中有理，不是氣兼理，而是理限制氣，因此氣質的性也來自天命。王船山講氣質之性，不同朱熹和二程所說的天地之性和氣質之性，凡是性都是氣質之性，都是在氣內。

「程子創說個氣質之性，殊覺峻嶒。先儒於此不儘力說與人知，或亦待人之自喻。乃緣此而初學不悟，遂疑人有兩性，在今不得已而顯之。所謂氣質之性者，猶言氣質中之性也，質是人之形質，範圍著生理在內。形質之內，形氣充之而盈天地間。人身以內，人身以外，無非氣者，故亦無非理者。理行乎氣之中，而與氣爲主持分劑者。故質以函氣，而氣以函理。質以函氣，故一人有一人之生；氣以函理，故一人有一人之性也。」（讀四書大全說　卷七　陽貨篇）

王船山不接受程朱的天地之性和氣質之性，以每個人有一個人的性，這個性是函在氣中，來自天命。

人有才有形質有情，才、形、質、情都出於性。每個人的性不同，不同點在於才、質、情。性為體，才、質、情都是用。「性者，道之體，才者，道之用。形者，性之凝；色者才之撰也。」（尚書引義　卷四　洪範三）

「命，猶令也。性，即理也。天以陰陽五行化生萬物，氣以成形，而理亦賦焉，猶命令也，於是人物之生，因各得其所賦之理，以為健順五常之德，所謂性也。」（四書訓義　卷二　天命之謂性）

陽陰成健順之德，五行成五常之德。所謂成，是孟子所說善端。仁義禮智信五常之德的善端，即是人的質，由木火金水土五行之義而成。情為心之動，心的發動為情，使心動有所向，成為意欲，情即五常的用。

王船山論所論人的本體，依照上面所說：人得天地的理氣以生，氣中函理為性，每一個人有一個人的生命，每一個人有一個的性。理氣成人的一切，理成人性，性中有氣；氣成人的形體，形體中有理。五行之氣，成人才質。才質為性的用，由心主宰，心動為情，心統性情。

儒家哲學傳統的人論，歸結人的本體到這幾點：人的本體爲氣，氣函理，理氣成人的形體心靈，心靈爲人的主體，心靈生命爲倫理道統生命，道德生命發展成聖人，老莊以氣成人體，道在人身，人的生命爲心的生命，心爲元氣，元氣自然發展，莊子養氣以求長生。佛教以人由業生，業藉緣而生人，業緣不斷，輪迴展轉。宗密曾著原人論說：「業既成熟，即從父母稟受二氣，與業識和合，成就人身。」(原人論　會通本末第四)

二、人　性

1. 通論性

儒家哲學人論，爲儒家哲學的中心，人論的中心，則爲人性。儒家哲學討論人性，不是從人的本體討論人性，而是從道德生活去討論。道德生活爲善惡的生活，善惡須有分辨的標準。中庸說：「喜怒哀樂之未發，謂之中，發而皆中節謂之和。中也者，天下之大本也；和也者，天下之達道也。」(第一章) 大本和達道，究竟在那裡？中庸一書開端就說：「天命之謂性，率性之謂道，修道之謂教。」大本是人之性，達道是率性。人性問題，乃成爲儒家人論的中心。西洋哲學討論人性，從本體方面討論，討論人之所以爲人的理由，理由是人之性，儒家討論人性，從用的方面討論，討論人的生活怎麼成爲人的生活，標準在於人之性。在理論討論方面，中西哲學對人性看法不同，在實際上則體用同歸於同一的人性。西洋哲學有句格言：「存在之理即行爲之理」(Principium essendi est principium agendi)。

儒家哲學的學者，不僅特別注意人性問題，並且討論特別多。中國當前研究中國哲學的學人，撰寫專書彙集歷代對人性的研究成績。唐君毅的中國哲學原論的原性篇，密密的字，厚達五百頁。

倫理道德生活，率性而動，中節爲善；然而爲什麼有惡呢？惡的問題，在中外的宗教和哲學裡，已成爲幾千年不能解決的問題，人爲什麼作惡？老子莊子要根本解決這個問題，就否認有善惡問題，人的生命是一個，生活也是一個，就是自然的生活，人自然地要求什麼，就作什麼，因著自然要求所作的事，無所謂善惡，善惡乃是所謂聖人造出來的，因此「棄聖絕智」。但是人自然地要求，不像禽獸祇是活，還要求活得更好，更舒服。荀子乃說小孩生來爲活得好一點彼此相爭，相爭，人爲生活就發生困難，聖人們才製造禮法，禮法不是爲倫理的善，而是爲生活得安。例如當前排隊買火車票，或排隊上車，是爲能買得車票和能上車；不然，大家搶得買搶得走，大家就亂了，亂了就打，就擠死人。荀子認爲善惡的問題，自然就有，善不是美化人生，而是人爲生活所需要。人性根本就是惡。

荀子也沒有解決問題，因爲若人性是惡，聖人製造禮法按什麼標準造的？善若是僞，爲人所造，不是天然的，人行善時是不是違反人性？中庸的「率性之謂道」作何解釋？儒家學者沒有人接納荀子的主張以人性爲惡。

人性若是善，人爲什麼行惡？人行惡，違反人性怎麼能活？禽獸率性生活，不會違反自己的物性，人爲什麼會？哲學家找不出答案。哲學家說人和禽獸不同，人靈，自己作主，因而就作惡。可是人既然靈，自己主宰自己，超越禽獸，萬物之中人爲貴，人卻自己糟蹋自己，活得連禽獸也不如？朱熹乃想解決這個問題，主張每個人的人性爲氣質之性，氣有清濁，氣清則性善，氣濁則性惡。朱熹把善惡同歸在性上，由本體論解決惡的問題，但是善惡爲倫理關係，是行爲對行爲規律的關係，不是行爲本體的價值。例是眼睛看一幅裸體女人畫，在本體上的價值，是眼睛看得清楚不清楚；在倫理上的關係，是人看女裸體畫心起不起淫念，起了淫念而心喜好，就是惡了。倫理關係和本體價值不相連結，兩個人同時看清楚同一的女裸體畫，一個人不喜歡淫念，一個人喜歡，分別了善惡，善惡來自人心喜歡不喜歡淫念，不是來自眼睛，眼睛看，祗是一個機會。再者，若是一個人的氣質性惡，他爲什麼也作好事？若一個人的氣質善，爲什麼他也作惡事。天下沒有絕對的善人或惡人。清朝的儒家學者就反對朱熹的這種主張。一直到今天，儒家沒有學者，解決了惡的問題，老莊的道家也沒有。佛教講論善惡，以惡來自無明，無明是看事不清楚，把虛無的事看作實有，一心執著相信。佛教的善惡，在於是否看清宇宙萬物，看清宇宙萬物爲虛無，則是善，因爲人不起貪心，不生痛苦；若看宇宙萬物爲實有，則是惡，因爲人起貪心，產生痛苦。人爲什麼無明？因爲前生在生活裡起貪心，追求世間的人物，造成惡業，惡業爲現生行爲的惡種子。善惡的關係不是倫理的關係，而是知識的關係。佛教修行的目的，不在取得高尙的品德，乃在取得高上的智慧，以智慧除掉無明。因此佛教的善惡問題，不落在人性上。人性的問題，也是知識認識：即是認識人性是虛無或實有的問題。

佛教的人性，不是實有，是虛無，是假；萬物的性也是虛假。祇有一個實性，就是眞如，就是佛。可是佛在人和萬物內，人和萬物都因「眞如」而存在。佛在人和萬物內，稱爲佛性，也就是人和物的眞實本性。佛教講明心見性，就是教人在自己心內看見佛性，見到自己的本性，乃能脫離虛幻的輪迴，成性而入涅槃。佛教的性是實有，分別虛實，不是分別善惡。

儒家理學者，採納佛教的明心見性，以認識自己的本性，可以率性行善。理學者以知行合一，明心見性，成爲修身養性的主要步驟，以實踐易傳說卦所說「窮理盡性以致於命。」所謂明心以見性，因性爲抽象之理，人在行動時，不能祇想著抽象之理以作標準，性在心內，由心而顯，儒家乃常由心以講性，理學家又由天理以講性。

2. 孟子性善論

中國哲學首先提出人性問題，乃是孟子。在春秋時，學者已開始講人性，孔子就說到「性相近，習相遠」，左傳中也常說到人性：「淫則昏亂，民失其性，故爲禮以奉之。……哀樂不失，乃能協於天地之性。」（左傳 昭公二十五年）「天生民而立之君，……勿使失其性。天之愛民甚矣，豈使一人肆於民，以從其淫，而棄天地之性。」（左傳 襄公十四年）左傳明明說到人性和天地之性，也明明表示天地之性爲人性之本，人不失人性，乃能協於天地之性。但是正式討論人性的善惡，則由孟子開始。

孟子開始人性問題，是對告子所說：「生之爲性」提出質疑。「生之爲性」有三個問題：一、是性的來源，即性是人生來就有的，人性的來源是生。二、是性的本質，性是善是惡。三、是性的範圍，是否人所天生的都是性？

孟子對這三個問題，提出他的主張。第一，性是人天生的良知良能。人生來有各種器官，每種器官有天生的能，人心還有天生的知，天生器官的良知良能，是由生而來的。

第二，孟子不贊成告子的主張，告子主張人性是中立性的，不善不惡，但可善可惡，猶如水本來不流向東或流向西。

「告子曰：性猶湍水也，決諸東方則東流，決諸西方則西流。人性之無分於善不善也，猶水之無分於東西也。」(告子上)

孟子認爲人的良知良能，爲人的行動，行動必有所向，既有所向，就分善惡。

「孟子曰：水信無分東西，無分於上下乎？人性之善也，猶水之就下也，人無有不善，水無有不下。今夫水，搏而躍之，可使過顙，激而行之，可使在上，是豈水之性哉，其勢則然也。人之可使爲不善，其性亦猶是也。」(同上)

孟子認爲人性本質是善，作人行爲的規矩。孟子還沒有像周易從天地方面講人性之善，也還沒有同理學家從天理講人性之善，他從人心方面去講人性之善。人的行爲由心發動，心所有天生的動，來自人性。心的天生的動，即心的良知良能常是善，人性便是善。

孟子舉出例証，証明人心的良知良能是善。

「孟子曰：人皆有不忍人之心。……今人乍見孺子將入於井，皆有怵惕惻隱之心，非所以內交於孺子之父母也，非所以要譽於鄉黨朋友也，非惡其聲而然也。由是觀之，無惻隱之心非人也，無羞惡之心非人也，無辭讓之心非人也，無是非之心非人也。惻隱之心，仁之端也；羞惡之心，義之端也；辭讓之心，禮之端也；是非之心，智之端也。人之有是四端也，猶其有四體也。」(公孫丑上)

「仁義禮智，非由外鑠我也，我固有之也，弗思耳矣。」(告子上)

孟子說小孩子生來知道愛父母，路人見孩子將入井，必自動去救。這些都是天生的良知良能，且都是善。孟子的性善用心的良知良能作証明。

「公都子曰：告子曰：性無善無不善也。或曰：性可以爲善，可以爲不善；是故文武興則民好善，幽厲典則民好暴。或曰：有性善，有性不善；是故以堯爲君而有象，以瞽瞍爲父而有舜，以封爲兄之子且以爲君，而有微子啓，王子比干。今曰性善，然則彼皆非與？」(告子上)

孟子的時候，已經有這三種主張，弟子舉出來向孟子質疑，孟子答說：

「乃若其情，則可以為善矣，乃所謂善也。若夫為不善，非才之罪也。……故曰：求則得之，舍則失之，或相倍蓰而無算者，不能盡其才者也。」(同上)

孟子舉出情和才，朱熹注情是心之動，孟子還是沒有想到情是心之動。他以惻隱、羞惡、辭讓、是非之心，為情，不以中庸所說喜怒哀樂為情，所以他說情是善，凡是人都有善情，象、瞽瞍、紂也和堯舜文武一般有善情。

才是情之用，人有才發揮人的情，例如惻隱之心發為愛父母救難童。才也是善；但是有些人不善用自己的才，或捨而不用，或用到反其道而行，「不能盡其才者也」，乃作惡。

這一點暗示第三個問題，是否人所天生的都是性？孟子講到情和才，含在人性的範圍內，可是人的情和才，除孟子所講的四心外，還有很多。例如口舌可以吃東西，可以知道味，這是天生的才；同時人對於味的好壞有好惡，這是天生的情，這些情才，是否也是性？

「孟子曰：口之於味也，目之於色也，耳之於聲也，鼻之於臭也，四肢之於安逸也，性也，有命焉，君子不謂性也。仁之於父子也，義之於君臣也，禮之於賓主也，智之於賢者也，聖人之於天道也，命也，有性焉，君子不謂命也。」

（盡心下）

孟子提出了性命，命是天命，普通以貧富壽夭爲命，孟子在這裡所講的命，指的「天生的」，即天所命的。人的良知良能都是天生的，稱爲性，也稱爲命，性命便相互同用。但是孟子加了分別，身體器官的良能稱爲命，不稱爲性；心靈的良知良能稱爲性，不稱爲命。孟子的性學之範圍，不包含耳目口鼻四肢的情和才，不僅是這些官能的情和才不是性，還有身體的別的官能，例如消化、血脈等也不是性。因此「生之謂性」這句話不正確。孟子自己質疑告子說：

「生之謂性也，猶白之謂白與？曰：然。白羽之白也，猶白雪之白，白雪之白，猶白玉之白與？曰：然。然則犬之性，猶牛之性，牛之性，猶人之性與？」（告子上）

生和性的關係，不和白和白的關係相同，白和白是同一詞，內涵和外延完全相等。生和性的關係，祇就生出來的意義上相同。性是生出來的。生出來的事物和性的內容並不相關，就好比白羽和白雪和白玉並不相關，祇在色上都是白色，白按本身的意義爲色，白羽白雪白玉的白乃相同，並不是白羽白雪白玉都相同。犬之性，牛之性，人之性，就性是生出來的，意義是相同的，因爲都是生的，但是犬之性，牛之性，人之性則指性的內涵，指生出來的事件，彼此不相同。例如甲是父母生的，乙是父母生的，丙是父母生的，不能說甲就是乙就是丙。孟子質疑告子把生和性的關係，看作白和白的關係，結論就錯了。因此，應該說：性是生的；但不是凡是生的都是性。生的外延比性的外延廣些，朱熹的注解用他的理氣二元說，以性爲理，以生爲氣，認爲孟子以性爲理，告子以性爲氣，告子乃錯了。實際上孟子和告子都沒有理氣爲生爲性的觀念，不從理氣方面辯論。

孟子的性論，以心代表性，心的良知良能爲善，性所以爲善。對於這一種思想，後來發生兩個問題：一、心和性的關係，心是否可以代表性？二、心的良知良能是否是善。宋明理學家解釋了第一個問題，以性爲體，心爲用，心性相通。荀子則質疑了第二個問題，否認心的良知良能爲善，造成性惡的主張。

3. 荀子性惡論

荀子反對孟子的主張，人心所有天生的良知良能並不是善，乃是惡。孟子說孩提之童天生愛父母，荀子說孩提之童天生就爭。

「人之性惡，其善者僞也。今人之性，生而有好利焉，順是故爭奪生而辭讓亡焉，生而有疾惡焉，順是則殘賊生而忠信亡焉。生而有耳目之欲，有好聲色焉，順是故淫亂爭而禮義文理亡焉。然則從人之性，順人之情，必出於爭奪，合於犯分亂理而歸於暴，故必將有師法之化，禮義之道，然後出於辭讓，合於文理而歸於治。用此觀之，然則人之性惡，明矣，其善者僞也。」（荀子 性惡篇）

荀子認爲根據他所用証據，「然則人之性惡，明矣。」禮是不明！荀子首先沒有講明性、情、欲的關係，他舉証據時說好利、疾惡、好聲色，實際上是欲，不是情，更不是性。荀子說：「凡性者，天之就也，不可學不可事。」性即天生的良能。他又說：「孟子曰人之學者其性善。曰：是不然，是不知人之性，而不察人之性僞之分者也。」孟子沒有說過學而後善，孟子說性善是天生的善，不是人僞的善。孟子說善，說心之情是善，惻隱羞惡辭讓是非四種心，是四種情。荀子說性惡，因爲人天生好利、疾惡、好聲色按照孟子來說這些是人的才，即是情的用，人不盡其才而相倍蓰，乃有惡，這便是欲，欲是惡，孟子曾主張寡欲。

荀子在正名篇說：

「生之所以然者謂之性，性之和所生，精合感應不事而自然，謂之性。性之好惡喜怒哀樂謂之情。情然而心爲之擇謂之慮，心慮而能爲之動謂之僞，慮積焉能習焉而後成謂之僞。」

荀子以生之所以然爲性，即不學而能爲性，包括有身體的器官和心靈的器官，這些器官的良能都稱爲性，孟子分別身體器官的良能爲命，心靈器官的良能爲性，但性和命本都是善，在用不盡其才，則是惡。因爲，好利，本身不是惡，疾惡、好聲色本身也不是好，這些都是天生的情。但用不得其當，便是惡。荀子說：「必將有師法之化，禮義之道。」使人僞善，師法和禮義並沒有掉除好利，疾惡，好聲色之情，祇是限制它們的用，這和孟子所說的克欲相同。荀子自己也說：「今之人化師法，積文學道禮義者爲君子，縱性情安恣睢而違禮義者爲小人。用此觀之，然則人之性惡明矣，其善者僞也。」實則性惡並不明，小人是因爲縱情，濫用了才，按孟子所說：「若夫爲不善，非才之罪也。」荀子的理由，是人天生有這些好利、疾惡、好聲色之情，若順它們天然發展，必成爲惡，須有師法禮儀去教化，因此「然則人之性惡明矣。」但是，「順之」則惡，「不順之」則善，這一點並不明白，因「順之」和「不順之」和善惡的關係不是這樣，天生的情，順乎天性去發展，不會是惡。例如「好利」，順乎天性去好利，不是惡；祇是濫用好利之情，則是惡。荀子說就是順乎天性，人之情就會濫用。所以天然須有禮法的限制。守禮法，節制了用而有善，這種善是由人後天遵守禮法而有的，所以是僞，是人爲，不是天生。

但是荀子又自相矛盾，若是人性是惡的，禮法是從何而來？禮法是聖人制的。聖人怎麼制禮法？聖人按天理而制禮法。聖人怎麼能知天理？因爲聖人的心淸明，可以觀察天地間的天理。聖人的心既然淸明，能見天理，聖人便是好人，聖人的性便是善。當然荀子可以說聖人是天生的，不是普通的人，但若普通人守禮法而成君子，不守禮法成小人，君子和小人的分別，祇爲守不守禮法的僞，內心則同是惡人，因爲人性是惡；荀子能說自己是惡人嗎？荀子自己說：「凡人之性者，堯舜之與桀跖，其性一也，君子與小人，其性一也。今將以禮義積僞爲人之性邪？然則有曷貴堯禹曷貴君子矣哉？凡所貴堯禹君子者，能化性，能起僞，僞起而生禮義。然則聖人之於禮義積僞也，亦陶埏而生之也。用此觀之，然則禮義積僞者，豈人之性也哉！」荀子以聖人制禮法，又說聖人之性和衆人一樣，聖人由積禮義之僞而成聖人，然則聖人怎麼能制禮法呢？這是一種矛盾。又說聖人化性起僞，若人性可以變化，人性就是人性了，可見荀子所說的性，是人之欲。

荀子在樂論篇說：

「夫樂者，樂也，人情之所不免也。故人不能無樂。……樂則不能無形，形而不爲道則不能無亂，先王惡其亂也，故制雅頌之聲以道之……使其曲直繁省廉肉節奏足以感動人之善心，使夫邪汙之氣，無由得接焉。……凡姦聲感人而逆氣應之，逆氣成象而亂生焉。正聲感人而順氣應之，順氣成象而治生焉。唱和有應，善惡相象，故君子愼其去就也。……故曰樂者樂也，君子樂得其道，小人樂得其欲，以道制欲，則樂而不亂，以欲亡道，則惑而不樂，故樂者，所以樂道也。」

在這一篇裡，荀子提出心、情、欲、氣、道。樂是人情所不能免的，所以是合符人性的，樂有道有欲，道是先王制雅頌之道，動人之善心，欲則是姦聲的感覺，使人心亂。荀子以人心有善心，人心能爲氣所動。邪汙之氣，使人心亂。氣又有逆氣順氣，姦聲動人的逆氣，逆氣成象，即成行爲，則亂，爲惡。正聲動人順氣，順氣成象，則治，爲善。「唱和有應，善惡得象。」荀子在樂論篇講人的心、情、欲、和氣，由心和氣講善惡，較比在性惡論講善惡就複雜多了，也更近於儒家的傳統。惡，是逆氣應外物之感，便心有不正行爲之象。善，是順氣應外物之感，使心有正行爲之象。行爲的善惡，便不是天生的了；且人心是善心。

在解蔽篇，荀子曰：「心知道然後可道，可道然後能守道以禁非道。……心何以知？曰虛壹而靜。……虛壹而靜，謂之大清明，萬物莫形而不見，莫見而不論。」心能知能主宰，心清明見物，心既是這樣本質，怎麼能說爲惡呢？

4. 漢魏南北朝的性論

漢代的人文思想來自春秋戰國，春秋戰國乃百家共鳴的時代，秦朝統一中國，本可以結集那時代百家的思想，蔚然興起一種豐富的人文哲學，不幸秦始皇厭惡書生批評政府，竟焚書坑儒，幾乎斷滅了前代的各家學說，祇留傳了民間的宗教崇拜和日常生活的傳統習俗，漢朝學者費盡心血，搜尋古書，注釋經典，因此在哲學思想上沒有成就。

春秋戰國時的人性論，唐君毅在原性篇的第二章和第三章分別加以述說。他說孟子即心言性，莊子復心言性，荀子對心言性，中庸即性言心，易傳即成言性，禮記即禮樂之原之人情以言性，秦漢呂覽和淮南子貴生言性，即壽言性，攝德歸性，唐君毅所述說的先秦人性論，祗有孟子和荀子正面討論人性，在前面我已經講論了他們的人性論，其他的人性論，都是夾在各家的思想中，由他們的思想中抽出，再根據各家的思想去解釋。

莊子以「性者，生之質也。」唐君毅解釋說：「人有所感而生情，人一時只感此所感而非他，是爲命。人之所以能感而感而生情者，即吾人之生命之性。合性與命，爲一性命之情。（頁四四）「莊子所謂復其性命之情之實義，即不外化除一切向外馳求之心知，或收回此心知，以內在於人當下所遇所感之中之謂」（同上）

中庸即誠言性，即明言心。「此誠之工夫之所以可能則由吾人之有此一能自誠之德性或性德。此性德，又不僅只爲人之德性之自然表現於行爲之根據，亦爲吾人之能日去其德性之間雜，而使此表現，能相續不已而完成之根據。吾人亦當說：唯此人之能自誠之性或性德，乃吾人之眞正之性。」（頁六一）

易傳的人性論，唐君毅說：「以成言性」，因爲周易說：「一陰一陽之謂道，繼之者善也，成之者性也。」陰陽相繼相生，一生一成，所以能生能成乃是道，道是性，「緣是方見此『性』之貫徹於此相繼之歷程中，以爲其生之歸於成之根據。性即道。」（頁七二）

「秦漢之時，學者言性之思路與先秦學者不同，在其漸趨向於成就客觀政教之目的而言性，而不同於先秦學者之多爲成就人之德性生活、文化生活而言性。」（頁八九）

漢魏的人性論，和易學相連結，因爲從易學構成人的本體論，漢朝賈誼論性：「湛而潤厚而膠，謂之性。……性，神氣之會也。……性立，則神氣曉，曉然而通行拾外矣，與外物之感相應，故曰潤厚而膠謂之性。性生氣，通之以曉。」（新書　道德說）周易講天地變化，化生萬物，神妙莫測。天地變化中有神，因此不行而速，人爲天地所化生，人性乃爲神氣之會，有神故靈，故明曉；有氣故潤厚而膠，故仁愛。這種性，和宋明理學的心相近。

董仲舒論人性說：「今世闇於性，言之者不同，胡不試反性之名。性之名非生歟！如其生之自然之資謂之性。性者，質也。……性之名不能離質。離質如毛，則非性已，不可不察也。」(春秋繁露　卷十　深察名號)

董仲舒以性爲生，從告子以後，學者都將性和生連在一起。「性者，質也。」，莊子也曾說過。董仲舒又把性和情接在一起，「性情相與爲一」。實際上，他把人由生而有的良知良能都稱爲性，不像孟子加以區別。一個人天然的表現，就是性；他乃分人性爲三等：「名性不以上，不以下，以其中名之。」(同上)「靈人之性，不可以名性；斗筲之性，又不可以名性；名性者，中民之性，如繭如卵。」(春秋繁露　卷十　實性)

孔子曾經說：「惟上智與下愚不移」，董仲舒根據孔子的思想，分人性爲三等：上等爲靈人之性，即上智；下等爲斗筲之性，即下愚；他說這兩等不稱爲性，因爲不改。中民的性，即可善可惡之性，可以發展，如同繭和卵。繭生絲，卵生小雞。他反對性善說，認爲只能是「有善之資」。「善如米，性如禾。禾雖出米，而禾未可謂米也。性雖出善，而性未可謂善也。米與善，人之繼天而成於外也，非在天所爲之內也。天所爲有所至而止，止之內，謂之天，止之外，謂之王教。王教在性外，而性不得不遂，故曰：「性有善質，而未能爲善也。」(同上)董仲舒批評孟子說性善，人人都是善人，「觀孔子言此之意，以爲善難當甚。而孟子以爲萬民性皆能當之，過矣！」(同上)他以善爲王政的教化，教化爲人爲，「善，教訓之所然也，非質樸之所至能也，故不謂性。性者，宜知名矣。無所待而起，生而自有一也。」（同上）董仲舒根據荀子以善爲人爲，他說的這種善與荀子所說的人僞又不相同。荀子以人性惡，不能生出善，須用禮法教人控制人性，善不生於人性，生於禮法。董仲舒以性有善的資質，可以生善，如同禾生米，卵生雞，祇是要人工去培植。本來孟子說性善，就是說人心有善端，須要人去培養。孟子的性善是說善的能，不是善的成。董仲舒以已成的善事爲善，又不否認性有善的能，而又去批評孟子，他是爲表彰皇帝的功德，荀子則是爲表彰禮法的功能，在邏輯上都不邏輯。

揚雄的人性論：「人之性也善惡混，修其善則爲善人，修其惡則爲惡人。氣也者，所以適善惡之馬歟。」（法言　修身）揚雄的人性是天生的能，人性有作善作惡的能。善惡的行是氣，好比人行路乘馬，馬往東往西，人性的善能惡能乘氣而出。人怎麼御氣？人以心御氣。

王充的人性論：

「用氣爲性，性成命定。」（論衡　卷二　無形篇）

「稟氣有厚泊，故性有性惡也。……人受五常含五臟，皆具於身。稟之泊少，故其操行不及善人。猶（酒）或厚或與泊殊其釀也，麴蘗多少使之然也。是故酒之泊厚，同一麴蘗。人之善惡，同一元氣。氣有多少，故性有賢愚。」（論衡

以稟元氣多少，作善惡的基礎，王充進入性的本體，從本體方面解釋性的善惡，作宋朝理學家人性論的先路。先秦漢初的學者論人性，都是從人性的用作討論，王充從人性的體方面作研究。雖然他的主張以稟元氣多少，人性本體有別，沒有爲宋朝學者所接受。揚雄也談到氣，但是揚雄以氣爲人性之用。王充既以人稟元氣多少有分別，人性便有分別。他仿效董仲舒分人性爲三品，祇是他主張性的善惡可以變。「論人之性，定有善惡。……人之性，善可變爲惡，惡可變爲善。」(論衡 卷二 率性篇) 這種思想來自氣的觀念，漢朝學者主張人所稟的氣可增可減，道教煉丹養氣以求長生。王充以人的性和命都由氣而成，人的命由氣而表現於人的身體，王充所以主張看相算命，且以爲德行或惡行可以改變命運，因此他主張性的善惡可改，就是以人的行爲去改。

但是宋朝理學家都說荀卿、揚雄不認識人性，王充也和揚雄一樣不識人性。

魏晉南北朝尙清談，清談的命題中，有「才性同異」。「傅嘏常論才性同異，鍾會集而論之。」(魏志 傅嘏傳) 鍾會作四本論，收集了當時清談家的主張，但四本論已失傳。世說新語文學篇註引魏志說：「尙書傅嘏論同，中書令李豐論異，佳即鍾會論合，屯騎校尉論離，文多不載。」劉劭著人物志，依據才性以品鑒人物。在人物志的九徵第一說：「蓋人物之本，出乎情性。情性之理，甚微而玄，非聖人之察，其孰能究之哉？……凡有血氣者，莫不含元一以爲質，稟陰陽以爲性，體五行而著形。苟有形質，猶可即而求之。」在這一段裡，劉劭指出，人含元氣以成質，稟陰陽之氣以成性，以五行之氣以成形體。人有質、有性、有形，都是氣所成。人的生命來自元氣，是人的質，人的性由陰陽二氣合成，陰陽兩氣的特質不同，陽剛陰柔，五行更各有特質，人的性情和形體乃各不相同。劉劭的人物志根據氣質、才、外貌，品鑒人品的高下，情性都是外面的行爲表現。

藝文類聚有性命論一篇，篇中引宋何承天的達性論：「三材同體，相設而成者也。故能稟氣清和，神明特達，情綜古今，智同萬物。」又引晉表準才性論：「凡萬物生於天地之間，有美有惡。物何故美，清氣之所生也。物何故惡，濁氣之所御也。……賢不肖者，人之性也。」賢者，因養心的四端，不肖者，因不培養。接受了孟子的養心，卻又說性有善惡。但稟氣清濁的思想，開了理學家人性論的路。

宋明理學家講論人性，還接納佛教的思想。佛教大乘講心性；心學是佛教的修爲學，性學是佛教的本體論。佛教以萬法唯心，一切萬有都是心所產生，萬有都沒有自性，祇是依他起性，變爲遍計所執性，這兩種性都是心的作用。心能產萬有，是因爲心內有一實有；這實有爲唯一實有，稱爲眞如，稱爲佛性，稱爲如來藏。如來藏在各人心內，乃是人的實相，即是人的眞正自性。天台宗講「性具論」以眞如本性具有永常和變的兩面，眞如本性永常無生滅，眞如另一面有隨緣而變的能，乃隨緣現出生滅的萬物，萬物的本性是眞如。華嚴宗講「性起論」，以眞如本體純淨，不雜有生滅的能，祇由本體表現「用」，遂成萬物，萬物的本體本性，即是眞如。「明心見性」爲佛教大乘各宗的共識，在各人心內看見自己的實性，即是佛性。

5. 理學的人性論

甲、性和氣的關係

漢朝的人文思想，趨於道家，這種趨勢到了魏晉南北朝，成了人文思想的主流。魏晉的清談標有三玄：老子、莊子、易經。王弼注易，援用道家的思想。道家主張虛無，以道爲虛，以人爲無爲。佛教傳入中國，套用道家的虛無，大講空觀，萬物皆是空，唯有眞如爲實。到了宋朝，儒家學者大起反響。主張肯定萬物爲有，人爲萬有之靈。道佛兩家講虛無，都以本體論爲根據，儒家可以作本體論的根據的乃是易經。周易到了漢朝向兩個方向發展：一是向占卜方面，一是向宇宙論方面，漢易的易氣、易象、易數、易圖，把這兩方面的趨勢，糾合在一起，漢末道教爲求長生，乃把漢易轉移到人，用漢易的易氣說作本體論根據，宋朝理學採納了道教的路線，周敦頤的「太極圖」開了端。

人由氣而成，已經是漢朝學者的共識，「太極圖」也採用這種主張。人的性由氣而成，魏晉南北朝學者已經開始有這樣的主張。太極圖說發揮這種思想。

「無極之眞，二五之精，妙合而凝，乾道成男，坤道成女，二氣交感，化生萬物。萬物生生而變化無窮焉。惟人也，得其秀而最靈，形既生矣，神發知焉，五性感動，而善惡分，萬事出矣，聖人定之以中正仁義，而主靜，立人極焉。」

這是儒家的第一篇人本體論。在人的本體論一節裡，我曾解釋這一段話，人因著天道，陰陽五行妙合而凝爲人，有形，有神，有五性。形爲身體，神爲心，五性爲情才，但是太極圖沒有講人性。

朱熹注解太極圖說，以太極爲理，太極圖說「五行一陰陽也，陰陽一太極也，太極本無極也，五行之生各一其性。」朱熹注說：「五行具，則造化發育之具無不備矣。故又即此而推本之，以明其渾然一體，莫非無極之妙，亦未嘗不各具於一物之中也。蓋五行異質，四時異氣，而皆不外乎陰陽。陰陽異位，動靜異時，而皆不離乎太極。至於無以爲太極者，又初無聲臭之可言，是性之本體然也，天下豈有性外之物哉，然五行之生，隨其氣質，而所稟不同，所謂各一其性也。各一其性，則渾然太極之全體，無不各具一物之中，而性之無所不在，又可見矣。」朱熹以太極爲理，太極在陰陽在五行在人，爲性，「性無所不在。」這種解釋人出生的歷程，和太極圖說相合，然太極圖說沒有講人性，朱熹以太極爲理爲性，則不是太極圖說的思想。

在通書裡，在誠上篇，周敦頤引易傳的話：「成之者性也。」又說：「大哉易也，性命之源也。」在誠下篇說：「德，愛曰仁，宜曰義，理曰禮，通曰智，守曰信。性焉安焉之謂聖。」周易講性命很少，成爲性，是說陰陽之變而成的爲性，陰陽是氣。若把上面所引的德和聖，連起來說，則聖人的仁義禮智信爲性，但這是五行之性，即五常，仍舊是氣。氣中有「無極之眞」，萬物生化之道，但這生化之道，是否是人性，周敦頤沒有講。

張載把這個問題講明了，正蒙的第一篇太和篇就講到性。

> 「太和所謂道，中涵浮沈，升降，動靜，相感之性，是生絪縕，相盪，勝負，屈伸之始。……太虛無形，氣之本體，其聚其散，變化之客形爾；至靜無感，性之淵源，有識有知，物交物之客感爾。客感客形與無感無形，惟盡性者一之。」

張載說：太和是道，有相感的性；性的淵源，爲至靜無感的太虛；客形客感和太虛爲一。太虛就是太和，太虛爲氣的本體，太和就是氣的本體，太和有相感之性，乃生絪縕，化生萬物。太和之性隨著陰陽之氣和五行之氣，結成一個人，太極之性在人內，即是人的性。性在氣內，然不是氣，而是太極化生萬物之道，也就是萬物生生之道。

王船山在張子正蒙注注解這段話說：「涵，如水中涵影之象；中涵者其體。是生者其用也。輕者浮，重者沈，親上者升，親下者降，動而趨行者動，動而赴止者靜，皆陰陽和合之氣所必有之幾，而成乎情之固然，猶人之有性也。」性爲陰陽兩氣和合的幾所成；幾爲事將發尚未發的一刻，知幾的人尋求事情將發的道理，而與以處置。性，便是陰陽和合的道理。

張載再明瞭地說：「和虛與氣，有性之名。」(太和篇)「氣之性，本虛而神。」(乾稱篇)「形而後有氣質之性，善者反之，則天地之性有焉。故氣質之性，君子有弗性者焉。」(誠明篇)張載認爲氣本性是虛，虛故靈，荀子以心是虛而靈，虛按西洋哲學術語爲沒有物質，心是沒有物質的。但是說氣是虛，氣沒有物質怎麼能夠成人的形體？這個虛字不能解釋沒有物質，祇能解釋能動能感，所以能動能感，是因爲氣的本體爲太虛，太虛有動靜相感之性，「合虛與氣」，便應解釋爲「合太虛相感之性與氣」，相感之性，即生生之理，氣，便是氣和生生之理。這種性乃是氣質之性。

王船山的張載正蒙注，注這節「由太虛，有天之名；由氣化，有道之名；合虛與氣，有性之名；合性與知覺，有心之名。」說：

「太虛即氣絪縕之本體，陰陽合於太和，雖其實氣也，而未可名之爲氣；其升降飛揚，莫之爲而爲萬物之資始者，於此言之則謂之天。氣化者，氣之化也。陰陽具於太虛絪縕之中，其一陰一陽，或動或靜，相與摩盪？乘其時位以著其功能，五行萬物之融結流止，飛潛動植，各其成其條理而不妄，則物有物之道，人有人之道，鬼神有鬼神之道。……於此言之則謂之道。此二語兼人物言之，下言性心，則專言人矣。太虛者，陰陽之藏，健順之德存焉。氣化者，一陰一陽，動靜之幾，品彙之節具焉。秉太虛和氣健順相涵之實，而合五行之秀而成乎人之秉第，此人之所以有性也，原於天而順乎道，凝於形氣，而五常百行之理無不可知，無不可能，於此言之則謂之性。」

性來自太虛，由氣按變化之道凝聚於人而成性，「原於天而順乎道」，人生之理和能都具在性內。性是氣中的道，道涵在氣內。王船山注正蒙誠明篇的「性其體，合兩也。」說：「天以其陰陽五行之氣生人，理即寓焉而凝之爲性。故有聲色臭味以厚其生，有仁義禮智以正其德，莫非理之所宜。聲色臭味，順其道則與仁義禮智不相悖害，合兩者而互爲體也。」

張載講天地之性和氣質之性，跟程頤所講不同，王船山特別指出「此章與孟子之言，相爲發明，而深切顯著，乃張子探本窮歸之要旨，與程子之言自別，讀者審之。」(同上) 王船山指出兩者的分別：「舊說以氣質之性爲昏明強柔不齊之品，與程子之說合。今按張子以昏明強柔得氣之偏者，繫之才而不繫之性。此言氣質之性，蓋孟子所謂口耳目鼻之於聲色臭味者爾。蓋性者，生之理也，均是人也，則此與生俱有之理，未嘗或異。」(同上) 張載以性爲生之理，即孟子所說的仁義禮智之理，在一切人內都是同一。故張載在同一篇說：「性於人無不善。」這就是天地之性。氣質之性是孟子所謂命，即形體品官的良能，如耳目口鼻對於聲色臭味，這些良能爲氣所成的質，稱爲氣質，各人所稟的氣不同，氣質之性也就不同，但「君子有弗性者焉。」

性由天的化生萬物的理而來，爲生之理，在氣內；才質由氣而成，在外面形體，都是生來的，告子說生之之謂性，因此生之理和才質都稱爲性，孟子已經加以區別，張載也同樣加以區別。「人之有剛柔，緩急，有才與不才，氣之偏也。」(同上)

繼承張載人性論的思想的，是王船山；王船山不僅作了張載的正蒙注，他自己在著作裡，也說明了自己的主張。

「夫道何所自出乎？皆出於人之性也。性何所自受乎？則受之於天也。天以其

> 一眞無妄之理爲陰陽，爲五行而化生萬物者曰天道。陰陽五行之氣化生萬物，其秀而最靈者爲人，形既成而理固在其中。於是有其耳目則有其聰明，有其心思則有其智睿；智足以知此理，力足以行此理者曰人道。是人道者，即天分其一眞無妄之天道以授之，而成乎所生之性者也，「天命之謂性」也。由此言之，則性出於天，人無不出於天，則性與生俱生，而有一日之生，則一日之性存焉。」（四書訓義 卷二 中庸二）

王船山主張性與生俱生，出自天，天化生萬物，有理有氣；理是天把自己所有一眞無妄之理，分授於人；氣按照天之理成爲陰陽五行而化成人，人得天之理爲性，得天之氣而有形質。性是理，理在成形質的氣中。性爲天之一眞無妄之理的分得，應爲善，故有陽的至健和陰的至順之德，以及五行的仁義禮智信。德爲能，健順和仁義禮智信乃是性的德能。人善用這些德能，就是「率性之謂道」。

性在情中，性因情而顯其自然之能。

> 「性只是理，合理與氣，有性之名，則不離於氣，而爲氣之理也。爲氣之理，動者氣也，非理也。故曰性不知檢其心，心則合乎知覺矣。合乎知覺則成才，

有才則有能。故曰心則檢性。」（讀四書大全說　卷十　告子上）

性兼理氣，心兼性情。才能爲動，爲氣，不是性。

性的善惡問題，王船山深入研究，認爲善惡來自後天，不是先天之性。先天之性，即天生的性；後天的性，是人在行動性所有的內心規律，即人在行動性所率的性。

「後天之性亦何得有善？習與性成之也。先天之性天成之，後天之性習成之也。乃習之所以能成乎不善者，物也。夫物亦何不善之有哉？取物而後受其蔽，此程子所以歸咎於氣稟也。雖然，氣稟亦何不善之有哉？然而不善之所從來，必有所自起，則在氣稟與物相授受之交也。氣稟能往，往非不善也；物能來，來非不善也。而一往一來之間有其地焉，有其時焉；化之相與往來者，不能恆當其時與地，於是有不當之物，物不當而往來者不及收，則不善生矣。……於是來者成蔽，往者成逆，而不善之習成矣。業已成習，則薰染以成固有，雖莫之感而私意私慾且發矣。」（讀四書大全　卷八　滕文公上）

「而習者亦以外物爲習也，習於外而生於中，故曰習與性成。此後天之性所以不善。故言氣稟不如言後天之爲得也。」（同上）

王船山以不善來自習氣；但是善和不善不是氣，而是物，物，是事物，是人所作的事，人作事合於時地之宜，則是善；不合，則是惡。周易常講時位，以時位中正爲善。王船山所以把善不善看成是時地的關係，究竟合不合時地，則另有原則，即行爲的倫理規律，中庸所說情動時中節不中節。人從生以來的性是善，因爲理和氣先天都是善。這所謂先天的性常是善的，人由習慣所養成的習氣則有善不善，所以善惡來自習氣。

清朝儒者都講惡來自習慣，反對程朱的主張。

乙、性和理的關係

張載講性不離氣，王船山說明性兼理氣；然而兩人都以性爲理。張載以太和或太虛化生萬物之道爲生理，在人物之內，爲人物之性。王船山以天將自有的一眞無妄之理，分施於人以成人性，人性是理，但兩人主張氣一元論，一元是氣，理是在氣中，性不離氣，不僅是在實際上理不能離開氣而存在；就是在理論上也是不能離開，因爲有氣才有理，理是氣之理；所以性是氣之性，沒有氣，就沒有性，王船山乃主張沒有器，不能有道，道是器之道，有車，才有車之道；有船，才有船之道。

程頤開始另一種主張，氣和理相對待，但不相離。朱熹發揮程頤的主張，特別講理氣二元，在上一節本體論已經談了。

性和理的關係，跟著理和氣的關係，變爲性和氣分開。在理論上，性是理，不是因有氣而有理，而是因有理而後有氣；在實際上，性和氣沒有先後，有性必有氣，性和氣的關係，性限制氣，因爲「有是理，便有是氣，理且是本，今且從理上說氣。」（朱子語類　卷一）朱熹又說：「伊川性即理也。自孔孟後無人見到此，亦如從古無人敢如此道。」（朱子語類　卷五十九）孔孟實際上都沒有說：「性即理」。張載已經說到性爲生理。伊川程頤所提出來的，祇是理氣的分別，正式說理是氣。

朱熹以理爲本，理限制氣。人之理，限制人之氣，人之氣和別的物之氣都不相同，然而人和別的禽獸草木不同，都表現在氣上。氣有清濁，人之氣清，所凝結成人的心、情、才、形體和別的物都不同，而且每一個人的氣之清濁不同，每一個人之所以爲一個人也不同。程頤和朱熹乃把氣加在性內，稱爲氣質之性，氣質之性因氣而有分別。實際上氣變成本；這是把理氣對待，性和氣相對待的矛盾。

「性只是理，萬理之總名。此理亦只是天地間公共之理，稟得來便爲我所有。天之所命，如朝廷指揮差除人去做官。性如官職，官便有職事。」（朱子語類　卷一一七）

中庸早已經說「天命之謂性」，性和天的關係，性是天所命的事。

「天之賦於人物者，謂之命，人與物受之者謂之性，主於一身者謂之心，有得於天而光明正大者謂之明德。」（朱子語類 卷十六）

程頤和朱熹乃以天、命、性、理、心的意氣相同，祗是觀點不同。從來源說：性是天；從天與性的關係說：性是命；從性的內容說：性是理；從性的用說：性是心。

「問天與命，性與理，四者之別。天則就其自然者言之，命則就其流行而賦於物者言之，性則就其全體而萬物所得以爲生者言之，理則就其事事物物各有其則者言之，到得合而言之，則天即理也，命即性也，性即理也，是如此否？曰：然。但如今人說天，非蒼蒼之謂。據某看來，亦捨不得這箇蒼蒼底。」（朱子語類 卷五）

「問性固是理，然性之得名，是就人生稟得言之否？曰：繼之者善，成之者性，這箇理在天地間時只是善，無有不善者。生物得來方始名曰性。只是這個理在天則曰命，在人則曰性。」（同上）

「性即理也，在心喚做性，在事喚做理。」(同上)

「生之理，謂性。」(同上)

性，即理，有兩個問題：程朱以「理一而殊」，宇宙間只有一理，宇宙萬物是否祇有一「性」？理無不善，性便是善，惡從何而來？

朱熹以人性之理即天理，天理祇有一理，在萬物因氣而有分別；但是萬物的理在根本上是相同的。人和物的性都不是同一理，朱熹說人物的理都是天理，人物的性因此都該同是一性。但因人物所稟的氣，有清濁的不同，人物的性因此不相同。這種不相同的理由在於氣，氣究竟怎樣使人物的性不相同？在於使人物所得的理有正偏的不同，正是全部的理，偏是部份的理，人得理之全，物得理之偏。這個理的正偏，實際上則是人的氣清，理能全部顯出；物的氣濁則蔽塞理，或全部蔽塞，或一部份蔽塞。

「生之理，謂性。」天地之理和人性之理，都是生命之理。天地爲一生命，每一物爲一生命，生命的高低，由所得之理而定，礦物的理因氣濁，全部被塞，沒有生命的活動，生命最低。植物動物歷級而上，以所得理的多少爲定，人氣清，得全部生理，生命在人全部表現出來。因此理和氣的關係非常密切。程朱乃主張氣質之性。理一而殊或性一而殊，因氣而殊。

氣質之性，對於程朱也成了解釋性善惡問題的關鍵。性是理，理無不善，性便是善。惡從那裡來？來自氣。氣濁則理不顯，即濁氣蔽塞理，人的氣雖較萬物的氣算最清，算爲秀氣；但是人的氣，彼此仍有清濁的不同。氣濁的人，性理被塞，乃惡。所被塞的理爲生理，人的生命爲心靈的生命，心靈的生命爲仁義禮智的倫理生命，這種生命被塞人便惡了。單祇說人，祇說到人性，人是什麼？人是有仁義禮智的生物。若說到這個人，「我」，是什麼？便要說到氣，我是得有這等氣的人，氣便進入我的性，所以有氣質的性，氣質之性，有善有惡。

氣在人「我」所成的爲才質和情，才質只有高低，沒有善惡可言，情是心之動，便是人的活動，人的一切行爲都是心之動，不是心之動的行爲不算人的行爲。心之動爲情，人的善惡便在情上表達出來，情表達善惡是因爲情自身有善惡，氣清則情善，氣濁則情惡。情惡即是慾，慾常是惡。人的善惡追根追到情上。這一點引起清朝儒者的反對，顏元、李塨、戴震，都承認情來自性，性善，情也該善，惡是來自習慣，朱熹自己以情爲氣，不來自性，祇是氣質之性。

理學家所講性和氣，性和理的關係，來自一個共同的要求，尋求善德的形上本體基礎。人的爲人的理由在那裡？人和禽獸的分別在那裡？爲什麼孔子主張一個完全的人在於品德成全？即是人是什麼？人是有善德的生物。善德既然是人的爲人的理由，善德便是人的人性，即是說善德來自人性，孟子乃說人生來有仁義禮智四端，周敦頤主張人性本來靜而中正，張載乃說太和化生萬物之道在人爲人性，王船山乃講天以貞一無妄的生理分授於人爲人性，程朱便主張人性爲理，理即天理，天理無不善。人生之道就在培育人性的善，發揚人之爲人的善德。

附帶產生「惡」的問題，「惡」是在「性」以外，或是情慾，或是習慣。

丙、性和心的關係

在本體論，人心和人性的關係，人性是體，人心是用。張載以「合性與知，有心之名。」知爲作用，性爲本體。程頤和朱熹以「心統性情」，心爲實體，由氣而成，屬於形而下，性爲根本，情爲用。

理學家所討論的心性關係，則是理和心的關係，也是朱熹和陸象山的爭論點。人性是理，這一點是大家的共識。理是天理，這一點也是大家的共識，所爭論的一點，在於人性是理的外延；人性是理是否包括全部天理？或者更好說是否包括全部人生之道？朱熹說不包括全部人生之道，陸象山說包括全部人生之道。朱熹乃主張格外物以致知，陸象山則主張對每一事物祗看自己的心。

在這種情形下，性和心的關係，朱熹認爲心的外延範圍較比性的外延範圍更寬，心所知的理較比性的理要多。陸象山認爲性和理相等，理和心相等，性和心相等，兩者的內涵和外延都相等。

陸象山說：

「蓋心一心也，理一理也，至當歸一，精義無二。此心此理，實不容有二。」（象山先生全集　卷一　與曾宅之書）

「故曰：大人者不失其赤子之心。四端者，即此心也，天之所以與我者，即此心也。人皆有是心，心皆具是理。心，即理也。」（同上　卷十一　與李宰二書）

「心即理」，陸象山肯定「心外無理」，心就等於性，按心所發的動去行爲，都合於理。王陽明乃以心等於知，心的知等於性，心所知的就是性，心所知稱爲良知，爲不學而知的知，良知等於心，等於理，等於性。王陽明肯定「率性之謂道」，就是「致良知」。孔子說過「從心所欲不逾矩」，王陽明的弟子泰州學派王畿便倡從心所欲，心自然的動，即是理，即是性，也即是善。他們忘記了孔子是說「七十而從心所欲，不逾矩。」孔子經過七十年的修養，才從心所欲不違背倫理規律。他們修養不要，倫理規律也不要，後來李贄乃說：「夫厥初生人，惟陰陽二氣，男女二命，初無所謂理也，而何太極之有？」（焚書　夫婦論）否定有太極，否定有理，人生來有的心便是善，便是性。性不是理，心不是理，心自己是規律，李贄倡說人只有衣食的倫理，百姓日用即性，又套用佛教說心妙明，心清淨，太空虛空爲性。明末和清朝學者都攻擊李贄狂妄，王陽明疏空，認爲他們乃是明朝亡國的罪人。

三、人心論

1. 通論心

心，在中國哲學儒釋道三家裡，都是研究的中心，道家老子不講心，莊子則專講心，天地元氣構成人心，氣的自然運行之道，爲人生之道，元氣的運行由心而顯，心純樸沒有慾望則天眞自然，有慾望便有機心，機心爲惡，且耗元氣，使人不能長生，心純自然，保全元氣，人可以與天地而長久。

佛教大乘整部爲一心學。楞伽經以一切唯心，宇宙萬物都爲心所現，心爲如來應身，稱爲如來藏，或佛性。天台宗以宇宙本體爲一心，心名眞如，又稱如來藏。心不生不滅，不增不減，故名爲眞。凡聖一切法，自有差異，眞心無異無相，故名爲如，如來藏具染淨二性，由染性觀世界萬物，天台宗講性具論。華嚴宗以眞如爲眞心，眞心純淨明白，不具染性，萬物由眞如本性所具德能而起；華嚴講性起論。我們若把佛教的心學簡單說明，可以這樣說：小乘各派，以外界萬物爲實有，假立一心，稱爲假心，我乃是空，由心造業，人乃輪迴出生。大乘始教唯識宗，以異熟阿賴耶識爲一心，宇宙萬物爲阿賴耶識的種子所造。大乘終教楞伽經，攝大乘論等派以如來藏爲一心，本性具諸功德，能現宇宙萬物。大乘頓教禪觀，以泯絕一切，無所寄托，只說一心。大乘圓教天台、華嚴，總攝萬有，眞如和萬有一切無礙，互相通，互相入，一切圓融，祇是一心。佛教各宗各派都以心爲思想的頂點，而且各宗各派的修行，又都以心爲對象，在後面我再說明。

儒家理學受了這兩家的影響，特別受了佛教禪宗修行方法的壓力，乃特別注意了「心」。王陽明作陸象山文集序，說孟子開始儒家的心學，孟子以後中斷了，到了宋朝才有周敦頤和程頤追尋孟子的心學，由陸象山繼承，「故吾嘗斷以陸氏之學，孟氏之學也。」陸氏之學是什麼？「其學必求諸心」，所以是心學，心學乃是儒家的正統思想，「聖人之學，心學也，堯舜之相授受。曰：「人心惟危，道心惟微，惟精惟一，允執厥中。」此心學之源也。中也者，道心之謂也。道心精一之謂仁，所謂中也。孔孟之學，惟務求仁，蓋專一之傳也。……自是而後，析心與理而爲二，而精一之學亡。」這一段是王陽明講自己和陸象山的思想，實際上事實不是這樣。王陽明所引書經的話，來自大禹謨，書經的這一篇，考據學斷爲僞書，爲漢朝人的手筆，不能認爲儒家心學的起源。心學不能視爲心理爲一的學，講心和理有分別，也是心學。

書經盤庚篇內，多次說到「心」，如「黜乃心」，「迂乃心」。詩經篇章中多有「心」字，表示人的感情，表示人的思念。周易說：「聖人以此洗心，退藏於密，吉凶與民同患。」（繫辭上　第十章）禮記禮運篇說：「善惡皆在其心。」樂記篇常說心，因爲樂來人心，人心感物而動，故形於聲。

古經書有論心的詞句，祗是表達一時的思想，沒有正式討論人心。儒家心學的起源該是大學。中庸一書中沒有心字，多講人性，但是中庸講誠，誠是心的善德。「誠者，天之道也；誠之者，人之道也。」（第二十章）天之道或心之道，都是心誠；理學家特別注意這一點，而且中庸的誠是率性，是爲講大學的正心。大學講修身，修身的重點，在於「正心」。理學家後來講心，都爲講大學的「正心」。

孟子正式提出修身，以養心作正心。心的本體就是仁義禮智，發揚仁義禮智便是正心。爲發揚仁義禮智，孟子主張養心，養心則在克慾。孟子開始了儒家的心學。

荀子則是儒家心理的理論者，說明了心的本質，心，虛而靈，能徵知，能主宰。

宋明理學家繼承了孟荀的思想，外面表現是繼承孟子的心學，講養心克慾，實際上繼承荀子的思想，講心虛能知，能主宰。理學家因受佛教心學的影響，偏重心的知。佛教的心學用一句作代表，是明心見性，從心去認識眞性。佛教的目的在解脫人生的痛苦，痛苦的來源是人愚昧無明，把虛空的萬物看成了實有，須用以智慧開啓人心，認識人心中的眞性。佛教的修行偏重在知，在明見。理學家的心學，乃是「窮理盡性以至於命」，不講孟子的寡慾以修德，乃講寡慾以明明德。明德爲人心所固有，能爲慾情所蔽，所以不顯，人乃爲惡，克除慾情，人心淸明，明德顯出，人心便誠。人心誠，就是自見自己的性，或說見到天理。見到天理，是體會天理，乃一種「直見」，有似於佛教智慧，直見心內眞性。這種修行法，將在儒家實踐生命哲學詳細敍述。

2. 心是什麼

甲、心虛靈

荀子開始講人心的本質，人心虛而靈。虛是沒有物質，可以接受無數的知識。靈，是無形無像的動，能知能主宰。「心者，形之君，而神明之主也。」（解蔽篇）管子說：「心者，智之舍也。」（心術上）董仲舒說：「心，氣之君也。」（春秋繁露　循天之道）淮南子說：「人亦有四支。……以與天地相參也，而心爲之主」（精神訓）司馬光說：「中者，心也，物之始也。神者，心之用也。」（太玄注）張載說：「心統性情者也，合性與知有心之名。」（正蒙　誠明）邵雍說：「心爲太極，又曰道爲太極。」（觀物外篇　下之中）程顥說：「理與心一，而人不能會之於

一。一人之心，即天地之心，一人之理，即天地之理。」（二程遺書　明道先生語）

程頤以性有形爲心，主於身爲心。

朱熹以心統性情，爲神明之舍，一身之主宰，乃精爽之氣，虛靈不昧，能應萬事。

陸象山以心即理，心即宇宙。

王陽明以心爲良知。

王船山以心與性不得分爲二，心本體有情。

從上面所引文據，可以知道「心」在儒家的思想裡的意義。不外乎荀子所說：心虛而靈，能知，能主宰。

明末清初學者，對於心學的批評。顧憲成說：「無聲無臭，吾儒所謂空也；無善無惡，釋氏所謂空也；兩者之分，毫釐千里，混而不察，概以釋氏之空，當吾儒所謂空，而心學且大亂於天下，非細故也。」（心學　宗序）

顧炎武日知錄，藝文，心學，有黃氏日抄云云，「近世喜言心學，舍全章本旨，而論人心道心，甚者單摭道心二字，而直指謂即心即道，蓋陷於禪學而不自知去堯舜禹授天下之本旨遠矣。云云。」

乙、心能知

荀子講心能徵知，知是對事物，人以心去知道事物，事物可以在人內或人以外，但必在心以外，荀子講知，不是心知道自己。理學家講心能知，則是講格物致知，知是知天理。天理在人性，人性在心內；理學家講心知，乃是心知道自己，是「明心見性」。朱熹則以天理一而殊，在人心在萬物，心知須格物以致知，但最後格物久而多則通，通則以心觀萬物。這一點明明是受禪學的影響，格物致知的問題，在儒家實踐生命哲學裡時作研究。

張栻（南軒）說：

「人具天地之心，所謂元者也，由是而見，莫非可欲之善也。其不由是而發，則爲血氣所動，而非其可矣。聖人者，是心純金，渾然天理，乾知大始之體也；故曰乾，聖人之分也，可欲之善屬焉。在賢者，則由積習以復其初，坤作成物之用也；故曰坤，學者之事也，有諸己之信屬焉。」（宋元學案 南軒學案）

朱熹說：

「心官至靈，藏往知來。」（朱子語類 卷五）

「大凡理只在人心，此心一定，則萬理畢現。亦非能自見，心是矣。則是是非非，自然別得。且如惻隱羞惡辭讓是非，因是良心，苟不存養，則發不中節，

顚倒是非，便是私心。」（朱子語類　卷八十七）

「發明心學。曰：一言以蔽之，曰生而已。天地之大德曰生，人受天地之氣而生，故此心必仁，仁則生矣。」（朱子語類　卷五）

陸象山說：

「人心至靈，此理至明。人皆有是心，心皆具是理。」（象山先生文集　卷二十二　雜說）

「人心不能無蒙蔽。蒙蔽之未徹，則日以陷溺。諸子百家往往以聖賢自期，仁義道德自命，然其所以卒畔於皇極，而不能自拔者，蓋蒙蔽而不自覺，陷溺而不自知耳。」（同上　卷一　與胡季隨二書）

楊簡說：

「人心自明，人心有靈。意起我立，始喪其明，始失其靈。孔子日與弟子從容問答，其諄諄告誡，止絕學者之病。大略有四：曰意，曰必，曰固，曰我。門

弟子有一於此，聖人必止絕之。」（宋元學案　慈湖學案　絕四記）

陳獻章（白沙）說：

「心上容留一物不得，才著一物，則有礙。且如功業要做，固是美事，若心心念念只在功業上，此心便不廣大，便是有累之心。是以聖賢之心，廓然若無，感而後應，不感不應。又不特聖賢如此，人心本體皆一般，只要養之以靜，便自開大。」（明儒學案　白沙學案　與謝元吉）

王陽明說：

「知是心之本體。心自然會知。見父，自然知孝；見兄，自然知弟；見孺子入井，自然知惻隱。此便是良知，不假外求。」（王文成公全書　卷一　傳習錄上）

「仁云心猶鏡也。聖人心如明鏡，常人心如昏鏡。近世格物之說，如以鏡照物，照上用功，不知鏡尚昏，在何能照？先生之格物，如磨鏡之明，磨上用功，明了後，亦未嘗廢照。」（同上）

湛若水（甘泉）說：

「性者，天地萬物一體者也。渾然宇宙，其氣同也。心也者，體天地萬物而不遺者也。」（明儒學案　甘泉學案一　心性圖）

「孟子之言求放心，吾疑之。……放者，一心也，求者又一心也，以心求心，所謂憧憧往來，明從爾思，祇益亂身，況能有存耶！夫欲心之無蔽，莫若寡欲，寡欲莫若主一。」（同上　求放心篇）

根據上面所引的文據，朱陸兩派都有，朱派以性爲理，陸派以心爲理，主張不同；但兩派有相同的，以心虛靈，心靈有知。朱熹以性爲理，性在心內，性理由心而顯。陸象山以心爲理，心自然顯理。理學家都以心本體虛明，心靈乃能畢露天理。顯靈全部天理，心乃直接見到天理，直接見到稱爲體，或體會，心能體萬物而不遺。

理學家所注意心的，是明。心不能被蒙蔽，否則天理不顯露。蒙蔽心的物是慾，克慾乃是養心的最好方法。

明，是明明德，來自大學，「大學之道，在明明德。」明德則來自書經；明明德，成爲儒家思想的中心。明明德，是由心而明；心，便成爲儒家思想的中心。宇宙萬物由陰陽相合而化生，整個宇宙萬物由氣而相連。陰陽兩氣的運行和結合，有運行結合之道。陰陽之氣和連合之氣都來自天；天或稱太極，或稱太虛，或稱天地。人爲萬物之一，受天地之氣，受天地之道而生；氣成形質，道成性，人之性爲全部生生之理，人之氣爲清而秀，氣清而秀成人的心，人心虛而靈，全部生生之理由心而顯。心的生命，乃是人的生生之理的全部呈現，心的全部生生之理，爲明德，爲仁義禮智，這樣心的明，成爲儒家思想的關鍵。

王船山在四書訓義卷一——大學第一章訓義說：

「謂夫大學者，所以教人修己治人而成大人之德業者也。乃不得其要歸之所在，則無以知其詳而有其要也；不察其次序之所循，而無以知其博而該以約也。故從其要歸而言之，則不可不知其道之所在矣。其所以覲於事物，內盡其修能，將以內爲也？蓋以明明德也。人之所得於天者德也，而其虛而無欲，靈而通理，有恆而不昧者則明德也。但形氣纍之，物欲蔽之，而或致失其本明。大學之道，則所以復吾性具知之理，以曉然於善而遠於惡，而勿使有所纍，有所蔽也。」

王船山以性爲德，性在氣內，氣成心，「虛而無欲，靈而通理」，性之德「有恆而不昧」，稱爲明德。明不是德之明，是心之明；明德是心內的德，使心不受物蔽，所以要明明德。明明德爲大學之道，也就是儒家修身之道。在同一篇訓義裡，王船山講正心說：

「若夫修身者，修其言使無過言焉，修其行使無過行焉，修其動使無過動焉，盡責之躬者備矣，……故立身之始，有爲身之主者心也。當物之未感，身之未應，而執持吾志，使一守其正而不隨情感以迷，則所以修身之理，立之有素矣。乃心，素定者也，而心與物感之始，念勿以興，則意是也。靜而不失其正，動而或生其妄，則妄之已成，而心亦隨之以邪矣。古之欲正其心者，必先於動意有爲之幾，皆誠於善，而無一念之不善奪其本心焉。乃意者忽發者也，而意之未發之始，幾可素審，則知是已。發而乍欲其善，豫未有以知其不善，則著之不明，而意亦惑於所從出矣。言之欲誠其意者，必先於善惡可知之理力致其辨，而無一理之不明，引意以妄焉。」

正心，在心定於理，心定在於「先於善惡可知之理力致其辨，而無一理之不明。」因此，要在意將動的前一刻，即「動意有爲之幾」，知道意動的善不善，這種知，就是明。儒家修身必要正心，正心必要明，明在於知，知是見自性之理，分辨是非。這種分辨就是物來心應，一件事物來到，心自然知道應付之道。修身之道在於心的知。理學家所以說：「知之切，便是行。」

丙、心與情的關係

中庸標出「天命之謂性，率性之謂道，修道之謂教。」率性作人生之大道，中庸接著說：「喜怒哀樂之未發謂之中，發而皆中節謂之和。中也者，天下之大本也；和也者，天下之達道也。致中和，天地位焉，萬物育焉。」

率性和中和，有什麼關係呢？性由心而顯，率性即是心顯明性理；中和和心有什麼關係呢？理學家對這兩個問題有兩方面的研究：一方面研究情與惡的關係，一方面研究已發未發的關係。關於已發和未發的問題，在儒家實踐生命哲學裡將詳細述說，在這裡我簡單地敘述心和情的關係，以說明情與善惡的關係。

熹怒哀樂爲情，情由氣而成，儒家學者都有這種共識。

周敦頤的太極圖說：

「五性感動，而善惡分，萬事出矣。」

「欲動情勝，利害相攻，不止則賊滅無倫矣。故得刑以治，情僞微曖，其變萬

狀，苟非中正明達果斷者，不能治也。」(通書 第三十六)

程頤說：

「自性之有動者，謂之情。」(二程全書三 遺書二十五 伊川語錄十一)

「心本善，發於思慮，則有善不善。若既發，則可謂之情，不可謂之心。」(二程全書 遺書十八 伊川語錄四)

「問喜怒出於性否？曰：固是。纔有生識，便有性。有性，便有情；無性，安得有情。又問喜怒出於外，如何？曰：非出於外，感於外而發於中也。問性之有喜怒，猶水之有波否？曰：然。湛然平靜如鏡者，水之性也。及遇沙石或地勢不平，便有湍激，或風行其上，便為波濤洶湧，此豈水之性也哉！人性中只有四端，又豈有許多不善底事！然無水安得波浪，無性安得情哉。」(同上)

朱熹說：

「心如水，情是動處，愛即流向處。」(朱子語類 卷五)

「性是理之總名，仁義禮智皆性中一理之名。惻隱、羞惡、辭讓、是非，是情之所發之名。此情之出於性而善者也。其端所發甚微，皆從此心出，故曰心統性情者也。性不是別有一物在心裡，心具此性情。」（朱子語類　卷五）

「性是未動，情是已動，心包得已動未動。……欲，是情發出來底。心如水，性猶水之靜，情則水之流，欲則水之波濤，有好底，有不好底。」（朱子語類　卷五）

顏元說：

「程朱因孟子嘗借水喻性，故亦借水喻者甚多，但立意不同，所以將孟子語皆費牽合來就己說。今即就水明之，則有目者可共見，有心者可共解矣。程子云：『清濁雖不同，然不可以濁者不是水。』此非正以善惡雖不同，然不可以惡者不爲性乎？非正以惡爲氣質之性乎？請問：濁是水之氣質？吾恐澄澈淵湛者，水之氣質，其濁之者，乃雜入水性本無之土。……若謂濁水有氣質，清水無氣質矣，如之何其可也！」（存性篇　卷一　借水喻性）

王船山說：

「惟性生情，情以顯性。故人心原以資道心之用，道心之中有人心，非人心之中有道心也。則喜怒哀樂固人心，而其未發者固有四情之根，而實爲道心也。」(讀四書大全說　卷二)

「蓋吾心之動幾，與物相取，物欲之足引者，與吾之動幾交，而情以生。」(同上)

「然則才不任罪，性尤不任罪，物欲亦不任罪，其能使爲不善者，不在情而在何哉？」(同上)

根據上面所引各家的文據，可以看到幾點：

首先，情的理是出於性，因此理學家說性生情，人的生活常在情中表現，尤其每個人的個性，更是由情而顯出不同。但是情是氣而成，程朱便以情屬於氣質之性。

第二點，情爲動，理學家都一致主張；但是情動是性之動或心之動，則有不同意見，大致上大家都以情爲性之動，程朱也是這樣主張。然而朱熹主張心統性情，情不直接是性之動，性之動是心，心之動是情；雖然朱熹後來改變了這種思想，以未動已動都是心，說性是未動，情是已動，不過既然未動已動都是心，情動便是心之動。王船山以心與物相接，心往物來之機乃生情；然情不在物上，是在心上，情乃心所發。

第三點，情爲氣。性是善，因性是理，理無有不善，王船山且以性爲分得天的一眞無妄之理。惡便來自氣，宋明理學家都有這種主張，所以惡來自情。朱熹解釋是因爲氣濁。清朝顏元、李塨則認爲氣的濁不是氣的本性，是滲雜外物，惡不在情，而在於習慣。

善惡的理由，在於性的善能否由心顯明。顯明，就行善，不顯明，就作惡。顯明不顯明，在於心是否被蒙蔽，蒙蔽心的物，是濁氣。氣分清濁，乃氣的本性，清氣濁氣本身無所謂善惡，祇在對心的作用上，蒙蔽心便是惡，因此惡，歸於情。普通說一個人壞，是他的心壞。心壞，即是心遭濁氣蒙蔽。濁氣成的情和慾，乃是惡的根源。

四、仁論

1. 通論仁

在上面論人心的理學家文據中，有把心和仁連在一起，以人心爲仁。這種思想來自中庸和孟子。孟子說：「仁，人心也。」（告子上）「仁也者，人也，合而言之，道也。」（盡心下）中庸說：「仁者，人也，親親爲大。」（第二十章）孟子和中庸對仁的話，牽涉到人的本體，包括整個的人，在當時和後代漢唐兩代的學者，沒有人注意到，宋代理學家則注意這一點，乃從人的本體論仁，以人心的本體就是仁。

在漢以前，講仁的學者，以孔子爲首，在論語裡孔子答弟子問仁的話很多，每一次答覆都不相同，有幾次的答覆說到了修身的總則，「克己復禮爲仁」（顏淵）「夫仁者，己欲立而立人，己欲達而達人；能近取譬，可謂仁之方也矣。」（雍也）「能行五者於天下，可爲仁矣。請問之。曰：恭寬信敏惠，恭則不侮，寬則得衆，信則人任焉，敏則有功，惠則足以使人。」（陽貨）另一思想，則爲「愛人」，在孔子的思想裡，仁代表一切善德，特點則是愛。

孟子常以「仁義」連著，作爲善德的代名詞。「仁，人心也，義，人路也。」（告子上）「雖存乎人者，豈無仁義之心哉。」（告子上）孟子主張人心有仁義禮智四端，仁乃是心之四德之一，稱爲惻隱之心。義爲對自己，仁爲對人；仁，有現代學者所說人與人的關係。

左傳的仁，涵義和孔子孟子所說的仁相同；但左傳襄公九年「元，體之長也。……體仁足以長人。……今我婦人而與於亂，固在下位、而有不仁，不可謂元。」以仁爲元，則和易傳的思想相同了。

國語講仁，多爲政治設施有利於民，意義爲愛；但也有關倫理總則，「仁，所以行也。」

(國語上)「言人必及人。」(國語下)

大學和中庸論仁，常為孔子孟子的思想。「為人君，止於仁。」(大學 第三章)「知、仁、勇三者，天下之達德也。」(中庸 第二十章)

周易的仁，有種特點，以仁為乾，為元。「文言曰：元者，善之長也；亨者，嘉之會也；利者，義之和也；貞者，事之幹也。君子體仁足以長人，嘉會足以合禮，利物足以合義，貞固足以幹事，君子行此四德者，故曰：乾，元亨利貞。」(乾卦)仁，配元，為善之長。元，包括亨利貞；仁，包括義禮智。「天地之大德曰生，聖人之大寶曰位，何以守仁？曰仁。」(繫辭下 第一章)把天地大德之生和聖人之大寶之位相連，生是仁。易傳這兩個觀念，在理學裡有了很大的發展。

荀子和禮記的仁，所有涵義，和孔子孟子講仁的意義相同，「仁者，愛人；義者，循理。」(荀子 議兵篇)「仁，愛也，故親；義，理也，故行。」(荀子 大略篇)「上下相親謂之仁。」(禮記 經解)「仁以愛之」(樂記)「仁者，義之本也，順之體也，得之者尊。」(禮運)「春作夏長，仁也；秋歛冬藏，義也。」(樂記)「天地溫厚之氣，始於東南，此天地之盛德氣也，此天地之仁義也。」(鄉飲酒)

樂記的仁的思想，和漢朝易學者的思想相同，漢易的氣運，以六十四卦配一年的季節月日，以四正卦配四季四方，春配東方，配五行的木，配四德的仁；仁，便是東方，是春，是木，是生。易緯說：「夫萬物出於震，震東方之卦也，陽氣始生，愛形之道也，故東方爲仁。」

2. 仁爲生

漢易學者，以仁爲木，爲春，爲生。宋朝理學家採納了這種思想。

周敦頤說：

「天以陽生萬物，以陰成萬物。生：仁也；成，義也。」（通書　志學第十）

「德：愛曰仁。」（通書　誠下）

張載說：

「仁道有本，近譬諸身，推以及人。及其方也，必欲博施濟衆，擴之天下，施之無窮。」（正蒙　至當第九）

「仁通極其性，故能致養而靜以安。」（同上）

「仁，統天下之善。」(易說上)

程顥說：

「天地之大德曰生，天地絪縕，生之謂性，萬物之生意最可觀，此元者，善之長也，斯所謂仁也。人與天地一物也，而人特自小之何耶？」(二程全書　遺書十一　明道語錄(一))

程頤的思想：

「問仁與心何異？曰：心是所主處，仁就事言。曰：若是，則仁是心之用否？曰：固是。若說仁者，心之用，則不可。心譬如身，四端如四支，四支固是身所用，只可謂心之四支。如四端固具於心，然亦未可便謂之心之用。」(二程全書二　遺書十八　伊川語錄四)

「問仁。曰：此在諸公自思之，將聖賢所言仁處，類聚觀之，體認出來。孟子曰惻隱之心，仁也，後人遂以愛爲仁。惻隱固是愛也。愛自是情，仁自是性，

豈可專以愛爲仁。」（二程全書　遺書十六　伊川語錄四）

謝良佐：

「心者何也？仁是已。仁者何也？活者爲仁，死者不仁。今人身體麻痺，不知痛癢，謂之不仁。桃杏之核，而種而生者，謂之仁，言有生之意，惟此仁可見之。」（宋元學案　上蔡學案　語錄）

張栻說：

「問心有知覺之仁？……曰：元晦前日之言，因有過當，然知覺終不可訓仁。如所謂知者，知此者也，覺者，覺此者也，此言是也。然所謂此者，乃仁也。」（宋元學案　南軒學案）

「問：人者，天地之心，經以禮論，而五峰以論仁者，自其體言之爲禮，自其用言之爲仁。曰：仁其體也，以其有節而不可，故謂之禮。」（同上）

「天命之全體，流行無間，貫乎古今，通乎萬物者也，衆人自昧之，而是理，

何嘗有間斷。……蓋公天下之理，非我之得私，此仁之道所以爲大，而命之理所以爲微。」(同上)

總括以上所引理學家的文據，仁是心之體，心體的意義爲生之理，生之理來自天命，天命生之理流行宇宙，貫乎古今，通乎萬物。生之理在人爲性，性之理爲生。仁不能說是愛，不能說是知覺，而是性的表現於心，心本體活動，乃是仁。

這種總括的思想，便是朱熹的思想。

「生底意思是仁。」(朱子語類　卷六)

「仁是箇生底意思，如四時之有春。繼其長於夏，遂於秋，成於冬，雖各具氣候，然春生之氣皆通貫於其中，仁便有箇動而善之義。」(朱子語類　卷二十)

「仁是箇生底物事，既是生底物，便是生之理。」(朱子語類　卷二十一)

朱熹肯定仁爲生之理，不能稱爲愛或知覺。

「愛非仁，愛之理爲仁。心非仁，心之德爲仁。」(朱子語類　卷二十)

「仁是體，愛是用，又曰愛之理，愛自仁出也；然也不可離了愛去說仁。」（朱子語類 卷二十）

「仁固有知覺，喚知覺做仁，卻不得。」（朱子語類 卷六）

通常人們以愛爲仁，然而愛是情，仁則是理，朱熹乃說仁爲愛之理。張栻主張知覺爲仁，手足麻痺不仁，即是手足沒有知覺；朱熹說手足沒有知覺，是因爲沒有了生命，所以知覺不是仁。

仁，是生之理，理爲人性，心既統性情，仁便在心內。仁和心的關係，仁爲心的體。仁的意義爲生命活動，仁爲心的體，心乃是活的；仁，稱爲心之德。人心來自天心，天地以生物爲心，稱爲天地的大德，天地化生物之心，由天命以一元之春氣，貫通萬物。人得天命之性，得一元春氣，即得天地之心，人心乃仁。

「仁者，天地生物之心。」（朱子語類 卷五十三）

「天地以生物爲心，……亘古亘今，生生不窮，人物則得此生物之心以爲心。」（朱子語類 卷五十三）

「當來得於天者只是箇仁，所以爲心之全體。」（朱子語類 卷六）

「心即仁也，不是心外別有仁。」（朱子語類 卷六十一）

王船山後來也說：

「仁者，心之德，情之性也；愛之理，性之情也。」（讀四書大全說 卷四）

宇宙祇一個生之理，「理一而殊」，人得理之全，物得理之偏。生之理的全部理都在人。人的生命高於萬物，且包涵萬物的生理。人的生之理也就是天地的生之理，生之理爲人心的全體，人心就代表天心。人心的生之理就成爲天地人物的代表，人心的生之理爲仁，仁乃成爲天地人物的代表，天地人物是什麼？是人：「仁者，人也。」，可以說：「仁者，天地萬物也。」張載乃有西銘的「乾稱父，坤稱母。」王陽明乃有「一體之仁」。

3. 仁爲德之基

人心既是仁，人心有仁義禮智四端，孟子便沒有講仁是善德的根基；但是孔子則以仁總攝一切善德，在答覆弟子問仁時，答以各種不同善德爲仁，且以仁貫通自己的思想。周易的易傳則講仁爲德基了。周易以乾有元亨利貞四種特性，易傳乾卦文言以元亨利貞配仁義禮智，周易又以元爲首，如說乾元坤元，元乃涵亨利貞，仁便涵義禮智。漢易以仁義禮智配春夏秋冬，春夏秋冬爲五穀生成的歷程，春爲生，春有生氣，生氣流行於夏秋冬，春便是生之元，生氣繼續在夏季生長，在秋季生果，在冬季生成。仁爲春的生氣，便流行在義禮智以內，仁便包涵義禮智。

王船山講生氣繼續之道說：

「大化之神，不疾而速，不行而至者也。故曰：闔戶謂之乾，闢戶謂之坤，一闔一闢之謂變，往來不窮謂之通，闔有闢，闢有闔，故往不窮來，來不窮往。往不窮來，往乃不窮，川流之所以屢遷而不停也。來不窮往，來乃不窮，百昌之所以可日榮而不匱也。」(周易外傳　卷七)

大化之神，即大化之生理和一元之氣，在宇宙萬物中川流不息，生化無窮，一年四季，繼續不斷。朱熹乃說：

「蓋天地之心，其德有四：曰元亨利貞，而元無不統。其遵行則爲春夏秋冬之序，而春生之氣，無所不通。故人之爲心，其德亦有四：曰仁義禮智，而仁無

不包。其發用焉，則爲愛恭宜別之情，而惻隱之心，無所不貫。」（朱文公文集 卷六十七 仁說）

「元者，生物之始，天地之德，莫先於此，故於時爲春，於人爲仁，而衆善之長也。亨者，生物之通，物至於此，莫不嘉美，故於時爲夏，於人則爲禮，而衆善之會也。利者，生物之遂，物各得其宜，不相防害，故於時爲秋，於人則爲義，而得其分之合。貞者，生物之成也，實理具備，隨時齊足，故於時爲冬，於人則爲智，而爲衆事之幹。」（周易 乾卦 文言注）

「元亨利貞者，乾固有之德，而功即於此遂者也。……天下之有，其始未有也，而從無肇有，興起舒暢之氣，爲其初幾。形未成，化未著，神志先舒以啓運，而健莫不勝，形化皆其所昭徹，統群有而無遺，故又曰大也。成性以後，於人而爲仁，溫和之化，惻悱之幾，清剛之德，萬善之始也，以函育民物，而功亦莫侔其大矣。」（王船山 周易內傳 乾）

仁義禮智象徵也代表儒家的善德。孟子說這四德有天生的端，所以是天生的，天生四德在人心。理學家以天生者應當是性，仁義禮智便應歸於性。朱熹和王陽明以仁義禮智如同元亨利貞，由仁作長，包涵義禮智，乃以仁爲人性之生之理，乃說仁爲生。仁既生之理，顯於人心，成爲心之德，義禮智都由仁而發生。一切善德便以仁爲根；仁爲性之生之理，爲人性的本體；因此一切善德都以人性爲根，善德乃有形而上的根。儒家的倫理道德不是生活的規律和習慣，而是人生活的本體。沒有倫理道德的人不是人，不仁的人，不是人。人修身，乃是發展人的人性；聖人，乃是至誠盡性的人。

4. 仁爲孝之理

儒家的實踐道德，用一字包括，就是孝。

「孝，德之本也，教之所由生也。」(孝經　開宗明義章)

「身也者，父母之遺體也。行父母之遺體，敢不敬乎？居處不莊，非孝也。事君不忠，非孝也。涖官不敬，非孝也。朋友不信，非孝也。戰陳無勇，非孝也。五者不遂，烖及於親，敢不敬乎？」(禮記　祭義)

儒家孝的理由，在於生，兒女的生命，來自父母，父母和子女的生命，連結爲一條生命。

「夫天者，人之始也；父母者，人之本也。人窮則返本。故勞苦倦極，未嘗不呼天也；疾痛慘怛，未嘗不呼父母也。」（史記　屈原　賈生列傳）

「吾聞諸曾子，曾子聞諸夫子曰：天之所生，地之所養，無人爲大。父母全而生之，子全而歸之，可謂孝矣。」（禮記　祭義）

「仁者，人也，親親爲大。」（中庸　第二十章）

儒家的孝，以生命爲理由，孝由仁而發，孝包括一切善德，實際上代表仁。儒家的孝，以生命爲根由，在時間和空間沒有限制，以生命爲範圍。在時間的縱線上，兒女終身該盡孝道，老萊子所以七十娛親。父母若已去世，兒子事死與事生，死，葬之以禮，祭之以禮；祭祖，即是孝。在空間橫線上，兒子一生的事情，都已在孝內，作善事爲孝，作惡事爲不孝。

孟子說：

「世俗所謂不孝者五：惰其四支，不顧父母之養，一不孝也。博弈好酒，不顧父母之養，二不孝也。好貨財，私妻子，不顧父母之養，三不孝也。從耳目之欲，以爲父母戮，四不孝也。好勇鬥狠，以危父母，五不孝也。」（離婁下）

儒家以父母配天地，黃帝祭天時，以父母和祖先陪天受祭。又以子女身體爲父母遺體，司馬遷因受宮刑，自愧損汚了父母的遺體，沒有面目上祖墳祭祖。(報任少卿書)這種思想繼續在儒家傳統中，一直到民國，儒家乃是家庭倫理，「老吾老以及人之老，幼吾幼以及人之幼。」家庭倫理以孝爲中心，孝便成爲「禮之本，教之所由生也。」

由孝到仁，由仁到性，由性到生，人的生命是仁。發揚仁道，是發揚人的生命，生命的發揚乃能盡性。盡性爲生命發揚的最高點，參贊天地的化育，與天地合其德。儒家的哲學，有了一貫之道，有了整體哲學的系統。

附錄

朱熹 仁說（文集 卷六十七）

浙本誤以南軒先生仁說爲先生仁說，而以先生仁說爲序，仁說又註此篇疑是仁說序，姑附此十字，今悉刪正之。

天地以生物爲心者也，而人物之生，又各得夫天地之心以爲心者也。故語心之德，雖其總攝貫通無所不備，然一言以蔽之，則曰仁而已矣。請試詳之：蓋天地之心，其德有四，曰元亨利貞，而元無不統其運行焉，則爲春夏秋冬之序。而春生之氣，無所不通，故人之爲心其德亦有四，曰仁義禮智，而仁無不包，其發用焉，則爲愛恭宜別之情，而惻隱之心無所不貫，故論天地之心者，則曰乾元坤元，則四德之體用不待悉數而足論人心之妙者，則曰仁人心也，則四德之體用亦不待遍舉而該，蓋仁之爲道乃天地生物之心，即物而在情之未發，而此體已具情之既發，而其用不窮，誠能體而存之，則衆善之源，百行之本，莫不在是。此孔門之教所以必使學者汲汲於求仁也，其言有曰克己復禮爲仁，言能克去己私，復乎天理，則此心之體無不在，而此心之用無不行也。又曰，居處恭執事敬與人忠則亦所以存此心也。又曰事親孝，事兄弟及物恕，則亦所以行此心也。又曰求仁得仁，則以讓國而逃，諫伐而餓，為能不失乎此心也。又曰殺身成仁，則以欲甚於生，惡甚於死，為能不害乎此心也，此心何心也，在天地則坱然生物之心，在人則溫然愛人利物之心，包四德而貫四端者也。或曰若子之言，則程子所謂愛情仁性，不可以愛為仁者非歟。曰不然，程子之所訶，以愛之發而名仁者也。吾之所論以愛之理，而名仁者也，蓋所謂情性者雖其分域之不同，然其脈絡之通，各有攸屬者，則曷嘗判然離絕而不相管哉。吾方病夫學者誦程子之言而不求其意，遂至於判然離愛而言仁，故特論此以發明其遺意。而子顧以為異乎程子之說，不亦誤哉。或曰程氏之徒言仁多矣，蓋有謂愛非仁而以萬物與我為一，為仁之體者矣。亦有謂愛非仁而以心有知覺，釋仁之名者矣，今子之言若是，然則彼皆非歟？曰彼謂物我為一者，可以見仁之無不愛矣，而非仁之所以為體之眞也。彼謂心有知覺者，可以見仁之包乎智矣，而非仁之所以得名之實也。觀孔子答子貢博施濟衆之問，與程子所謂覺不可以訓仁者則可見矣。子尚安得復以此而論仁哉，抑泛言同體者，使人含胡昏緩而無警切之功，其弊或至於認物為己者有之矣。專言知覺者，使人張皇迫躁而無沈潛之味，其弊或至於認欲為理者有之矣，一忘一助，二者蓋胥失之而知覺之云者。於聖門所示樂山能守之氣象，尤不相似，子尚安得復以此而論仁哉。因幷記其語作仁說。

張栻（南軒）仁說（文集　卷十八）

人之性，仁義禮智四德具焉。其愛之理則仁也，宜之理則義也，讓之理則禮也，知之理則智也。是四者雖未形見而其理固根於此，則體實具於此矣。性之中只有是四者，萬善皆管乎是焉，而所謂愛之理者，是乃天地生物之心，而其所由生者也，故仁爲四德之長，而又可以兼包焉。惟性之中有是四者，故其發見於情則爲惻隱、羞惡、是非、辭讓之端，而所謂惻隱者，亦未嘗不貫通焉。此性情之所以爲體用，而心之道則主乎性情者也。人惟己私蔽之，以失其性之理而爲不仁甚，至於爲忮爲忍，豈人之情也哉。其陷溺者深矣，是以爲仁莫要乎克己，己私旣克，則廓然大公，而其愛之理素具於性者，無所蔽矣。愛之理無所蔽，則與天地萬物血脈貫通，而其用亦無不周矣。故指愛以名仁則迷其體（程子所謂愛是情仁是性謂此）而愛之理則仁也，指公以爲仁則失其眞。（程子所謂仁道難名惟公近之不可便指公爲仁謂此）而公者人之所以能仁也，夫靜而仁義禮智之體之所存者也，惟仁者爲能恭讓而有節，是禮之所存者也。惟仁者爲能知覺而不昧，是智之所存者也，此可見其兼能而貫通者矣。是以孟子於仁統言之曰仁，人心也，亦猶存易乾坤四德而總言乾元坤元也，然則學者其可不以求仁爲要而爲仁，其可不以克己爲道乎。

下編

儒家實踐生命哲學

第四章　儒家實踐生命哲學的系統及心理境界

一、系　統

儒家生命哲學，先從理論方面說明宇宙、生命、人，人的生命，在實踐上則就講人的實踐生命哲學。理論和實踐是連成一貫的，理論是基礎，實踐是完成。對於理論應知，對於實踐應該行。知和行在先後的程序上，可以成爲問題，但是兩者是不能分的。知沒有行，等於幻想；行沒有知，則是盲目。儒家的哲學在研究上，可以分成理論和實踐，在整體意義上則是互相連貫，而且比較士林哲學的理論和實踐的關係，更要密切。

中國哲學爲研究人生的哲學，目的爲使人好好做人；實踐的工夫，無論儒釋道都非常重視。儒家旣是爲修身治國，便更重視實踐工夫，即是講性理學的宋明儒家，都專心講修身之道，儒家的修身之道，便有系統，有條目，次序井然不亂。

儒家修身之道，散見於論語和孟子兩書中，修身的系統則寫在大學和中庸兩書裡，因而「四書」在儒家的傳統裡，所有價值和地位，和經書平等；在實踐上則是修身的軌範，宋朝朱熹的學術著作，以四書的注釋為最重要。明末清初的王船山雖以易經研究為專長，他的四書訓義和讀四書大全以及稗疏、考異，可以和周易內外傳有同等的重要。

在儒家的傳統裡，講陰陽五行和人性，為理論哲學部份，以易經為依據；講率性正心，為實踐部份，以「四書」依據；兩部份各有自己的系統，互相連貫。

1. 基礎

大學和中庸在開端時，提出了實踐生命哲學的基礎。大學說：「大學之道，在明明德。」，中庸說：「天命之謂性，率性之謂道。」兩書開章講修身之道，「在明明德」，「率性之謂道」所講的道為修身實踐之道，即做人之道。

做人，當然以人性為基礎；以依照人性去做，為基本原則。

人性來自天命，人性本體為明德。

宋明以及清朝的理學者，在理論方面，詳細討論了人性，更詳細地爭論了人性的善惡，在實踐方面，大家都有「率性」的共識，而且都有「人性善」的共識。

人性爲善，因爲來自天命。「天命」按照經書的思想，應該解爲上天的命；理學家則解爲天理，分有天地之理。王船山引朱熹的注釋說：

「命，猶令也。性，即理也。天以陰陽五行化生萬物，氣以成形，而理亦賦焉。率，循也。道，猶路也。人物各循其性之自然，則其日用事物之間，莫不各有當行之路，是則所謂道也。」（朱熹　中庸章句註　第一章）

「是人道者，即天分其一眞無妄之天道以授之，而成乎所生之性者也，天命之謂性也。」（王船山四書訓義　中庸第一章）

王船山保持中庸的筆法，仍說「天」，不加解釋，「天以陰陽五行化生萬物」，「天分其一眞無妄之天道」；「天」，可以解釋爲「上天上帝」，可以解釋爲「天然」「自然」。然整個詞句含有「意志」的意義，即「天自主」「天意」，爲有意志的天。

天以「一眞無妄之道」授予人，成爲人的人性，人性應該是善的，否則不能作爲人生活的規律，大學因此稱人性爲明德。朱熹說：

「明德者，人之所得乎天，而虛靈不昧，以具衆理而應萬事者也。但爲氣稟所拘，人欲所蔽，則有時而昏，然其本體之明，則有未嘗息者。故學者，當因其所發而遂明之，以復其初也。」（大學章句 第一章）

人性爲善，稱爲「德」。人性天然顯明，人自己天然見到自己人性，這種知識爲孟子所說不學而知的良知。

對於「明德」，可以用孟子的話來解釋，孟子主張性善，性善由心而顯，人心生來具有仁義禮智之端。

「惻隱之心，人皆有之；羞惡之心，人皆有之；恭敬之心，人皆有之；是非之心，人皆有之。惻隱之心，仁也；羞惡之心，義也；恭敬之心，禮也；是非之心，智也。仁義禮智，非由外鑠我也，我固有之也。」（告子上）

「由是觀之，無惻隱之心，非人也；無羞惡之心，非人也；無辭讓之心，非人也；無是非之心，非人也。惻隱之心，仁之端也；羞惡之心，義之端也；辭讓之心，禮之端也；是非之心，智之端也。人之有是四端也，猶其有四體也。」（公孫丑上）

宋明理學家以性爲理，朱子說心具衆理；孟子以心爲德，心具仁義禮智四德之端。大學說「大學之道，在明明德」，以心爲德，合符孟子的思想，爲實踐生命哲學的基礎。心爲德，善德爲人性的本質，培養善德，即是發揚人性。人的生命，乃是善德的生命，實踐生命哲學，便是培養善德的生活，因此儒家哲學以修身爲主。

2. 步驟

實踐生命哲學，爲生命實際的發展，在生活中去實行。生活的實行，不是一時的事，更不是一時就可成全的事，乃是人一生的事，既是長時間去實行，實行便應有次序，一步一步往前走，一梯一梯向上升。大學乃說：「物有本末，事有終始，知所先後，則近道矣。」（第一章）大學也就說明了實踐生命的步驟。

「大學之道，在明明德，在親民，在止於至善。」

「知止而后有定，定而后能靜，靜而后能安，安而后能慮，慮而后能得。」

「古之欲明明德於天下者，先治其國；欲治其國者，先齊其家；欲齊其家者，先修其身；欲修其身者，先正其心；欲正其心者，先誠其意；欲誠其意者，先

致其知，致知在格物。」（第一章）

大學所講的實踐生命哲學，由三方面去講。第一由目的方面去講，實踐生命的目的，目的有步驟，第一步目的在明明德以修身；第二步目的爲修身以親民，親民有兩步，即齊家和治國；第三步目的是止於至善以平天下。這三個目的，儒家傳統更是具體舉出人格的標準，第一步爲士，第二步爲君子，第三步爲聖人仁人。第二方面，由修身工作去講，第一步爲格物致知；第二步爲誠意；第三步爲正心。第三方面，由工作的心理境界去講，第一步爲定；第二步爲靜；第三步爲安；第四步爲慮；第五步爲德。中庸書裡也標出了心理境界的步驟，第一步盡自己個性；第二步盡人性；第三步盡物性；第四步贊天地的化育。

「唯天下至誠，爲能盡其性；能盡其性，則能盡人之性；能盡人之性，則能盡物之性；能盡物之性，則可以贊天地之化育；可以贊天地之化育，則可以與天地參矣。」（中庸 第二十二章）

這三方面的步驟，互相連貫。目的的步驟爲工作的標準，人在修身以前，就要知道自己的目的，這是所謂「知止而后有定。」爲自己的工作，準備自己的心理。爲能工作，先要使心定下來，心定下來了才能除去雜念，才能不亂而靜。心平靜了，心乃安了，安了以後才能考慮定斷，然後可以有工作的成效。在這一方面，宋明理學家有主敬主靜。

心理方面準備好了，就開始工作，第一格物致知，因爲修身要按人性天理，首先便該知道人性天理。在這一方面有朱熹和陸象山的爭執，爭執是在方法和途徑，怎樣可以知道天理；知道天理爲修身的第一步工作，則是大家的共識。知道了天理，便按照天理去生活。人的生活爲心的活動，心動爲意，心動要合于天理，天理爲人性，人性在人心，心動爲意便該合於內心的天理，因此說「誠意」，即意和內心的天理相符合。心動能符合內心的天理，必須心不被慾情所蔽，所以說「心正」。王船山說：

「夫自身而心，而意，而知，以極乎物，莫不極致其功，而知格物之爲大始，而詳於求格者，知至善之必於此而備也，於是而格之功已深，則物可得而格矣。物之既格，吾之所以處夫萬物者，皆一因於理，而如是則善，不如是則不善，知無不至矣。知之既至，吾之所以擇夫善惡者，皆明辨其幾，而無疑於善，無疑於不善，意無不誠矣。意之既誠，吾之動乎幾微者皆一如其志而純一於善，不搖於不善，心無不正矣。心之既正，吾之所以發爲言動者，皆根心以行，而爲之有本，持之有主，身無不修矣。夫自格物以至於修身，內外交盡而初終一致，非明德之至善者乎？而必有其始，乃有其終，其先後不可誣矣。」

（四書訓義 卷一 大學第一章訓義）

修身爲發揚人的生命，人的生命爲心靈的生命，心靈生命的極點，爲贊天地的化育，與天地合其德，以利天下人物。

把步驟簡單地作成一圖表如下：

步驟
- 目的：明明德；士—親民；君子
  - 齊家；
  - 治國
  - 聖人—平天下贊天地化育
- 心理境界：定—靜—安—慮—得
  - 目的、
  - 心理境界
  - 工作。
    - 知
      - 方法
        - 博學
        - 審問
        - 慎思
        - 明辨
      - 內容
        - 知己
        - 知人
        - 知天
    - 持敬
      - 內敬、外敬
      - 養心
      - 建立人格
- 工作：正心—誠意—致知、格物

按照這個圖表，我將加以解釋。雖然這些觀念已經是大家知道清楚的觀念，並是在實踐的步驟上所有的意義，則歷代儒家學者的意見，並不相同，實踐的細節目更相當複雜了。

3. 必要條件

儒家傳統自孔子開始，爲實踐人生的哲學，有一個必要的條件，爲「學」。「學」在儒家傳統含有知和行兩方面，論語開端就說：

「學而時習之，不亦樂乎！」（學而）

所謂習，不是溫習，而是實習，實際上按照所聽老師所講的，時時刻刻去做，這才是求學的樂趣。

孔子自己說：

「吾十有五而志於學。」（爲政）

「子曰：君子食無求飽，居無求安，敏於事而愼於言，就有道而正焉，可謂好學也已。」（學而）

孔子對於門生，就肯定顏回一個人爲好學，「有顏回者好學，不遷怒，不貳過，不幸短命死矣！今也則亡，未聞好學者矣。」（雍也）「子曰：回也，其心三月不違仁，其餘則日月至焉而已矣。」（雍也）

好學，在於力行。中庸說：「博學之，審問之，愼思之，明辨之，篤行之。」（第二十章）學要博，行要篤。中庸又說：「故君子尊德性而道問學。」（第二十七章）這句話的「尊德性」和「道問學」，成了後代儒家的標語，也成了兩個學派的特點，陸象山主「尊德性」，朱熹主「道問學」。實際上這兩點不能分開，必要同時並行，有問學而有德性。孔子說：「篤信好學，守死善道。」（顏淵）子張也說：「執德不弘，信道不篤，焉能爲有，焉能爲亡。」（子張）子夏又說：「博學而篤志，切問而近思，仁在其中矣。」（子張）可見孔子和門人，都以好學爲求知和篤行，知和行要一致。

在宋朝朱熹和學者講學時，發生了知行先後的問題。普通大家說先知而後行，人爲有理性的動物，有理性的特點，在於作一事，先必知道這件事，但這一點，是普通一般人的情況，對於求學修身的人，情況就不一樣了。例如孫中山倡知難行易，以行在知以先，因爲專門的知識，常須特別研究才能有知。對於革命，先知道革命是作什麼事，先知道革命是緊要的事，便馬上去做，然後再研究革命的內容，研究革命的學理。朱熹當時和湖湘學派張南軒論學，張南軒主張先察識後涵養，察識指精察吾心，有同於佛教的明心見性。

「元晦謂略於省察，向來某與渠書，亦嘗論此矣。後便錄呈，如三省四勿，皆持養省察之功兼焉。太要持養，是本省察所以成其持養之功者也。」（與曾夫撫幹書　南軒先生文集　卷二十八）

「若不令省察苗裔，便令培壅根本，夫苗裔之萌且未能知，而遽將孰爲根本而培壅哉！此亦何異目坐禪，未見良心之發，便敢自謂我已見性者。」（答吳晦叔　同上　卷二十九）

張南軒注意省察，省察即是察識。朱熹認爲近於佛教的明心見性，張南軒認爲「見性」，先要對自己的心性有所察識，否則便是佛教所說佛性自然明顯，所以他批評朱熹「元晦略於省察」。

朱熹壯年時，從佛教法師宗杲學禪，又和宗杲的徒弟道謙交遊問道，後來又師事靜坐的李侗，對於禪學有過一番熱情，後來他轉變了生活的意向，歸向了二程的理學，對於禪學乃「心以爲危」，極力反對陸象山的學說，也不讚成張南軒的先察識，後修養。他主張知和行並時並進。

「問尊德性而道問學，行意在先，擇善而固執，知意又在先，如何？曰：此便是互相爲用處。大哉聖人之道，洋洋乎發育萬物，峻極于天，是書道之大體處。禮儀三百，威儀三千，是言道之細處。只首章便分兩節來，故下文五句又相因尊德性至敦厚。此上一截便是渾淪處；道問學至崇禮，此下一截便是詳細處。……若有上面一截而無下面一截，只管道是我，渾淪更不務致知，如此則茫然無覺。若有下面一截而無上面一截，只管要纖悉皆知，更不去行，如此則又空無所寄。」(朱子語類 卷六十四)

朱熹晚年實踐「守敬」，戒愼恐懼以防閑心動情發，作爲愼獨。他說明愼獨是察於將然，以審情動的幾(端)，是知，又是行。

陸象山以心與理爲一，心統貫知的主體和客體。知的主體是人心，知的客體也是人心。王陽明以人心爲良知，良知包括知與行，良知沒有行，便不是良知。知行合一，不能分離。

陸象山和王陽明所講的知，爲人心對行爲的是非之天然之知，人不學而能知，如孟子所說的良知；但是中庸所說的「道問學」，不是這種良知，因爲中庸用了道、問、學三個字，爲求知人生之道，要緊從學去問，這就是中庸第二十章所說：「博學之，審問之。」既然要審問，便不是天然而知的良知了。知行合一，在本體上說只是人心知是非的良知，良知不行，便是良知不顯。王陽明所以講致良知，把良知致用到行為上，良知的知才能成全。

修身的知，不僅祗是良知，而是人性的天理。天理不只是指示是非，還昭示人進德，以尊德性。為知天理，要緊研究，以窮理盡性，中庸所以說：「人一能之，己百之；人十能之，己千之。果能此道矣，雖愚必明，雖柔必強。」（第二十章）這種知，在理論方面說，是先於行的；在實際上，要見諸實行，才能稱為確實的眞知。

中庸又說：「或生而知之，或學而知之，或困而知之，及其知之，一也。或安而行之，或利而行之，或勉強而行之，及其成功，一也。」（第二十章）儒家普通認為聖人為「生而知之」和「安而行之」；賢人君子為「學而知之」，「利而行之」；一般人則「困而知之」，和「勉強而行之」。孔子自己認為自己「學而不厭」，「發憤忘食」，並不自認是「生而知之」或「安而行之」。他一生好學，「十室之邑，必有忠信如丘者，不如丘之好學也。」（公冶長）

孔子好學，為「學而知之」，「利而行之」，因此他能夠「吾十有五而志於學，三十而立，四十而不惑，五十而知天命，六十而耳順，七十而從心所欲，不踰矩。」（為政）

孟子雖主張人心有仁義禮智的四端，卻極力主張養心養氣，以養心以培育仁義禮智四德，養氣使心不動。養心須克欲，養氣後集義，克慾集義都先要有知，知而行，乃能有成。

二、心理境界

實踐人生哲學，儒家稱爲修身，修身須要有知有行，爲能知又能行，心理上應有準備。大學一書開端說了大學之道三句話。馬上接到就說：「知止而后有定，定而后能靜，靜而后能安，安而后能慮，慮而后能得。」這幾句話，說明了爲實踐大學之道，應有的心理準備。王船山曾解釋說：

「今且使學者知明德新民之必乎止至善，而後可謂之明，可謂之新。則所以內治其爲學之志者，必無所旁分於一曲之理，異耑之教，而志向定於明新之大者矣，則知止而后有定也。夫既定矣，則當未有事之時，堅守吾道而不旁分，即當有所感之際，外誘相嘗而自不妄動，則定而后能靜也。夫既靜矣，則事物不足動我之情志，而一於善之至，即或事物之授我以危疑，而自守其至善之止，靜而后能安也。……苟能安矣，無所處而不知至善之不可離，則心志澄而條理出，不能慮乎？……苟能慮矣，擇乎善而得其必至之理於己，則至道備而至德凝，然後可以得其所止矣。」（四書訓義　卷一　大學第一章訓義）

這一段話都是理論方面的話，實際上很難分別定，靜，安，三種境界，在心理上可以用一個靜字來代表。宋明理學家也就在靜字上下工夫，使心靜定下來。另一方面，大學的明明德的明字，指示洗淨人心的慾情，即孟子所說：「養心莫善於寡慾。」因此，儒家實踐生命哲學的心理境界有兩個層面：一個層面是求靜；一個層面是克慾。

1. 已發未發之中

求靜，在宋代以前的儒家，沒有談這個問題，宋代的理學家則大談這個問題，這一點乃是受了佛教禪靜的影響。道家本來早就求靜，老子莊子都講無爲無欲；然而老莊的無爲無欲而靜，是在外面的行爲上求靜；佛家的求靜則是無思無想，使心成空。宋明理學家求靜傾於佛家的空心，使心不動，因此，宋明理學家求靜的第一個問題，乃是未發和已發的問題。

中庸第一章說：「喜怒哀樂之未發謂之中，發而皆中節謂之和。中也者，天下之大本也；和也者，天下之達道也。致中和，天地位焉，萬物育焉。」

中爲天下之大本，中的意義就大了。中和本，連在一起，中便是本。本是根本，根本是本體。人的本體爲人性，人性本體乃是中。中，是喜怒哀樂之未發，未發是未動，未動是靜，人性本體便是靜。

二程的程顥，教人存心，使天理流露，不用鍛鍊功夫，傾向於靜。他的門生，謝良佐、呂大臨、楊時，跟隨他的傾向於靜的風格，造成了「人性中靜」的思想，以靜坐爲求靜的修養工夫。

呂大臨曾和程頤討論「中」，他以中爲性，以赤子之心爲中，爲未發以前之心。

「赤子之心，良心也，人之所以降衷，人之所受天地之中也，寂然不動，虛明純一，與天地相似，與神明爲一。傳曰：喜怒哀樂之未發謂之中，其謂此歟。」（宋元學案　呂范諸儒學案　頁五十五）

程頤說明「中」不指性的本體，是指心之境狀，動靜是用，不是體。赤子之心可以說是「和」不是中。

「先生曰：中即性也，此語極未安。中也者，所以狀性之體段，如稱天圓地方，謂方圓即天地可乎？……中也者，性之德，卻爲近之。」（與呂大臨論中書　二程全書　伊川文集五）

中爲性之德，程顥曾有這種思想：

「中者，天下之大本也。天地之間，亭亭當當，直上直下之正理，出則不是。唯敬而無失，最盡。」（二程全書 卷十二 明道先生語一）

張南軒也有這種思想：

「中字之説甚密，但在中之義作中外之中未安，詳蘇季明再問伊川答之語，自可見。蓋喜怒哀樂未發，此時蓋在乎中也。只如是涵養，才於此要尋中，便不是了。只説作在裡面底道理，然後已發之後，中何嘗不在裡面乎？幸更詳之。又中庸之云，中是以形道也，喜怒哀樂未發之謂中，是以中狀性之體段也。然而性之體段，不偏不依，亭亭當當者，是因道之所存也。道之流行，即事即物，無不有恰好底。道是性的體段，亦無適而不具焉。如此看，尤見體用分明，不識如何？」（答朱元晦祕書 南軒大集 卷二十）

王船山看這個問題，不從已發和未發，即是不從動靜觀點，而是從「中」的意義去看，中是不偏不依，不過不及，適合時地恰得其當。這是人性之德，來自天理。

「夫道何自出乎？皆出於人之性也。性何自受乎？則受之於天也。天以其一眞無妄之理爲陰陽，爲五行而化生萬物者曰天道。陰陽五行之氣化生萬物，其秀而最靈者爲人，形既成而理固在其中。……是故君子之體道也，有所不覩者焉，形未著也，而性中之藏，天下之形悉在焉。若此於此而致其戒愼，所炯然內見者，萬善之成象具在，不使有不善之形無故而妄爲發見也。……夫性當未有情之時，則性獨著其當然之則，性當既有性之後，則性又因情以顯其自然之能。故自其成德而言之，渾然一善而不依於一端以見善者，中也。衆善具美，而交相融以咸宜者，和也。……蓋有所偏者，情也；而無所倚者，性也。寂然無感，而可以喜，可以怒，可以哀，可以樂，可以未有其事，而具當喜，當怒，當哀，當樂之理，可以未有其念，而存無過於喜怒哀樂，無不及於喜怒哀樂之則，是則所謂中者，即此而存焉者也，可相渾於一善而已矣。」（四書訓義卷二　中庸第一章訓義）

王船山以「中」爲人性的本體，是理，爲情動的「則」，事事得其宜，不偏不倚，不過與不及。這是從理論方面說，人性來自天的「一眞無妄之理」，人性爲中。

朱熹曾從實踐方面去研究這個問題，很費了一番苦心，前後曾修改一次，有「未發已發舊說」和「未發已發新說」。舊說以未發爲性，已發爲心，性寂然無動，心爲動。新說則以未發已發都是心，未發爲心，已發爲情，情爲心之動：

> 「中庸未發已發之義，前此認得此心流行之體，又因程子「凡言心者皆指已發」之云，遂自心爲已發，而以性爲未發之中，自以爲安矣。此觀程子文集、遺書，見其所論多不符合。因再思之，乃知前日之說，雖於心性之實未始有差，而未發已發命名未當，且於日用之際欠缺本領一段工夫，蓋所失者不但文義之間而已。因條其語，而附以己見，告於朋友，願相與講焉。恐或未然，當有以正之。
>
> 文集云：中即道也。又曰：道無不中，故以中形道。中即性也，此語極未安。
>
> 又云：中也者所以狀性之體段，如天圓地方。
>
> 又云：中之爲義自過不及而立名。若只以中爲性，則中與性不合。
>
> 又云：性道不可合一而言。中止可言體，而不可與性同德。

又云：中者性之德，此爲近之。又云：不若謂之性中。

又云：喜怒哀樂之未發謂之中。赤子之心發而未遠乎中。若便謂之中，是不識大本也。

又云：赤子之心可以謂之和，不可謂之中。

遺書云：只喜怒哀樂不發便是中。

又云：既思，便是已發，喜怒哀樂一般。

又云：當中之時耳無聞，目無見，然見聞之理在始得。

又云：未發之前謂之靜則可，靜中須有物始得。這裏最是難處。能敬，則自知此矣。

又云：敬而無失，便是喜怒哀樂未發謂之中也。敬不可謂之中，但敬而無失，即所以中也。

又云：中者天下之大本，天地間亭亭當當直上直下之正理。出則不是，惟敬而無失最盡。（案，此條爲明道語，非伊川語。）

又云：存養於未發之前則可，求中於未發之前則不可。

又云：未發更怎生求？只平日涵養便是。涵養久，則喜怒哀樂發而中節。

又云：善觀者卻於已發之際觀之。

右：據此諸説，皆以思慮未萌、事物未至之時，爲喜怒哀樂之未發。當此之時，即是心體流行，寂然不動之處，而天命之性體段具焉。以其無過不及，不偏不倚，故謂之中。然已是就心體流行處見，故直謂之性則不可。呂博士論此，大概得之。特以中即是性，赤子之心即是未發，則大失之。故程子正之。(原注：解中亦有求中之意，蓋答書時，未暇辨耳)。蓋赤子之心動靜無常，非寂然不動之謂，故不可謂之中。然無營欲智巧之思，故爲未遠乎中耳。未發之中，本體自然不須窮索。但當此之時，敬以持之，使此氣象常存而不失，則自此而發者，其必中節矣。此日用之際本領工夫。其曰：『卻於已發之處（際）觀之』者，所以察其端倪之動，而致擴充之功也。一不中，則非性之本然，而心之道或幾於息矣。故程子於此，每以敬而無失爲言。又曰：『入道莫如敬，未有致知而不在敬者。』又曰：『涵養須用敬，進學則在致知。』以事言之，則有動有靜，以心言之，則周流貫徹，其工夫初無間斷也。但以靜爲本爾。(原注：周子所謂主靜者，亦是此意。但言靜則偏，故程子又說敬)。向來講論思索，直以心爲已發，而所謂致知格物亦以察識端倪爲初下手處，以故缺卻平日涵養一段工夫。其日用意趣常偏於動，無復深潛純一之味，而其發之言語事爲之間，亦常躁迫浮露，無古聖賢氣象，由所見之偏而然爾。程子所謂『凡言心可默識。故程子之答蘇季明，反復論辯，極於詳密，而卒之不過以敬爲言。又曰：『敬而無失，即所以中』。又曰：『入道莫如敬，未有致知而不在敬者』。又曰：『涵養須用敬，進學則在致知』。蓋爲此也。向來講論思索，直以心爲已發，而日用工夫亦止於察識端倪爲最初下手處，以故闕卻平日涵養一段工夫，使人胸中擾了，無深潛純一之味，而其發之言語事爲之間，亦常急迫浮露，無復雍容深厚之風，蓋所見一差，其害乃至於此。不可以不審也。程子所謂『凡言心者皆指已發而言』，此乃指赤子之心而言。而謂『凡言心者』，則其爲說之誤，故又自以爲『未當』，而復正之。固不可徒執已改之言，而盡疑諸說之誤，又不可遂以爲『未當』，而不究其所指之殊也。不審諸君子以爲如何？」（文集 卷六十四 與湖南諸公第一書）

又有答張欽夫書：

「諸說例蒙印可，而未發之旨又其樞要。既無異論，何慰如之！然比觀舊說，卻覺無甚綱領。因復體察，見得此理須以心爲主而論之，則性情之德，中和之妙，皆有條而不紊矣。然人之一身，知覺運用，莫非心之所爲，則心者固所以主於身，而無動靜語默之間者也。然方其靜也，事物未至，思慮未萌，而一性渾然，道義全具，其所謂中，是乃心之所以爲體，而寂然不動者也。及其動也，事物交至，思慮萌焉，則七情迭用，各有攸主，其所謂和，是乃心之所以爲用，感而遂通者也。然性之靜也，而不能不動，情之動也，而必有節焉，是則心之所以寂然感通，周流貫徹，而體用未始相離者也。然人有是心，而或不仁，則無以著此心之妙。人雖欲仁，而或不敬，則無以致求仁之功。蓋心主乎一身，而無動靜語默之間，是以君子之於敬，亦無動靜語默而不用其力焉。未發之前是敬也，固已立乎存養之實，已發之際是敬也，又常行於省察之間。方其存也，思慮未萌，而知覺不昧，是則靜中之動，復之所以見天地之心也。及其察也，事物紛糾，而品節不差，是則動中之靜，艮之所以不獲其身，不見其人也。有以主乎靜中之動，是以寂而未嘗不感。有以察乎動中之靜，是以感而未嘗不寂。寂而常感，感而常寂，此心之所以周流貫徹，而無一息之不仁也。然則君子之所以致中和，而天地位，萬物育者，在此而已。蓋主於身而無動靜語默之間者，心也。仁則心之道，而敬則心之貞也。此徹上徹下之道，聖學之本統。明乎此，則性情之德，中和之妙，可一言而盡矣。

熹向來之說，固未及此。而來喻曲折，雖多所發明，然於提綱振領處，似亦有未盡。又如所謂『學者須先察識端倪之發，然後可知存養之功』，則熹於此不能無疑。蓋發處固當察識，但人自有未發時，此處便合存養。豈可必待發而後察，察而後存耶？且從初不曾存養，便欲隨事察識，竊恐浩浩茫茫，無下手處。而毫厘之差，千里之謬，將有不可勝言者。此程子所以每言『孟子才高，學之無可依據，人須是學顏子之學，則入聖人爲近，有用力處』。其微意亦可見矣。且如灑掃應對進退，此存養之事也。不知學者將先於此，而後察之耶？抑將先察識，而後存養也？以此觀之，則用力之先後，判然可觀矣。來教又謂『動中涵養，所謂復見天地之心』，亦所未喻。熹前以復爲靜中之動者。蓋觀卦象，便自可見，而伊川先生之意，亦似如此。來教又謂『言靜則溺於虛無』，此所當深慮。」（文集 卷三十二 答張欽夫十八書之第十八書）

朱熹從實踐方面看已發和未發，不把未發看作性之理，爲不偏不倚之中，而看作心之靜，然靜中有動。對實踐工夫來說，不是先去識察情未發又將發之機，或先識察端倪之發，後行存養之功，而是「未接物時，便有敬以主乎其中，則事至物來，善端昭著，而所以察此者益精明耳。」（同上 答張欽夫第八書）

程伊川答蘇季明的問題時，已曾說明這種思想：

「蘇季明問中之道與喜怒哀樂未發謂之中，同否？曰：非也！喜怒哀樂未發是言在中之義，只一個中字，但用不中。或曰：喜怒未發之前求中可否？曰：不可。既思於喜怒哀樂未發之前求之，又卻是思也，既思，即是已發，纔發便謂之和，不可謂之中也。……

又問學者於喜怒哀樂發時，固當勉強裁抑，於未發之前，當如何用功？曰：於喜怒哀樂未發之時更怎生求？只平日涵養便是，涵養久，則喜怒哀樂發自中節。

或說有未發之中，有既發之中。曰：非也！既發時，便是和矣，發而中節，因是得中，只為將中和來分說，便是和也。」（二程全書卷十九 伊川語錄第四）

「季明問先生說喜怒哀樂之未發謂之中，是在中之義，不識何意？曰：只喜怒哀樂不發便是中也，曰：中，莫無形體，只是箇言道之題目否？曰非也，中有甚形體？然既謂之中，也須有箇形象。

賢且說靜時如何？曰：謂之無物則不可，然自有知覺處。曰：既有知覺，卻是動也，怎生言靜。人說復見其天地之心，皆以謂至靜能見天地之心，非也！復之卦下面一畫便是動也，安得謂之靜，自古儒者皆言靜見天地之心，唯其言動見天地之心。

或曰：莫是於動上求靜否？曰：固是，然最難，釋氏多言定，聖人便言止，且如物之好，須道是好，物之惡，須道是惡，物自好惡，關我這裡甚事。若說我只是定，便無所爲；然物之好惡自在裡，故聖人只言止，……易之艮言止之義，曰艮其止，止其所也，隨其所止而止之。……

或曰：先生於喜怒哀樂未發之前下動字下靜字？曰：謂之靜則可，然靜中須有物始得。這裡便是難處。學者莫若先理會得敬。能敬則自知此矣。或曰：敬何以用功？曰：莫若主一。」(同上)

朱熹採納程伊川的思想，以未發爲心之靜。心靜則寂然光明，「一性渾然，道義全具。」但他不主張以守靜不動去維持這種心境，卻主張守敬，即伊川所說「守敬無失」，「平日涵養」。這種涵養已經是實踐工夫。

2. 愼　獨

所謂平日涵養，究竟是什麼實踐工夫？

大學說：

「所謂誠其意者，毋自欺也，如惡惡臭，如好好色，此自謂自慊，故君子愼其獨也。」（第三章）

中庸說：

「道也者，不可須臾離也，可離非道也，故君子戒懼其所不睹，恐懼其所不聞，莫見乎隱，莫顯乎微；是故君子愼其獨也。」（第一章）

「愼獨」便是「平日涵養」工夫。

理學家對於「未發」的意義，在共識上認爲是「靜」，「靜」對於實踐的意義，是「預防」。「預防」不是專門預防情動時不中節，因爲專門想去預防，已經是思了，思是已經動了。因此「預防」情動不中節，不是在「未發」時去想，也不是去識察「未發」的氣象，而是平日涵養，養成一種警覺，使情動時自然中節。這種平日涵養便是愼獨。

「愼獨」，不祇是一個人單獨在一處，而是自己心裡所想的，別人都不知道，這個境遇也稱爲獨。愼，則是謹愼，自己對獨自一個人所作的或所想的，要看作是在大衆跟前作或想，好像有一個眼睛在看，或十個耳朵在聽。「愼獨」，乃是平日涵養，時刻留心，養成警覺的心境。這種心境，是平定安靜的心境，但不是寂靜的心境。中庸所以道不可須臾離，「愼獨」便是使人常意識到做人之道，也使人見到做人之道。因此，「愼獨」可以使人「明心見性」，有「未發」的情狀，但不用「面壁靜坐」去成得。

「獨者，人所不知，而己所獨知之地也，言欲自修者，知爲善以去其惡，則當實用其力，而禁止其自欺，使其惡惡則如惡惡臭，好善則如好好色，皆務決去而求必得之，以快足於己，不可徒茍且以徇外而爲人也。然其實與不實，蓋有他人所不及知而己獨知之者，故必謹之於此，以審其幾焉。」（船山全書　第七冊　四書訓義上　頁六十四）

「子在川上曰：逝者如斯夫！不舍晝夜。自漢以來儒者皆不識此義。此見聖人之心，純亦不已也。詩曰維天之命，於穆不已。蓋曰天之所以爲天也，於乎不顯，文王之德之純，蓋曰文王之所以爲文也，純亦不已，此乃天德也。有天德便可語王道。其要只在愼獨。」（二程全書　卷十五　明道語四）

「孔子言仁，只說出門如見大賓，使民如承大祭。看其氣象，便是心廣體胖，動容週旋，中禮自然。惟愼獨便是守之法。聖人修己以敬，以安百姓，篤恭而天下平。惟上下一於恭敬，則天地自位，萬物自育，氣無不合。」(二程全書卷六 二先生語六)

「問：中庸工夫只在戒謹恐懼與愼獨，但二者工夫，其頭腦頭又在道不可離處，若能識得全體大用皆具於心，則二者工夫不待勉強，自然進進不已矣。曰：便是有箇頭腦，如天命之謂性，率性之謂道，修道之謂教。古人因甚冠之意首，蓋頭腦如此。若識得此理，則便是勉強，亦有箇著落矣。」(朱子語類 卷七十二)

「戒謹恐懼是未發，然只做未發也不得，便是所以養其未發，只是聳然提起在這裡，這個未發底便常在何曾發，或問恐懼是已思否？曰：思又別，思是思索了，戒謹恐懼正是防閑其未發。或是卻是持敬否？曰：亦是。伊川曰：敬不是中，只敬而無失，即所以中，敬而無失，便是常敬，這中底便常在。」(同上)

「戒謹恐懼乎其所不睹不聞，是從見聞處，戒謹恐懼到那不睹不聞處；這不睹不聞處是功夫盡頭，所以謹獨，則是專指獨處而言。如莫見乎隱，莫顯乎微，是謹獨緊切處。」(同上)

「戒愼一節當分爲兩段，戒愼不睹恐懼不聞，如言聽於無聲視於無形，是防之於未然，以全其體，謹獨是察於將然，以審其幾(端)。」(同上)

「問謹獨莫只是十目所視，十手所指處也與那闇室不欺時一般否，先生是之。又云這獨也不是恁地獨時，如與衆人對坐，自心中發一念或正或不正，此亦是獨處。」(同上)

「所謂誠其意者，表裡內外，徹底皆如此，無纖毫絲髮，苟且爲人之弊。如飢之必欲食，渴之必欲飲，皆自以求飽足於己，非爲他人而食飲也。又如一盆水，徹底皆清瑩，無一毫砂石之雜，如此，則其好善也必誠好之，惡惡也必誠惡之，而無一毫強勉自欺之雜，所以說自慊，但自滿足而已，豈有待於外哉。是故君子愼其獨，非特顯明之處是如此，雖至微至隱，人所不知之地，亦常謹之，小處如此，大處亦如此，顯明處如此，隱微處亦如此，此表裡內外精粗隱顯，無不謹之，方謂之誠其意。……」(朱子語類　卷十六)

「看誠意章有三節，兩必愼其獨，一必誠其意，十目所視，十手所指，言小人閒居爲不善，其不善形於外者，不可揜如此。德潤身，心廣體胖，言君子謹獨之至其善之形於外者，證驗如此。」(同上)

上面所引的朱熹的話，是爲解釋大學的誠意和大學的「道不可須臾離也。」話中的意思，在於誠於人心的理。人心若靜，心的理便顯明，在動時，保持這種天理顯明的情況，這就是

「誠意」；後來王陽明稱爲「致良知」，王陽明是從動上去說，若從心理情況去說，則是誠；誠，所以說是愼獨。

3. 誠

誠，在儒家的思想裡，佔有重要地位，而且還有幾分神祕性。現代解釋「誠」的學人，有的說「誠」相當於太極，相當於老子的道，爲宇宙的原始，爲絕對的實體，似乎把「誠」神而化之，好似把易經的「易」也神而化之，作爲宇宙的原始。吳康解說周濂溪太極圖和通書的誠，「濂溪之釋誠，爲出於乾元，純粹至善，無爲而爲善惡之幾，發微而不可見。充固而不可窮，性命之源，五常百行之本；則誠即大傳之易，而爲宇宙萬有之本之「純粹活動」(actus purus) 也。此純粹活動之本質，有下列名義：宇宙之本源……」（宋明理學 第一章）唐君毅在中國哲學原論說易傳的太極，由通書的誠去解釋：「今本此意以釋圖說，誠既相當於太極，則太極之本，只當以無說之，而且說之以無極，此正猶通書之以無思無爲，寂然不動，說極也。而太極之用，則首先於動有，正如誠之動之爲有。…唯以通書之誠，原出中庸，原爲一道德性之大道與人道人德，涵具眞實存在及至善之義者，則吾人今以誠之義，規定太極之義，便可確立太極爲一涵具眞實存在之性質及至善之性質者。」（第一冊 第十章 原

太極上)

但是，誠既出於中庸，我們要依照中庸的原意去解釋。孔子曾是「不語：怪、力、亂、神。」(述而)有子曾經說：「信近於義，言可復也。」(學而)信是信實，誠是誠實。誠和信，意義相通。信，爲五常之一：仁義禮智信，儒家常以仁義禮智爲四德，信則是一個基本必要的條件，仁義禮智四德的每一德都該有信，好像五行金木水火土的土。因此誠，從廣義說，乃是善德的必要條件，也就是善德的心理情況，每一種善德都符合心的理，心乃安定不亂。

朱熹注釋大學的誠意，以誠爲實，和虛僞相對。

「問自慊。曰：人之爲善，須是十分眞實爲善，方是自慊。若有六七分爲善，又有兩三分爲惡的意思在裏面相牽，便不是自慊，須是如惡惡臭好好色，方是。」(朱子語類 卷十六)

「問誠於中形於外，是實有惡於中，便形見於外，然誠者，眞實無妄，安得有惡，有惡不幾於妄乎？曰：此便是惡底眞實無妄，善便是虛了。誠，只是實，而善惡不同，實有一分惡，惡便虛了一分善，實有二分惡，便虛了二分善。」(同上)

「誠於中形於外，大學和惡字說此誠，只是實字也，惡者，卻是無了天理本然

者，但實有其惡而已矣。」(同上)

王船山對大學的訓義也說：

「故誠其意者，使意皆出於不妄，而心爲實心，知爲實知，意亦爲誠實之意，而後爲善去惡之幾決矣。」(四書訓義　卷一　大學傳第六章訓義)

大學的誠爲誠意，解釋乃簡單，誠爲實，意義很明瞭。誠，出自中庸，中庸一書的下半部都講「誠」，而且講的更玄妙，所以才引起不同的而且神而化之的解釋。我們便細心研究中庸的誠。

中庸一書的本意，在於「率性之謂道。」「率性」即是大學的「明明德」。「率性」和「明明德」的實踐，則是「誠」，這種「誠」，和大學的誠意之誠，意義是相同的，中庸爲解釋誠，提高了層次，就如中庸的中，從本體論去講了。在本體論上，「中」是性，天理，天道的本德，時時處處，事事物物，都應付得恰得其當，不偏不倚，不過亦不不及。誠，也是性，天理，天道的本德，常是眞實無妄。但是因爲人的情發不中節乃不中，人的意動不實乃虛僞；大學所以講誠意。

誠，爲性的天德，中庸乃說：

「誠者，天之道也；誠之者，人之道也。誠者，不勉而中，不思而得，從容中道，聖人也。誠之者，擇善而固執之也。」（第二十章）

「自誠明，謂之性；自明誠，謂之教。」（第二十一章）

「誠者，自成也，而道自道也。誠者，物之終始，不誠無物。」（第二十五章）

把這幾章合起來看，誠的意義就不玄妙了。另外是第二十五章，「誠者，自成也。」，第二十章已經說了，「誠者，不勉而中，不思而得，從容中道。」誠，既是性的天德，性自然表現自己的天德，中是天德，誠者，便自然成爲中者，所以說「誠者，自成也。」誠既是性的天德，凡是物的性都是誠，沒有誠，就沒有性，沒有性，就沒有物。所以說：「不誠無物。」因此，不須要把誠作爲宇宙萬物的本原，作爲太極。

周敦頤的通書第一篇誠上說：

「乾道變化，各正性命，誠斯立焉。……元亨，誠之通，利貞，誠之復。大哉易也，性命之源乎。」

在第二篇裡說：

「聖，誠而已矣。誠，五常之本，百行之源也。」

中庸說：「誠者，天之道也。……誠者，不勉而中……聖人也。」通書的話，和中庸相同，聖人天然而誠於人性，誠爲性的天德，聖人沒有私慾的掩蔽，乃天然顯示人性，所以是誠。

易經的乾坤，爲宇宙萬物生化的起源，元亨利貞爲宇宙生化的特性。宇宙萬物生化時，天然就有元亨利貞，這是宇宙的誠，也是宇宙的天德。宇宙生化以乾坤爲起源，「乾道變化，各正性命」，誠爲性的天德，因此，也以乾坤爲起源，「誠斯立焉」。

朱熹解釋中庸第二十章的誠字，說：

「誠者，天之道，誠是實理，自然不假修爲者也。誠之者，人之道，是實其實理，則是勉而爲之者也。孟子言萬物皆備於我，便是誠。」(朱子語類　卷六十四)

「問誠者天之道，誠之者人之道。曰：誠是天理之實然，更無纖毫作爲。聖人之生，其稟受渾然氣質，清明純粹，全是此理，更不待修爲，而自然與天爲

一。若餘，則須是博學審問謹思明辨篤行，如此不已，直待得仁義禮智與夫忠孝之道，日用本分事，無非實理，然後爲誠。」（同上）

朱熹解釋中庸第二十五章的誠字，說：

「問誠者自成也，而道自道也。曰：誠者是箇自然成就的道理，不是人去做作安排底物事。道，自道者，道卻是箇無情底道，卻須是人自去行始得。……又曰：誠者自成，如這箇草樹，所以有許多根株枝葉條幹者，便是它實有所以有許多根株枝葉條幹，這箇便是自成，是你自實有底，如人便有耳目鼻口手足百骸，都是你自實有底。道雖然是自然底道理，卻須你自去做始得。」（朱子語類卷六十四）

「問誠者自成也，而道自道也，兩句語勢相似，而先生解之不同，上句工夫在誠字上，下句工夫在行字上。曰：亦微有不同，自成若只做自道解，亦得。某因言妄意，謂此兩句只是說箇爲己，不得爲人，其後卻說不獨是自成，亦可以成物。先生未答，久之復曰：某舊說誠有病，蓋誠與道，皆泊在誠之爲貴上了，後面卻便是箇合內外底道理。若如舊說，則誠與道成兩物也。」（同上）

「誠者，自成也，下文云誠者，物之終始，不誠無物，此二句便解上一句。實有是理，故有是人；實有是理，故有是事。」(同上)

朱熹的解釋，在大學和中庸，常是一貫：誠是實，人性是實理，人性的表顯，自然合於實理，凡是人物和事物，都各有自己的實理，才能是這樣的人物或事物，這是天然的，所以說「誠者，自成也。……誠者，物之終始，不誠無物。」

王船山在四書訓義，解釋中庸第二十章的誠字，說：

「夫誠身至矣，體之於心，存之於靜，發之於動，皆有其實功焉，然而抑有其道矣。誠者，誠於善之謂也。」(四書訓義 中庸第二十章訓義)

王船山解釋中庸第二十五章的誠字，說：

「誠者，有是實心則有是實理，有是理則有是物。故近而吾身之形形色色，遠而萬物之生生化化，萬事之原原本本，皆誠以成之者也。唯其誠故能成，及其成而無不誠也。乃人之所以誠，則有道焉。誠有此理，則有所以入之理者，則有所以尊之理者，由是而行之則誠，不由而行之則不誠。是人之所當率由者，以踐形色，以處萬物，以應萬事，皆在自道之而已。」（四書訓義 中庸第二十五章訓義）

王船山的解釋和朱熹的解釋同在一個「實」字上，由實理而到實踐。誠，乃是一種心理情況；人心之理，表現在行事上，理是實理，行爲合於實理，便是誠，也就是明明德，率性。

4. 明

中國哲學很注重「明」。「明德」的名詞，不是大學所創的，在大學的傳文就有「康誥曰：克明德。大甲曰：顧諟天之明命。帝典曰：克明峻德，皆自明也。」明德，在書經裡已經有，乃是大學的根據。

「明德」的意思，大學傳說「皆自明也」，朱熹注說：「皆言自明己德之意。」所說自明己德，是就人一方面說，即是說要明白知道自己人性的善，善是德，是行事的軌範。人要明白知道人性的行爲軌範，按照軌範去行動。

但是「明德」的意義，並不是這樣簡單，「明德」的意思，第一，人性自然顯明，人性的善也就自然顯明，所以稱爲明德。人性自然顯明，人性的德也就自然顯明；人性是中，中自然顯明；人性是誠，誠自然顯明。第二，人爲行動，要保持這種「明德」的情況，人要自然明見人性的德，使人性的德能夠發揚，就如孟子所說培養仁義禮智的端。

儒家的善德，爲內心生命，生命自然發揚。人心是善，善有力量同生命自然發揚。但有一種必要的條件，即是人心不要遇到阻力；人心有阻力，即是情慾，情慾使人心昏迷，善德不能明見，又使人心善德的發揚能力不能發展，人便違背人性行惡。因此，大學乃說：「明明德」，要除去障礙，使「明德」顯明。

朱熹注大學明明德說：

「明，明之也。明德者，人之所得乎天，而虛靈不昧，以具衆理而應萬事者也。但爲氣稟所拘，人欲所蔽，則有時而昏，然其本體之明，則有未嘗息者，故學者當因其所發而遂明之，以復其初也。」

王船山在四書訓義裡，對大學明明德予以訓義說：

「人之所得於天者德也，而其虛而無欲，靈而通理，有恆而不昧者則明德也。但形氣累之，物欲蔽之，而或致失其本明，相習於污染。大學之道，則所以復吾性具知之理，以曉然於善而遠於惡，而勿使有所累，有所蔽也。」（四書訓義卷一 大學第一章訓義）

王船山採納朱熹的解釋，再加以說明。人所得於天的，是虛靈之心。心虛沒有情慾，心靈能夠通理。但是人心受有兩種阻礙：第一是氣的累，第二是欲的蔽。氣成形，又有清濁，限制了人心的靈，靈，運動自如，不受物束，心靈有了氣成的身體，便受身體的限制，且常偏於氣質的身體。欲來自氣，爲物質性，因此常能蔽塞心靈。

從氣質方面說，人稟天地之氣，每個人的氣或清或濁，都來自天賦，人不能有所改變，祇能在氣的發作上，可以加以控制。氣的作用即是「欲」，儒家便主張克欲。

孟子說：

「養心莫善於寡欲。其爲人也寡欲，雖有不存者寡矣；其爲人也多欲，雖有存焉者寡矣。」（盡心下）

孟子講「存」，存，是保存人心的善端，有多欲的人，能保存的善端不多；少欲的人，則保存的善端多。朱熹和王船山則講因「欲」，而失人心之明。

「問養心莫善於寡欲。曰：緊要在寡字多字看。那事又要，這事又要，便是多欲。」（朱子語類　卷第六十一）

「敬之問養心莫善於寡欲，養心也只是中虛，曰：固是。若眼前事事要時，這心便一齊走出了，未是說無，只減少便可，漸存得此心。若事事貪要這個，又要那個，未必便說到邪僻不好底物事，只是眼前的事才多欲，便將本心都紛雜了。」（同上）

「敬之問寡欲。曰：未說到事，只是才有意在上面便是欲，便是動自家心。……孟子說寡欲，如今要得寡，漸至於無。」（同上）

在語類裡，朱熹提到八點，值得我們注意，第一，寡欲，並不是說欲是惡，祇是說多欲能紛擾人心，人要心寧靜。第二，寡欲對多欲說，是寡多，不是說絕欲。絕欲為佛教的主張，儒家素反對。孟子和儒家學者祇講減少貪欲。朱熹採納二程的主張「守敬主一」，以主一為寡欲。第三，無欲，為道家的主張，佛家不反對。無欲不是絕欲，是克制情慾的動。但儒家主張無欲，不同意道家的「無爲」，靜中有動，以未發時的涵養，預備情發時中節。第四，欲是意動的傾向，意動便是欲，「欲」是「想要」，想要的事物可以是善，可以是惡。孔子在答覆顏淵問仁時，說「克己復禮」，克己便是克欲，克欲是按禮去克欲。

「或曰：克己是勝己之私之謂克否？曰：然。曰：如何知得是私後克將去？曰：隨其所知者，漸漸克去。」（朱子語類　卷四十一）

「克己復禮自復閑邪，則誠自存，非克己外，別有復禮閑邪分別有存誠。」（同上）

克欲和存誠是一事的兩面，從消極方面說是克欲，從積極方面說是存誠，因爲一克欲，人心本善（明德）就自然顯然，這就是誠。

「人之本心不明，一如睡人都昏了，不知有一身，須是喚醒方知，恰如瞌睡，彊自喚醒，喚之不已，終會醒。某看來大要工夫，只在喚醒上。然如此等處，須是體驗，教自分明。」（朱子語類　卷十二）

「聖賢千言萬語，只要人不失其本心。」(同上)

「自古聖賢皆以心地爲本。」(同上)

克欲存誠，就是不失本心。被情欲蒙蔽的人，好像人瞌睡，不知道了自己的本心。

「人之一心，天理存則人欲亡，人欲勝則天理滅，未有天理人心夾雜者。學者須要於此體認有察之。」(同上)

「學者須是革盡人欲，復盡天理，方始是學。」(同上)

人心的本體爲性，性是天理，復性便是復天理，便是存誠。人欲多，天理不明，人處於昏迷的境況中，人心不正。在論語先進篇，子路、曾皙、冉有、公西華侍於孔子身邊，四個弟子各言自己的志向，孔子最看重曾皙的志向：「喟然嘆曰：吾與點也。」後人讚嘆曾點有超然的氣象，在日用的事物裡，見到天理的流行。

「動靜語默莫非道理，天地之運，春夏秋冬，莫非道理。人之一身便是天地，只緣人爲人欲隔了，自看此意思不見，如曾點，卻被他超然看破這意思。夫子

所以喜之。日月之盈備，晝夜之晦明，莫非此理。」(同上)

「明」，是人心的氣象，人心光明，意情不亂動，人明見天理，行事乃能誠，乃能中。

第五章 儒家實踐生命哲學的致知

在儒家實踐生命哲學的行之步驟，以致知爲第一步，致知和格物爲一事。儒家的致知，不是西洋哲學的認識論，但和認識論相關，或者就可以說是儒家的認識論。

儒家的致知，所注重點不在於認識主體和認識客體的關係，也不在於人心的認識能力，而是在於知和行的關係。關於主體和客體的關係，儒家根本不講；關於人心的認識能力，中國哲學都假定人心自然有認識能力，而且自然可以認識，祇有佛教以物和我都是空虛，所有認識是無明。而且儒家和道家更以知和行互相關連，沒有知便沒有行。

一、知的意義

甲、道 家

中國哲學儒釋道三家，對於知的意義有種共識：以知爲見，由道家開始，明明說知是見；儒家雖不多說，然實際以見爲知；佛家則在破除一切假名假識以後，講「明心見性」，又有天台宗和華嚴宗的「觀」。

老子道德經常講觀，也講見：

「常無欲，以觀其妙；常有欲，以觀其徼。」（第一章）

「致虛極，守靜篤，萬物並作，吾以觀復。」（第十六章）

「以身觀身，以家觀家，以鄉觀鄉，以國觀國，以天下觀天下。」（第五十四章）

觀，爲直接看見，不假思索推論。觀，對身外的事理而言，另外是對「道」的妙。對於自己，老子用「見」，自己見自己應該「明」，不明則不見。明，是自然顯明，不是自己去想：

「是以聖人抱一爲天下式。不自見故明；不自是故彰。」（第二十二章）

「知人者智，自知者明。」（第三十三章）

「夫物芸芸，各復歸其根。歸根曰靜，是謂復命，復命曰常，知常曰明。」（第十六章）

老子用「知」，用於對於外面有形的事物，又用爲「知識」。

「天下皆知美之爲美，斯惡已。皆知善之爲善，斯不善已。」（第二章）

「知其雄、守其雌，爲天下谿。」（第二十八章）

「不出戶，知天下；不闚牖，見天下；其出彌遠，其知彌少。是以聖人不行而知，不見而名，不爲而成。」（第四十七章）

「知者不言，言者不知。」（第五十三章）

「知不知，上；不知知，病。夫唯病病是以不病。聖人不病，以其病病，是以不病。」（第七十一章）

老子的道德經對於知識有三個字：知、見、觀。知爲知識的普通字，用爲名字又用爲動字。見，用於自己知道自己，爲自知。自知爲自己認識自己，這種認識是直接的，故「自知者明」，即自己明明見到自己，不是眼睛看見，而是人心見到自己。但「自見」也解爲自己想法看見，或自己以爲自己看見，不是自然的顯露，那種自見不好，「不自見故明，不自是故彰。」意思仍舊是自見應當是無爲而自然的顯露。觀，爲直接的見，含有欣賞的心情，爲高度的「知」。老子所以主張人對於自己，對於道，有直接的知識，不用理智去推論，而是

「自己」和「論」自然顯露，人心面對「自己」和「道」的顯露，知道很「明」。

莊子逍遙遊說：

「小知不及大知。」

齊物論篇說：

「大知閑閑，小知閒閒，大言炎炎，小言詹詹。甚寐也魂交，其覺也形開。……日夜相代乎前而莫知其所萌。……可行已信，而不見其形。……終身役役而不見其成功。……欲是其所非而非其所是，則莫若以明。」

「古之人其知有所至矣。惡乎至？有以爲未始有物者，至矣盡矣，不可以加矣，其次以爲有物矣而未始有封也，其次以爲有封而未始有是非也，是非之彰也，道之所以虧也。……故知止其所不知，至矣。」

養生主篇說：

「庖丁釋刀對曰：臣之所好者道也，進乎技矣。始臣之解牛之時，所見無非牛者，三年之後，未嘗見全牛也。方今之時，臣以神遇，而不以目視，官知止而神欲行，依乎天理，批大郤，導大窾，因其固然，技經肯綮之未嘗，而況大軱乎。」

秋水篇說：

「計人之所知，不若其所不知，其生之時，不若未生之時，以其至小求窮其至大之域，是故迷亂而不能自得也。……北海若曰：以道觀之，物無貴賤；以物觀之，自貴而相賤；以俗觀之，貴賤不在己；以差觀之，因其所大而大之，則萬物莫不大，因其所小而小之，則萬物莫不小。知天地之爲稊米也，知豪末之爲丘山也，則差數覩矣。……」

「莊子與惠子遊於濠梁之上，莊子曰：儵魚出遊從容，是魚樂也。惠子曰：子非魚，安知魚之樂？莊子曰：子非我，安知我不知魚之樂？惠子曰：我非子，固不知子矣，子固非魚也，子之不知魚之樂，全矣。莊子曰：請循其本，子曰：女安知魚樂云者，既已知吾知之而問我，我知之濠上也。」

郭象注說：「夫物之所生而安者天地不能易其處，陰陽不能回其業，故以陸生之所安，知水生之所樂，未足稱妙耳。」

在這裡我不是講道家的認識論，不能遍引莊子書中的文據，但從上面所引的幾段文據中，可以看出莊子對知識的思想和主張。莊子以知識是無限，人的生命是有限，人所知道的比不知道少的多。人爲知識，用耳目去看有形的事物，這種知識是「小知」，大知則在知「道」。對於道的知，不能用耳目之官和心思之官，而是要以「神遇」。「神遇」，莊子說是「氣知」。萬物都由氣而成，人得天地的元氣以生，元氣週遊在宇宙萬物間，元氣運行之理是「道」，「道在萬物」。人的元氣和物的元氣相遇而相通，便有知。「道是一」，理相同，故人能知魚之樂，莊子爲認識，也用知、見、覿、觀。

乙、佛 教

爲明白儒家的認識論，也應看看佛教的認識論。佛家的認識論有唯識論。唯識講八識，前六識眼耳鼻舌身意，和普通認識論大同小異，第七識末那識則爲意識的我執物執，以我和萬物爲有，堅持固執。第八識阿賴耶識稱爲藏識，藏有前生行爲所留的種子，種子有認識能力，製造感官的對象—「造境」，一切萬有都是種子所造的幻境，所以說「萬法唯識」。佛教的目的，在使人明白這種幻境，不要「我執」和「物執」，破除了「物執」和「我執」，人在自己心內，見到自己和萬有的本體，本體即是「佛」，即是「絕對實相」，稱爲「眞如」。人心的佛，是人的佛性，隱藏在幻境內，稱爲如來藏，如來藏即是人心的眞如，是人的眞我，是人的眞性。人的知識眞正地就在於認識自己的眞我眞性，這稱爲明心見性。「明心」，除卻一切幻境，沒有自我，沒有萬有，知道都是虛幻，人心便能光明，人心光明了，「佛性」或「如來藏」，也即是「眞如」，就顯露出來，於是人就「見性」。「見性」爲直接面見佛性。佛教的眞正知識，不是感官或理性的認識，而是心的面對佛性，是佛性在心的顯露，人面對「佛性」而「見性」，人便覺悟，這種心理狀態，稱爲「覺」，稱爲「得道」，稱爲得到光明。

人的痛苦，來自人對自我和萬物的貪慾，人有貪慾是因爲人有「我執」和「物執」。「我執」和「物執」的來源，是因人「無明」，把虛幻的事物認爲眞實的事物。無明爲愚昧，爲不正確的知識。爲破除「無明」便以正確的知識「覺」洗去愚昧。佛教的中心問題，乃是知識問題。

人得了光明，取得「覺」，再去看宇宙萬物，稱爲「觀」。「觀」的立足點是從「佛」或「眞如」的立場去看，因爲得道的人，覺悟自己就是「佛」，自己和眞如爲一體。自己看宇宙萬物，便是由佛的立場去看；這種「知」稱爲「觀」。

華嚴法界玄鏡爲澄觀所著，說明華嚴宗有三種觀：一、眞空觀；二、理事無礙觀；三、周徧含容觀。

「言眞空者，非斷滅空，非離色空，即有明空，亦無空相，故名眞空。二、理事無礙者，理無形相，全在相中，互奪存亡，故亡無礙。三、周徧含容者，事本相礙，大小等殊，理本包徧，如空無礙，以理融事，全事如理，乃至塵毛，皆具包徧。」

三種觀，每種觀又分作十門，理爲眞如，事爲萬物，萬物由眞如發出，好似海水的海波，海水和海波的關係，代表眞如和萬物的關係。宗密注華嚴法界觀門，在書尾作漩澓頌：

若人欲識眞空理，身內眞如還徧外。
情與無情共一體，處處皆同眞法界。
祇用一念觀一境，一切諸境同時會。
於一境中一切智，一切智中諸法界。
一念照入於多劫，一一念劫收一切。
時處帝網現重重，一切智通無窒礙。

華嚴宗智儼作華嚴一乘十玄門。十玄門的觀法和澄觀的三重觀意義相同。

華嚴宗的創立人法藏曾著有華嚴一乘教義分齊章，開釋如來海印三昧。海印三昧，爲眞如本覺，好似大海，風平浪靜，海水澄清，天上星辰，地上山林樹木，都印在海中。海象徵智慧如海，至明至淨，直接觀到衆生的海界，在正覺的觀中，萬有和眞如，互相圓融，一入一切，一切入一，一切入一切。華嚴又講帝網，即通因陀羅網，陀羅網無限大，網目鑲有明珠，明珠照另一明珠，所有明珠互相照映，一珠的影像，映到所有明珠中，再來回交映，一顆明珠中有了一切明珠的影像，千千萬萬，這就代表萬有的虛幻。

天台宗講摩訶止觀，止觀是心觀，心觀以明宇宙一切，圓融於心的一念，所以創立「一念三千」的教義。在心的一念裡，具有一切，一切以三千世界爲代表。萬有都在一念之中，互相融會，互相平著。

丙、儒家

儒家對於知，中庸說：「博學之，審問之，愼思之，明辨之，篤行之。」（第二十章）又說：「或生而知之，或學而知之，或困而知之，及其知之，一也。」（同上）這種思想是孔子、孟子的思想，孟子還說人有心思之官和耳目之官。人的「知」，由耳目之官和心思之官去取得。爲取得「知」，有天生而知的，有學而後知的，有勉力去求而後得的。耳目之知，爲感官之知，物和物相接，即外面的物和感官相接觸而有知。心思之官則不可蔽於物欲，人心要明淨才可以「知」物理。

儒家又分見聞之知和德性之知，德性之知根於心，見聞之知來自經驗。儒家所講的知，不是見聞之知，而是德性之知。德性之知的對象爲理，理爲人性天理，朱熹在注大學時，補了大學傳的第五章，解釋格物致知，開啓了儒家德性之知的思想。

「右傳之五章，蓋釋格物致知之義，而今已亡矣。閒嘗竊取程子之意，以補之。曰：所謂致知在格物者，言欲致吾之知，在即物而窮其理也。蓋人心之靈，莫不有知，而天下之物，莫不有理。惟於理有未窮，故其知有不盡也。是以大學始教，必使學者即凡天下之物，莫不因其已知之理而益窮之，以求至乎其極。至於用力之久，而一旦豁然貫通焉，則衆物之表裡精粗無不到，而吾心之全體大用無不明矣。此謂物格，此謂知之至也。」

朱熹的這一段補注，引起的問題很多，也就是他和陸象山爭論之點，我們來予以分析研究。

大家有共識的一點，是「人心之靈，莫不有知，而天下之物，莫不有理。」人心有認識的能力，因爲人心是靈。這一點在荀子的思想裡已經很明白標出，荀子以後的儒家都接納這種思想，人心認識的對象爲物之理，不是物的形相；理爲物之性，人心認識物性。陸象山也肯定這一點。

致知的致，在解釋上儒家學者就有不同的意見，朱熹採納程頤的意見以致爲至，爲到。

「致知則理在物，而推吾之知以知之也。知至，則理在物，而吾心之知已得其極也。」（朱子語類　卷十六）

「心與性自有分別，靈底是心，實底是性，靈便是那知覺底。……問：表裡精粗無不到。曰：表，便是外面，理會得底裡，便是就自家身上至親至切至隱至密貼骨貼肉處。今人處事，多是自說道且恁地也不防，這箇便不是，這便只是理會不曾到那貼底處。若是知得那貼底時，自是決然不肯恁地了。」（同上）

「致知」，是要知到窮極處，又是要理會到貼底處，說是「窮理盡性以至於命。」（說卦）

怎麼能夠窮理？朱熹和程頤主張就已知推到未知，「因其已知之理而益窮之，以求至乎極。」就我所已經有的知識，去推求未知道的事理，從大處推到微處，從粗處推到精處。朱熹批評陸象山的致知，過於簡易。

「問：因其已知之理，推而致之以求至乎其極，是因定省之孝，以至於色難養志，因事君之忠，以至於陳善閉邪之類否？曰：此只說得外面底，須是表裡皆如此。若是做得大者而小者未盡，亦不可。做得小者而大者未盡，尤不可。須是無分毫欠闕方是。且如陸子靜說良知良能四端根心，只是他弄這物事，其他有合理會者，渠理會不得，卻禁人理會。鵝湖之會渠作詩云：易簡工夫終久大，彼所謂易簡者，苟簡容易，爾全看得不子細。」（朱子語類 卷十六）

我們再分析研究一下。朱熹講推知，講理會，推知，用已知推未知，周易可以代表這種推知，周易以象求言，以言求意，由意推知吉凶。歐陽修在易童子問中說：

「聖人急于人事者也，天人之際罕言焉。惟謙之象，略其說矣。聖人，人也，知人而已。天地鬼神不可知，故推其跡；人可知者，故直言其情。以人之性而推天地鬼神之跡，無以異也。然則修吾人事而已，人事修則與天地鬼神合矣。」（解釋謙卦彖）

由人事之理推知天地鬼神之迹，但是周易的大象則常由天地之理以推知人事之理，如乾卦「天行健，君子以自強不息。」這兩種推知可以不相衝突，即是由有形可見推知無形不可見。「天行健」在卦象中已現出，由天象推知人事之理。謙，在人世社會得福，爲大家所認知的事，由可見的人事推知天地鬼神不可見的迹。

推知是由已知到未知，由有形到無形。所推求之理是在事物內，因每物有每物之理，朱熹追隨程頤的主張，就事物去求，稱爲格物。

格物，「凡天地之間；眼前所接之事，皆是物。」（朱子語類　卷五十七）

「致知工夫，亦只是且據已所知者玩索推廣將去，具於心者，本無不足也。」（朱子語類　卷十四）

「所謂格物者，常人於此理或能知一二分，即其一二分之所知者推之，直要推得十分，窮得來無去處，方是格物。」（朱子語類　卷十八）

所謂格物，是就日常所遇的事，逐事研究，每事之理要研究到最後一點。陸象山提出反對理由：一、隨事研究，既然煩索，又常心亂；二、窮到底處，何處是底？歸根要以心爲底，求到心的天理，使人心安。這樣一來，又何必研究事物之理，理都在心中。反觀自心，便「窮理盡性至於命。」

「問：陸先生不取伊川格物之說，若以隨事討論，則精神易弊，不若但求之心，心明則無所不照，其說亦似省力。曰：不去隨事討論後，聽他胡做，話便信口胡說，腳便信步行，冥冥地去，都不管他。」（朱子語類 卷十八）

朱熹的答覆，理由的中心點，在於人心中的理是天理，是大原則，每椿事件之理是隨事的細理，細理跟大原則並不相同，因爲「理一而殊」，因此該討論，否則「冥冥地去，都不管他。」必定會壞，所以該窮理。

但是「至於用力之久，而一旦豁然貫通。」卻是問題。弟子中很多人就這一點，向朱熹發問，在朱子語類卷十八、大學或問下，列舉了這些答問詞。

「格物最是難事，如何盡格得？曰：程子謂今日格一件，明日又格一件，積習既多，然能脫然有貫通處。某嘗謂他此語便是眞實做工夫來。他也不說格一件後，便會通，也不能盡格得天下物理後才始通，只云積習既多，然後脫然有箇貫通處。」（朱子語類 卷十八）

問題不在格多少件，是在「脫然有箇貫通處」。沒有盡格得天下理，爲什麼可以貫通呢？是不是所說「貫通」只是心裡自以爲心安了，還是在實際上眞的貫通了事物之理？當然不該是心理上的滿足，而是實際上的貫通，然而實際上怎麼可能呢？

「所以格物便要閑時理會，不是要臨時理會。……格物只是理會未理會得底，不是從頭都要理會。如水火人自知其不可蹈，何曾有錯去蹈水火。格物，只是理會當蹈水火與不當蹈水火，臨事時斷置敎分曉。」(同上)

所謂格物，乃是隨事理會，而且有理會到底。理會，含有知道和體貼，是一種簡單而切身的「知」，不是多費思索的知。所理會的是行事的恰當不恰當，不是事物本身之理，即是事物和我在目前的關係。

「問一理通則萬理通，其說如何？曰：伊川嘗云雖顏子亦未到此。天下豈有一理通，便解萬理皆通也！復積累將去。」(同上)

「問自一身之中以至萬物之理，理會得多，自當豁然有箇覺處。曰：此一段尤其要切，學者自當深究。」(同上)

「陶安國問千蹊萬徑皆可適國，國恐是譬理之一源處，不知從一事上便可窮到

一源處否？曰：也未解便如此，只要以類而推，理固是一理，然其間屈折甚多，須是把這個做樣子，卻從這裡推去始得。」（同上）

「或問萬物各具一理，萬理同出一原。曰：一箇一般道理，只是一箇道理。恰如天上下雨，大窩窟，便有大窩窟水，小窩窟便有小窩窟水，木上便有木上水，草上便有草上水，隨處各別，只是一般水。」（同上）

把上面所引朱熹的話，可以見到他的思想。所說格多了，脫然貫通，理由在於所知的是「理」，理是一源，所有「用」不同，從各種不同的用中，可以理會到同一的理。「說卦」所講「窮理盡性以至於命」，周敦頤的通書講理性命說：「厥彰厥微」，以為事彰理微。孔穎達的易經正義解釋繫辭的「微顯闡幽」說：「觀其易辭；是幽而幽暗也，演其易理，則顯見著明也。」韓康伯注繫辭「其事肆而隱」說：「事顯而理微」。周敦頤在通書的理性命乃說：「厥彰厥微」，匪靈弗瑩」，事物之理隱微不顯，必須有心之靈，才能明瞭。周易還有「窮神知化」，張載把神和化分開，神是本，化是用，本是氣的本體，氣本體神妙莫測。化是氣變化的過程，變化過程由卦的象和辭可以知道，氣本體的神則須心和氣相通理會天道的流行。

心能明理，乃是儒家的共識。儒家不講道家的氣知，但對道家的「神會」則用為理會；

理會為心靈去體貼，也就是神會，但不是「直見」。儒家也不講佛教的觀，卻也講明心見性，因為性在心內，性由心而顯。

理為一，理一而殊，朱熹曾說：「釋氏云一月普現一切水，一切水月一月攝，這是那釋氏也窺見得這些道理。濂溪通書只是說這一事。」（同上）宇宙事理總是一個，或說總是一個源頭，朱熹說：「此所以可推而無不通也。」（同上）

天地之理只是一個，理是性，天地只有一個理，豈不是天地只有一個物性，萬物都是同一物嗎？道家和佛教可以有這樣的主張，儒教決不是這樣的主張。儒教主張物各有性，物性不同。朱熹解釋是因為氣有清濁，清濁的程度不同，所稟受的理不同。物因氣濁，得受理的一部份，即「理之偏」，人的氣清，得受全部的理，即「理之全」。

理之全和理之偏，這箇理是「生命之理」，對於人，就是「人生之道」。

「問天道流行，發育萬物，人物之生莫不得其所以生者以為一身之主，是此性隨所生處便在否？曰：一物各具一太極。問此生之道，其實也是仁義理智信。曰：只是一箇道理，界破看。以一歲言之有春夏秋冬，以乾言之有元亨利貞，以一月言之有晦朔弘望，以一日言之有旦暮晝夜。」（朱子語類　卷十八）

理，就是天道。天道流行，發育萬物，天道在萬物內，爲物性，天道流行，爲生命。人心是靈，能夠知道這個理。理是活的，隨著天道流行，人心知道「理」，乃是理會天道的流行，所以能夠貫通。

總結這一長段，儒家以萬物都各有一理，理來自天道，天道流行，發育萬物，爲萬物生命，所謂一理爲生生之理，生生之理只有一箇，但在萬物中因萬物氣稟不同也就偏和全的不同。人心是靈能夠「知」，事事物物之理雖各不同，但研究多了，就能明瞭多是來自一源的天道，天道流行，人心靈乃能溯源，貫通到一源的天道。

二、知的完成

1. 見之明

中國哲學注重「明」，佛教以「明」爲得道不必說，道家講自然、講道，自然和道在人心也是明，儒家修身講明，以明爲誠，爲純靜中正，對於認識也注重「明」。

人心是靈，是虛，虛便是虛；因爲虛，虛中無物，人心清明。爲能知天理，理會天道，人心須要虛明，不能滲有情慾；否則情慾蔽掩了心，人心就不靈明，就不能知天理。在上一章講克慾存誠時，曾引朱熹的話：

「人之本心不明，一如睡人都昏了，不知有一身，須是喚醒方知。……某看大要工夫，只在喚醒上。然如此等處，須是體驗，教自分明。」(朱子語類　卷十二)

人爲知「理」，心要清明，不僅是爲看的清楚，而是因爲人心的本體是性，性由心而顯。天理在人性中，即是包含天地萬物的同一的理。當一事物呈現在我面前時，我的心中的理和這事物的理相對，便知道應付之道，若是我心不清明，我心的理不顯明，便不知道應付之道。王船山曾經說明：

「夫君子所修之道，即性所必率之道，而斯道也，以應事物而爲事物當然之則，將無事至而應，物來而處，其事物未形之際，遂可不存於中乎？而不然也。道率於性，人未有離性而生者也。……是故君子之體道也，有所不覩者焉，形未著也，而性中之藏，天下之形悉在焉。……養其純一於善成無雜之心體，然後雖聲色雜技，而吾心之寧一有主者自若，斯乃體天理於不息之常，而無須臾之

離矣。」（四書訓義 中庸第一章訓義）

人性具有天理，天理爲應付事物之道。人要率性以應付事物，所以要知道應付事物之道，這就是致知格物。所說的「知」，乃是體貼或理會，事物來到，自然體會到應付之道。王船山說「體天理於不息之常」，朱熹和程頤說：「所以格物便要閑時理會。」平時要使自身光明，時時可見人性天理，即天理呈顯在心中，「人之視己，如見其肺肝然。」（大學 第六章）天理在人心，天理爲同一之理，天理應付事物之道則爲天理之用，用則不同，當事物臨在面前，心會顯出應付之道。這種情況是「知之明」。

「問：或問云心雖主乎一身，而其體之虛靈足以管乎天下之理，理雖散在萬物，而其用之微妙，實不外乎一人之心。不知用是心之用否？曰：理必有用，何必又說是心之用。夫心之體，具乎是理，而理則無所不該，而無一物不在，然其用，實不外乎人心。蓋理雖在物，而用實在心也。……次早，先生云，此是以身爲主，以物爲客，故如此說。要之，理在物與在吾身只一般。」（朱子語類 卷第十八）

這種思想爲程朱的思想，和陸象山王陽明的思想有什麼不同？陸象山以「心是理」，「心外無理」，「反身而誠，則萬物在我矣，」又何必去格外物呢？王陽明以理之用即是良知，良知自然顯知，不必去求。朱熹說：「以身爲主，以物爲客。」，在「知」有主客的分別。陸王的知不分主客，主客爲一，就是心。朱熹的主客之分，在於理之用。理之體，人心之理和外物之理爲一。這一點，朱王有共識。朱熹認爲理體雖同而用不同，對於「理之用」該研究。王陽明以「理之用」爲良知，朱熹認爲良知只說是非，即善或不善，但不是若何去應付之道。例如人家批評孟子後喪愈前喪爲不善，但沒有說爲什麼後喪愈前喪，而且孟子的後喪愈前喪是合禮，是善，這一說就該研究了。治喪的禮，不在心裡面，是人所規定的，禮合於理，人心就安定。知道禮的儀式，那是「見聞之知」，所知的是外面的形相。這種知，不是儒家所講的知，儒家所講的知，是「德性之知」。從禮儀的外面儀式，知道合於心的天理，乃是「德性之知」，每一物之理不同，是由於氣稟不相同，氣稟所成的是外面的形相，所以要從「見聞之知」去知物之理，由物之理溯到一源的天理。朱熹看重這種「見聞之知」的工夫。這種工夫做多了，便能夠遇事貫通，即是說從每次「見聞之知」所知的一件事物的不同之理，立時又貫通到同一的天理，不用去思索。因爲物之理，從「見聞之知」明白顯露出來，而對人心明白顯露出來的天理，人心就同時理會兩者相合的關係，即應付之道。

例如王陽明曾因朱熹的致知格物，破竹去求竹之理。破了許多竹，費了許多精力，精神幾乎要分裂了，仍舊什麼都不知道，便放棄了朱熹的格物致知，改用陸象山「返身存誠」。實際上是王陽明錯解了朱熹的思想，朱熹不是教人去求竹子在生物學上的理，也不是講竹子對人的用途，如筍可以吃，竹幹可用製器織物，而是求竹對人心靈生活的關係，竹子冬寒而不凋，竹幹勁直而不依，標示人的品德，這種知才是德性之知。從「見聞之知」竹子的不畏寒不怕風暴的個性，明白顯露在人心前，人心同時理會這種個性合於人性天理。

見之明，事物的個性（理）從「見聞之知」明白顯出，人性之理顯明在人心，互相明對，人心便理會到，理會便是明見。儒家的明見和西洋的認識論相比較，不同點多。西洋哲學以理在物中，「見聞之知」不能顯理：人心（理智）在人身內，不能達到外物，因此理智不能知理。士林哲學則以「見聞之知」含有物理。理智從「見聞之知」抽出物理，遂可以有知，儒家以「見聞之知」顯理，人心之天理常明不息。（人心要明）人便能理會事物之理和人心天理的相通。但這個天理，為生命之理，人的生命為心靈生命。心靈生命為仁義禮智的生命。「德性之知」所知的理，便是倫理道德之理。普通學術所講的理，都包括在「見聞之知」。

2. 知之切

知之切，知既然是「德性之知」，知的對象爲人生之道，爲人心應付事物之道，這種「德性之知」必然要和行結合一起，知沒有行，便是行爲沒有道理，即是情發不中節，知就沒有意義。因此，儒家主張「知之切」，切實去知道，要去實踐，程顥曾說：

「窮理盡性以至於命，三爭一時並了，元無次序，不可將窮理作知之事，若窮得理，即性命亦可了。」（二程全書　卷二　二先生語　第二上）

朱熹補充說：

「且窮理令有切己工夫。若只泛窮天下萬物之理，不務切己，即是遺書所謂遊騎無所歸矣。」（朱子語類　卷十八）

「誠意不立，如何能格物？所謂立誠意者，只是要著實下工夫。」（同上）

「敬則心存，存則理具於此而得失可驗。」（同上）

「問程先生所說格物之要，以誠敬爲主。胡氏說致知致物又要立志，以定其本，如何？曰：此程先生說得爲人切處。」（同上）

「致知在乎所養，養莫過於寡欲二句，致知者，推致其知識而至於盡也。將致

知者，必先有以養其知，其有養之，則所見益明，所得益固。」（同上）

知切，有兩層意義：第一，知之先，要心明無欲，又要切實去窮理；第二，知了，便行，「且如言忠信行篤敬，只見得言行合。」（同上）言行合，是知行合；知行合，才是「知切」，才是切實之知。

「正淳云：某雖不曾理會禪，然看得來聖人之說，皆是實理，故君君臣臣父父子子夫夫婦婦，皆是實理流行。釋氏則所見偏，只管向上去，只是空理流行爾。曰：他雖是說空理，然眞箇見到那空理流行。自家雖是說實理，然卻只是說耳，初不曾眞箇見得那實理流行也。釋氏空底卻做得實，自家實底卻做得空，緊要處只爭這些子。」（朱子語類 卷六十三）

朱熹批評當時儒家學者，言講聖人的實學，卻不去做，實學變成了虛學，釋氏講虛學，但照虛學去做，虛學成了實學。儒家講知，知行合一，才是實學，知與行合一，才是實知，實知，也是知之切。知到切底，便是「窮理知性以至於命。」

王陽明講致良知，以知行爲一，沒有良知當然沒有行，沒有行，也是沒有知。良知指示行爲的善惡，沒有行爲便沒有善惡。朱熹和別的理學家所講的知，則是「德性之知」，爲倫理道德之知，雖不是知行爲一，卻應該是知行合一。

儒家的「知」，爲儒家的認識論，受道家和佛教的影響，心的虛明，和天道流行，這些觀念來自道家；明心見性，和理的體用等觀念，來自佛教。佛教的體用觀念和普通的體用意義不同，天台宗講「性具」，華嚴宗講「性起」，都以眞如爲體，萬物爲眞如的用，體是一，用是多。程朱的理一而殊，以一理爲體，以多事理爲用，這種觀念來自佛教。「理皆同出一源，但所居之位不同，則其理之用不一。」（朱子語類　卷十八）

三、知的對象

儒家「知」的對象爲「理」，「理」爲「物之理」，「物之理」同出一源，理的用則不同。理的原爲天理，即天地之道或天道，用則是天地間的事物。人爲求知，目的在日常生活中能夠合理地應付隨時來的事物，即是人生活的日常關係。爲能合理地應付這些關係，儒家主張「知天」、「知己」、「知人」。

「君子不可以不修身，思修身，不可以不事親；思事親，不可以不知人；思知

人，不可以不知天。」（中庸　第二十章）

1. 知　天

儒家修身的總原則，「率性之謂道」，性來自天，「天命之謂性」。性爲理，理跟性相連，性來自天，性跟天相連。爲能事性，便該知理；爲能知理，便該知天。

「孟子曰：盡其心者，知其性也；知其性，則知天矣。存其心，養其性，所以事天也。」（孟子　盡心上）

心、性、天，互相連貫，天爲性的根源，性爲心的體，心爲性的具。知心則知性，知性則知天；反過來，知天才知性，知性才知心，知天，乃是修身的基本。

「知天是起頭處，能知天，則知人，事親修身皆得其理矣。聞見之知與德性之知，皆知也，只是要知得到信德。」（朱子語類　卷六十四）

「問修身不可不事親，思事親不可不知人，思知人不可不知天。曰：此處卻是倒看，根本在修身，然修身得力處卻是知天。知天是知至物格，知得箇自然道理。學者若不知天，便記得此又忘彼，得其一失其二。未知天，見事頭緒多，既知天了，這裡便都定，這事也定，那事也定。」（同上）

「知天是箇頭處」，因爲「天」是根，是頭，有了頭，才有頭緒。儒家講知天，要知天意、知天命、知天理。

甲、知天意

在書經裡，黃帝治國按天意而行。

「帝曰：咨！汝二十有二人，欽哉！惟時亮天功。」（舜典）

春秋戰國時，興起十二月令和明堂的制度，人君行政要按四季的天時，天時顯露天意。呂氏春秋和禮記都有十二月令，詳細敍述，每個月和每一季，人君的施政設施。戰國時又興起「天人感應」的思想，自然界的特殊現象，表現出天的賞罰意願，人君須要特予注意。這種天意，是人君應該知道，應當遵行。

例如呂氏春秋的十二紀以正月氣運屬木，色爲青，「天氣下降，地氣上騰，天地和同，草木繁動。」天子率諸侯迎春於東郊，祈穀於上帝，親載耒耜行開耕禮，宣佈農事。

淮南子書裡則多談天人感應，班固在漢書天文志也記載了許多災異，如地震、月食、日食，以爲日、月、星、辰都由陰陽五行之氣而成，五行有運行的次序，人的行事也含有五行之氣，人事有失，反對五行的次序，便使天象有變。

「此皆陰陽之精，其本在地而上發於天者也。政失於此，則變見於彼，猶景之象形，鄉之應聲。是以明君覩之，而寤飭正身，思其咎謝，則禍除而福至，自然之符也。」（漢書　天文志）

古代，遇有大天災或變異，皇帝下詔罪己。自然界的災異，代表天將罰惡，皇帝悔惡求恕，可免天罰。

不僅皇天要知天意，孔子和孟子也觀察天意，以測本人的行動。

「鳳鳥不至，河不出圖，吾已矣夫。」（子罕）

「五百年必有王者興，其間間必有名世者，由周而來，七百有餘歲矣，以其數

則過之，以其時考之則可矣。夫天未欲平治天下也，如欲平治天下，當今之世，舍我其誰哉。」(孟子　公孫丑下)

鳳鳥河圖爲自然現象，代表天意使聖人教化世人；孔子認爲當時既沒有這種現象，天道不使聖人教化，他自己說自己退休不問世事了。孟子以古代傳說天道每五百年有王者出來，同時必有一位佐王者的賢臣，他相信自己是合於王佐的人；孔孟都相信天道。

乙、知天命

命，在中國人的傳統裡，佔著重要的位置，人生的境遇，人生的究竟，不爲人所知，「死生有命，富貴在天」，成爲通俗的諺語。命，由上天所定，中國人都有這種共識。雖然墨翟非命，王充不信命，卻提不出令人折服的證據。孔子孟子都信有命，而且主張知命畏命。命有兩種：一種是上天所授一個人的使命；一種是普通貧富壽夭的命。

「子曰：五十而知天命。」(爲政)

「子曰：不知命無以爲君子，不知禮，無以立也，不知言，無以知人。」(堯曰)

「君子居易以俟命，小人行險以徼幸。」(中庸　第十四章)

「子畏於匡，曰：文王既沒，文不在茲乎？天之將斯文也，後死者不得與於斯

文也，天之未喪斯文也，匡人其如予何？」（子罕）

「君子有三畏：畏天命，畏大人，畏聖人之言。小人不知天命而不畏；狎大人，侮聖人之言。」（季氏）

「吾之不遇魯侯，天也，臧氏之子，焉能使我不遇哉。」（孟子 梁惠王下）

「伯牛有疾，子問之，自牖執其手，曰：亡之，命矣夫，斯人而有斯疾也！斯人而有斯疾也。」（雍也）

孔子和孟子教人知命，爲能修身立命，即中庸所說：「君子居易以俟命。」孟子也說：「殀壽不貳，修身以俟之，所以立命也。」（盡心上）

丙、知天理

知天理，乃是知的目的，也是知的最終目的。天理源自天道，流行於萬物，在於人心。宋明理學家號稱性理學家，他們專講理，以理在人性，將性同理連合一起。天道純淨至善，純一中正，表現於日月星辰和四季的運行。人要以見聞之知，深入物性，「窮理盡性以至乎命。」

2. 知人

中庸說修身以事親，思事親不可不知人。儒家的思想，修身以齊家，齊家而後治國，家國代表人的人際關係，國是社會，由家而組成，社會的關係有似於家庭的關係，分爲上輩平輩晚輩，上輩通稱爺爺伯叔，平輩通稱兄弟，晚輩通稱姪或乾兒孫。家庭的關係以父子的關係爲主，所以說：「修身以事親，思事親不可不知人。」知人便是知道人際關係。

人際關係爲相互的關係，我修身事人，以立己立人，達己達人；人對我，也助我修身，師長和朋友都爲助我。人際關係有普通的關係，有師長的關係，有朋友的關係。因此「知人」一目的在於能助人，也能助我。

「樊遲問仁：子曰：知人。」(顏淵)

「子曰：不患人之不己知，患不知人也。」(學而)

「子曰：始吾於人也，聽其言而信其行，今吾於人也，聽其言而觀其行，於予與改是。」(公冶長)

「子曰：視其所以，觀其所由，察其所安，人焉廋哉！人焉廋哉！」(爲政)

「子曰：可與言而不與之言，失人；不可與言而與言，失言。知者不賢爲先人，亦不失言。」（衛靈公）

「子曰：君子不以言舉人，不以言廢人。」（衛靈公）

「子曰：無友不如己者。」（學而）

「子游曰：事君數，斯辱矣，朋友數，斯疏矣。」（里仁）

「孟子曰：存乎人者，莫良乎眸子，眸子不能掩其惡，胸中正則眸子瞭焉，胸中不正，則眸子眊焉，聽其言也，觀其眸子，人焉廋哉！」（孟子離婁上）

「孔子曰：益者三友，損者三友。友直、友諒、友多聞，益也；友便辟、友善柔、友便佞，損矣。」（季氏）

「子曰：三人行，必有我師焉，擇其善者而從之，其不善者而改之。」（述而）

「責善，朋友之道也。」（孟子離婁下）

「曾子曰：君子以文會友，以友輔仁。」（顏淵）

「孔子曰：才難，不其然乎。」（泰伯）

「子游爲武城宰，子曰：汝得人焉乎？曰：有澹臺滅明者。」（雍也）

「仲弓爲季氏宰，問政。子曰：先有司，赦小過，舉賢才。曰：焉知賢才而舉之？曰：舉爾所知，爾所不知，人其舍諸？」（子路）

知人，可以擇友，可以求師，可以用人之才。在人際關係上，大都在以言語相通，因此爲人際關係，又要知言。孔子教人愼言，不俳語，不巧言，不自誇。

知言：

「子貢曰：君子一言以爲知，一言以爲不知，言不可不愼也。」（子張）

「孔子曰：侍於君子有三愆，言未及之而言，謂之躁，言及之而不言，謂之隱，未見顏色而言，謂之瞽。」（季氏）

正名：

「子曰，野哉由也，君子於其所不知，蓋闕如也，名不正，則言不順，言不順，則事不成，事不成，則禮樂不興，禮樂不興，則刑罰不中，刑罰不中，則民無所措手足，故君子名之必可言也，言之必可行也，君子於其言，無所苟而已矣。」（子路）

3. 知己

中庸雖沒有說知己，然而孔子教訓弟子，常教他們反省，修身以自己爲主體，自己要知道自己是何等材質，然後可以量才施用，好的材質加以發施，不好的材質予以改正。尤其是有了過錯，自己知道改過。知己，便成了修身的基本知識。知己，然後立志，立志就要固執。中庸所以說：「誠之者，人之道也。……擇善固執。」

「子曰：吾十有五而志於學，三十而立，四十而不惑，五十而知天命，六十而耳順，七十而從心所欲，不逾矩。」（學而）

「人一能之己百之；人十能之己千之。果能此道矣，雖愚必明，雖柔必強。」（中庸 第二十章）

反省以知過：

「曾子曰：吾日三省吾身，爲人謀而不忠乎？與朋友交而不信乎？傳不習乎？」（學而）

「子曰：人之過也，各於其黨，觀過，斯知仁矣。」（里仁）

「子曰：已矣乎！吾未見能見其過而內自訟者也。」（公冶長）

言志：

「顏淵季路侍，子曰：盍各言爾志。子路曰：願車馬衣輕裘，與朋友共，敝之而無憾。顏淵曰：願無伐善，無施勞。子路曰：願聞子之志。子曰：老者安

之，朋友信之，少者懷之。」（公冶長）

「子路、曾皙、冉有、公西華侍坐，子曰：以吾一日長乎爾，毋吾以也，居則曰不吾知也，如或知爾，則何以哉？子路率爾而對曰：千乘之國，攝乎大國之間，加之以師旅，因之以饑饉，由也爲之，比及三年，可使有勇，且知方也。夫子哂之。求，爾何如？對曰：方六七十，如五六十，求也爲之，比及三年，可使足民，如其禮樂，以俟君子。赤爾何如？對曰：非曰能之，願學焉，宗廟之事，如會同，端章甫願爲小相焉。點，爾何如？鼓瑟希鏗爾，舍瑟而作，對曰：異乎三子者之撰。子曰：何傷乎！亦各言其志也，曰：莫春者，春服既成，冠者五六人，童子六七人，浴乎沂，風乎舞雩，詠而歸。夫子喟然嘆曰：吾與點也。」（先進）

知天知人知己，三者相連貫。爲修身，先須立志；爲立志，先須擇善，爲擇善，既要知天理，又要知己，還要知時和位，既立了志，必須力行；爲力行，必須反省；爲反省，又須知人知天。在力行時，還要知言，也要知命。所以知和行，全在天、人、己三者中週旋，若應付得宜，才能成聖成賢，成君子。

四、知的方法

中庸第二十章，總結了對於「中」的說明，下面開始講誠。在第二十章裡，對於「誠之」人道，說明是「擇善而固執之」，爲擇善固執，中庸說：

「博學之，審問之，愼思之，明辨之，篤行之。有弗學，學之弗能弗措也。有弗問，問之弗知弗措也，有弗思，思之弗得弗措也。有弗辨，辨之弗明弗措也。有弗行，行之弗篤弗措也。人一能之，己百之，人十能之，己千之，果能此道矣，雖愚必明，雖柔必強。」

朱熹的四書集註說：「此誠之之目也，學問思辨，所以擇善而爲知，學而知也。篤行，所以固執而爲仁，利而行也。程子曰：五者廢其一，非學也。」這五個項目，可以看作求知的方法，使人能夠達得一個眞實的知。

1. 博學之

學須博：學以修身，修身須知應付日常的各種事務，須知道的很多了，決不能侷促於一兩種知識，或死守一點而不知權變。

「子曰：其爲人也，發憤忘食。」(述而)

「我非生而知之也，好古以求之也。」(述而)

「學而不思，猶恐失之。」(泰伯)

「溫故而知新，可以爲師矣。」(爲政)

「子曰：默而識之，學而不厭，誨人不倦，何有於我哉？」(述而)

「吾嘗終日不食，終夜不寢，以思，無益，不如學也。」(衛靈公)

「子曰：由也聞六言六蔽矣乎？對曰：未也，居，吾語汝，好仁不好學，其蔽也愚。好知不好學，其蔽也蕩；好信不好學，其蔽也賊；好直不好學，其蔽也絞；好勇不好學，其蔽也亂；好剛不好學，其蔽也狂。(陽貨)

朱子云：

「博學之謂天地萬物之理，修己治人之方，皆所當學，然亦各有次序，當以其大而急者爲先，不可雜無統也。」（中庸解 語類 卷六四）

歷代儒者求學，經史子集四類的書都要讀，「經」爲學術的根基，「子」爲經書的解釋；「史」爲經書的見記；「集」爲經書的文彩。儒家學者尤重史書，這是中國讀書人的特點，因爲讀書人的目的在治國平天下，爲治國平天下，歷史則爲重要的教訓，以「仰古治今」。

曾國藩教兒子曾紀澤讀書：

「聞兒經書將次讀畢，差用少慰。自五經外，周禮，儀禮，爾雅，孝經，公羊，穀梁六書自古列之於經，所謂十三經也。此六經宜請塾師口授一遍。爾記性平常，不必求熟。十三經外所最宜熟讀者莫如史記，漢書，莊子，韓文四種。余生平好此四書，嗜之成癖，恨未能一一註釋箋疏，窮力討治。自此四種而外，又如文選，通典，説文，孫武子，方輿紀要，近人姚姬傳所輯古文辭類纂，余所抄十八家詩抄，此七書者，亦余嗜好之次也。凡十一種，吾以配之五經，四書之後，而周禮等文經者，或反不知篤好，蓋未嘗致力於其間，而人之性情各有所近焉爾。吾兒既讀五經，四書，即當將此十一書尋究一番，縱不能講習貫通，亦當思涉獵其大略，則見解日開矣。」（咸豐八年　九月二十八日）

從曾國藩求知的廣，可見其學爲博，他訓兒子也要隨他一樣讀五經、四書和十一書，爲能「見解日開」。

2. 審問之

陶淵明曾說「讀書不求甚解」，代表他道家的興趣，孔子教學的方法，教學生要了解，不了解則要問；論語書中許多是答覆學生的問。宋明理學家的語錄，更是學生審問，老師作答的記錄。

「子入太廟，每事問。」（八佾）

「曾子曰：以能問於不能，以多問於寡，有若無，實若虛，犯而不校，昔者吾友，嘗從事斯矣。」（泰伯）

「子貢問曰：孔文子何以謂之文也？子曰：敏而好學，不恥下問，是以謂之文也。」（公冶長）

「舜其大知也與！舜好問而好察邇言。」（中庸　第六章）

「公都子曰：滕更之在門也，若在所禮而不答，何也？孟子曰：挾貴而問，挾賢而問，挾長而問，挾有勳勞而問，挾故而問，皆所不答也，滕更有二焉。」（孟子　盡心上）（滕更，滕君之弟，滕更有二：挾貴、挾賢）

孟子教誨向人發問，須有虛心。中庸說：「審問之」的「審」字，指示爲發問，應謹慎擇人擇言，還須誠的發問。

3. 愼思之

讀書，從老師請教，切磋，向朋友問道，問了以後，自己須愼重思考。

「子曰：學而不思則罔，思而不學則殆。」（爲政）

「子曰：不憤不啓，不悱不發，舉一隅不以三隅反，則不復也。」（述而）

「季文子三思而後行，子聞之曰：再斯可矣。」(公冶長)

「思在人最深，思主心上。」(朱子語類 卷二三)

「思在言行之先，思無邪，則所言所行皆無邪矣，惟其表裡皆然，故謂之誠。」(同上)

中庸所說的「愼思之」，是關於求知的思考，不宜祇聽老師講，記著老師的話，必須從老師所說的，加以思考。看書也是一樣，對於書上所說的，自己去思索，印證書上所說的對不對；並且還加以推論，以求建立自己的思想。

孔子在論語上還講了另一種「思」，爲行爲思想，行爲的規則，自己按照目標去做。

「君子有九思：視思明，聽思聰，色思溫，貌思恭，言思忠，事思敬，疑思問，忿思難，見得思義。」(季氏)

「子張也說：士見危致命，見得思義，祭思敬，喪思哀，其可已矣。」(子張)

這種思，是記著行事的規則，自己按著去做。在原則上說，則是立志，立定行爲的目標。理學家稱爲「思誠」。

辨，是辨別善惡。

4. 明辨之

「或問明善擇善，何者爲先？曰：譬如十箇物事，五箇善，五箇惡，須揀此是善，此是惡，方分明。」（朱子語類　卷六十四）

明辨，本是辨別眞假。眞理的問題，在西洋認識論爲一很困難的問題。笛卡爾指示爲明辨眞理須有兩個條件：一是顯明，一是確實。墨子曾有三表法：本於古聖王，原於百姓，發爲民政。中庸第三十九章說：「故君子之道，本諸身，徵諸庶民，考諸三王而不謬，建諸天地而不悖，質諸鬼神而無疑，百世以俟聖人而不惑。質諸鬼神而無疑，知天也，百世以俟聖人而不惑，知人也。」

儒家以眞爲善，善爲眞，從知天和知人去致知，按照古先聖王的遺傳，去辨別，乃能明辨是非。陸象山和王陽明主張明辨，按心去辨，心爲理，心的良知就是辨別是非。朱熹繼承中庸的思想，明辨是非須要研究事物之理，要經過思考。

「中庸言天道處，皆自然無節次，言人道處，皆有下功夫節次。」（朱子語類 卷六十四）

「聖賢所說工夫，都只一般，只是一個擇善固執。論語則論學而時習之，孟子則說明善誠身，只是隨它地頭所說不同，下得字來，各自精細。眞實工夫只是一般，須是盡知其所以不同，方知其所謂同也。」（同上）

明辨，爲一種盡知工夫，使知能眞實。

5. 篤行之

知和行連在一起，知的成全是在於行，而且要篤行，也就是中庸的「力行」。中國的知爲知人生之道，人生之道要在人生中實行，知而不行，等於不知，就是不誠。

「子曰：好學近乎知，力行近乎仁，知恥近乎勇。知斯三者，則知所以修身。」（中庸 第二十章）

「知仁勇三者，天下之達德也。」(同上)

知仁勇，代表孔子的德論；孟子則以仁義禮智四者代表德論；然而知和仁，則爲修德的工夫。

「問力行近乎仁，又似勇者不懼意思。曰：交互說都是。三知都是知，三行都是仁，三近都是勇。」(朱子語類　卷六十四)

力行當然也是勇，且勇而有恆。孔子在論語裡多次教訓門生，求學必須力行，尤其要言必有行。

「子曰：君子欲訥於言而敏於行。」(里仁)

「子曰：古者言之不出，恥躬之不逮也。」(里仁)

孔子稱讚顏回，就是因爲顏回聽了以後，就按著去做，學必須行，行使學得成全。中庸所說的博學、審問、愼思、明辨、篤行，前四者屬於知，祇最後一者屬於行；最後一者爲總結前四者，五者相連不可缺一。王船山對於中庸第二十章的訓義中說：

「夫擇善固執者，其功豈易竟哉？善不以己意度也，古有言之者，有其行之者，學之而必求博以考事理之詳也。所學亦不可以己意裁也，有道可師者，有事可詢者，問之而必致其審以求折衷之定也。問所得，欲其切於己也，則必思其思焉，愼之而勿失之疎略，勿失之荒唐。思之所得，恐其尚未精也，則必致其辨焉，明焉而善不疑於惡，惡不疑於善。夫然，而後可謂擇善而得其善也，於是而可以行矣。行焉而或有其名，未有其實，善其始未善其終，未可也，必篤行之，而極吾剖析之精，無不盡其必至之力，夫然而後可謂執之固者也。」

王船山的思想，可以說是孔孟程朱一系的思想。在宋朝學者的意見頗多，朱子語類有簡單的記載。

「或問近世大儒格物致知之說。曰：格猶扞也，禦也，能扞禦外物而後能知至道（溫公），必窮物之理同出於一爲格物（呂與叔），窮理只是尋箇是處（上蔡），天下之物不可勝窮，然皆備於我，而非從外得（龜山），今日格一件，明日格一

件，爲非程子之言（和靖），物物致察，宛轉歸己（胡文定），即事即物，不厭不棄，而身親格之（五峰）。」（朱子語類　卷十八）

除陸象山主張不從外求，其他各家都肯定求知的工夫，更肯定知行合一的工夫。

第六章 儒家實踐生命哲學的力行

生命的實踐爲生活，生活乃生命本體的發揚；生命自性常動，生命之動即是生活。儒家以人的生命爲心靈的生命，心靈的生命乃德性的生活，孟子稱這種生命爲「養心」或「養性」，大學稱爲「明明德」或修身，宋明理學家發揮大學的修身，詳細講修身之道，修身則須下工夫，下工功便是力行。

儒家以知行合一爲修身的總原則，行隨著知。儒家對於知，在致知的方式上，大約可分爲朱熹和陸象山的兩大派，在力行上也可分成兩派。陸象山和王陽明的門徒，以知就是行，便無所謂力行，王陽明自己則主張有行的工夫。程朱和門人，都主張力行，在力行的方式上則分成了「主靜」「持敬」兩派。

一、主靜

1. 守靜

周敦頤作太極圖說，以靜爲根，靜極而生動，動極而靜，因爲太極圖來自道家，周敦頤乃有道家的靜爲根的思想。

「聖可學乎？曰：可！曰：有要乎？曰：一爲要！一者無欲也，無欲則靜虛動直。」（通書　第二十）

程顥生性開暢，修身主張自然，勿過拘束。他的思想在宋明引起了「心學」的一派哲學。王陽明在陸象山文集序以陸象山爲繼承孟子心學的第一人，然而陸象山自己承認二程兄弟得孟子之學，「韓退之言軻死不得其傳；固不敢誣後世無賢者；然眞是至伊洛諸公，得千載不傳之學。但草創未爲光明，到今日若不大光明，更幹當甚事。」（象山全集　語錄）又說：「二程見周茂叔後，吟風玩月而歸，有吾與點也之意。後來明道此意卻存，伊川已失此意。」（同上）陸象山的弟子楊簡研究周易，以易之道即人心，他說：

「道心無體，因物而遷，遷則有所倚。有所依則入于邪。不動於意，本無所倚，本無邪偏，何思何慮？自至，自中，自神，自明，無所不通。人之所以動而巽者此也，何思何慮？天之所以施者此也，何思何慮？地之所以生者此也，何思何慮？惟無思故無所不明，惟無爲無所不應。凡易之道皆此道也，皆大易之道也。」(易傳　益)

楊簡主張靜，主張無思無慮，以不起意念爲道心。到了明朝湛若水發揮了這種思想，且和王陽明分派而立。王陽明主張致良知須有克慾工夫，湛若水主張隨處體認天理和程顥相近。

「僕因言學者欲學象山，不若學明道，故于時有遵道錄之偏，乃中正不易之的也。若于象山則敬之而不敢非之，亦不敢學也。」(甘泉文集　寄崔渠司成)

湛若水雖主靜，然不主靜坐以求禪靜。王陽明的門生中王畿則坐禪求靜，他講調息法說：

「一念微明，常惺常寂，範三教之宗旨。吾儒謂之燕息，佛氏謂之反思，老氏謂之踵息，造化闔闢之元機也。以此徵學，亦此衛生，了此便是徹上徹下之道。」(明儒家學引)

這種主靜的修身方式，開始的人是謝良佐。良佐爲二程的門生，但傾向於程顥。

「先生(謝良佐)習舉業，已知名，往扶講見明道，受學甚篤。明道一日謂之曰：爾輩在此相從，凡是學某言語，故其學心口不相應，蓋若行之。請問焉。曰：且靜坐。」(宋元學案 上蔡學案)

謝良佐習靜坐，引用道教的導引吐納之術。

「問色欲想已去多時，曰：伊川則不絕，某則斷此二十來年矣。當初有爲之心多，欲有爲，則當強盛方勝任得，故斷之。又用引導吐納之術，非爲長生如道家者，亦以助養吾浩然之氣耳。」(同上)

張載的門人呂大臨，從學於程顥、程頤。他主張「未發之中」爲性，中爲性之本體：

「中即性也。」（宋元學案　諸儒學案　呂范）

「中者，道之所由出。」（同上）

他又以赤子之心爲未發：

「喜怒哀樂之未發，則赤子之心。當其未發，此心至虛，無所偏依，故謂之中。以此心應萬物之變，無往而非中矣。」（同上）

既以「中」爲靜，爲未發，修身的方法，便是守靜，使心不動，情不發。

二程另一弟子楊時，雖不同于呂大臨以中爲性體，然也偏向靜坐：

「夫至道之歸，固非筆舌所能盡也，要以身體之，以心驗之，雍容自盡，燕閒靜一之中，默而識之，兼忘於書言意象之表，則庶乎其至矣。反是，皆口耳誦

數之學也。」（宋元學案　龜山學案　文集　寄翁好德）

楊時的弟子羅從彥，接受靜坐的方式。從彥教弟子李侗以體驗未發之「中」。

「先生令愿中靜中看喜怒哀樂未發之謂中，未發時作何氣象，不惟於進學有方，亦是養心之要。」（宋元學案　豫章學案）

李侗的學生朱熹記述說：

「李先生意，只是要學者靜中有個主宰存養處。」（同上）

「李先生教人，大抵合於靜中體認大本未發時氣象分明，即處事應物，自然中節。此乃龜山門人相傳指訣。」（同上）

「先生與詠說看文字罷，常且靜坐。」（朱子語類　卷一一六）

李侗主張守靜，常靜坐以保持心的本體，事來時，心能面對事物而不亂。他也教導朱熹在灑掃的日常小事上，習慣保持心的靜。靜既是心的本體，修養就是保持心的本體，就是率性，修養方法便是守靜，避免動。這種方法當然和儒教的坐禪相近，而宋明的心學也來自佛教的禪寂。心沒有任何的思念和意欲，因爲這一切都是空，都是假，除去了這一切的假念假欲，心乃光明，心中所藏的眞性乃能明白顯出，人遂能自覺自己的眞性即佛性，對於宇宙萬物也有眞正的覺悟。楊簡、楊時、湛若水，都以人心的本體爲人性，人性爲天理，天理乃流行的天道。人心若虛靜而明，人性天理自然流行到事物上，因而他們主張守靜，雖不習用道家的導引吐納或佛教的禪坐，但常以靜爲修身方法的根本。

> 「謝良佐（上蔡）問一日靜坐，見一切事至等，皆在我和氣中，此是仁否？曰：此是靜中之功夫，只是心虛氣平也，須是應事時有時氣象方好。」（上蔡語錄　宋元學案　上蔡學案　頁九）

2. 靜　坐

宋明不主張守靜的理學家，對於靜坐則都重視，以靜坐可以收心，可以安定，爲初學的人，更是習學的方法。

「明道教人靜坐，朱先生（延年）亦教人靜坐，蓋精神不定則道理無湊泊處。」（朱子語類　卷一一五）

「問初學精神易散，靜坐如何？曰：此亦好；但不專在靜處做工夫，動作亦齊當理。」（朱子語類　卷一一五）

「教人爲學，不可偏執。初學時，心猿意馬，拴縛不定，其思慮多是人欲一邊，故且教之靜坐息思慮，久之，俟其心意稍定，只懸空靜守如槁木死灰亦無用，須教他省察克治。」（王陽明語錄）

「吾昔居滁時，見諸生多語知解，口耳異同，無益於得，姑教之靜坐。一時窺見光景，頗收靜效。久之，見有喜靜厭動，流入枯槁之病；或務爲玄解妙覺，動人聽聞，故邇來只說致良知。」（王陽明語錄）

靜坐爲初學以求收心，爲學者則是愼獨的工夫，愼獨是心常惺惺，爲修煉這種常常惺惺的心境，靜坐便是日常功課。曾國藩曾說：

「自世儒以格致爲外求，而專力於知善知惡，則愼獨之旨晦，自世儒以獨體爲內照，而反昧乎即事即理，則愼獨之旨愈晦，要之明宜先乎誠，非格致則愼亦

失當；心必麗於事，非事物則獨將失守，此入德之方，不可不辨者也。」（曾國藩全集　君子愼獨篇）

他教訓自己的兒子，每日須靜坐養神發憤用功。

「爾輩身體皆弱，每日須有靜坐養神之時，有發憤用功之時，一張一弛，循環以消息之，則學可進而體亦強矣。」（同治十年八月十四夜　諭紀澤紀鴻）

一張一弛，一動一靜，循環消息，乃周易動靜循環之道，宇宙變化有這原則，人事也應遵守。

二、持敬

1. 敬的意義

程頤不喜歡談靜，「纔說靜，便入於禪昏之說也。不用靜字，只用敬字。」（二程全書二二

程遺書卷十八　伊川語錄四）

程頤爲修身提出了敬字，程顥也講敬，他們的標語：「敬以直內，義以方外。」

「子曰：敬以直內，義以方外，仁也。不可曰敬以直內，義以方外者，猶曰行仁義耳。何？直之有所謂直也者，必有事而勿正心是也。敬以直內，義以方外，與物同矣。故曰敬義立而德不孤，推而放諸四海而準。」（二程全書　卷四十二先生粹言）

「又問敬以直內，其能不用意乎？子曰：其始安得不用意也，久而成焉意亡矣。又問必有事焉者，其惟敬而已矣。子曰：敬以涵養也，集義然後爲有事也。知敬而不知集義，不幾於兀然無所爲者乎。」（同上）

「子曰：一不敬，則私欲萬端生焉，害仁此爲大。」（同上）

「子曰：敬則虛靜，而虛靜非敬也。」（同上）

以上所引的文據，很難分辨是程顥或程頤的話，話中有兩點是敬的特點：一，敬，不是虛靜無爲，而是要用工夫，稱爲涵養。二，敬和義相連，義是敬的原則，雖說敬是行，那是因敬以直內，保持心的本然氣象，天理昭然。

「敬以直內，有主於內則虛，自然無非僻之心。如是則安得不虛，必有事焉，須把敬來做件事，著此道最是簡，最是易，又省工夫。爲此語雖近似常人所論，然持之必別。」(二程全書 卷十六 伊川先生語第一)

「敬則自虛靜，不可把虛靜喚做敬。居敬則自然行簡；若居簡而行簡，卻是不簡，只是所居者已剩一簡字。」(同上)

「敬則無己可克，始則須絕四。」(同上)

「涵養須用敬，進學則在致知。」(二程全書 卷十九 伊川先生語第四)

「學者先務固在心志，有謂欲，屏去見聞知思，則是絕聖棄智；有欲，屏去思慮，患其紛亂，則是須坐禪入定。如明鑑在此，萬物畢照，是鑑之常難爲；使之不照，人心不能不交感萬物，亦難爲；使之不思慮，若欲免此，唯是心有主。如何爲主？敬不而已矣，有主則虛，虛謂邪不能入；無主則實，實謂物來奪之。……大凡人心不可二用，用於一事，則他事更不能入者，事爲之主也。……所謂敬者，主一之謂敬，所謂一者，無適之謂。……易謂敬以直內，義以方外，須是直內，乃是主一之義。」(同上)

敬爲主一，朱熹接納了這種思想，敬，使心內只有一事，心中不亂；既有一事，他事不能入，心便安定。

朱熹對於修身，接納程頤的思想，而且特別主張持敬，以敬爲修身的主要工夫。

「程子只教人持敬，孔子告仲弓，亦只是說如見大賓，如承大祭。此心常存得，便見得仁。」（朱子語類　卷十二）

「敬只是收歛來，程子亦說敬，孔子說行篤敬。敬以直內，義以方外。聖賢亦是如此，只是工夫淺深不同。聖賢說得好，人生而靜，天之性也，感物而動，性之欲也。物至知知，然後好惡形焉，好惡無節於內，知誘於外，不能反躬，天理滅矣。」（同上）

「因嘆敬字工夫之妙，聖學之所以成始成終者皆由此。……或曰：自秦漢以來諸儒皆不識這敬字，直至程子方說得親切，學者知所用力。曰：程子說得親切了，近世程沙學猶非之，以謂聖賢無單獨說敬字時，只是敬親，敬君，敬長方著個敬字，全不成語。聖人說修己以敬，曰敬而無失，曰聖敬日躋，何嘗不單獨說來！若說有親，有君，有長時用敬，則無親，無君，無長時將不敬乎！」（朱子語類　十二）

朱熹稟承程頤的修身方法，改正他自己以往學佛空心和學李侗主靜的方法，專用「敬」字。敬不只是一種遵守禮儀的形態，而是修身的內外涵養方法，以專於一事，主於天理作修身原則。守靜，爲消極方法；朱熹認爲一個人只有靜而不動。持敬，爲積極方法，是動，但動中有靜，靜中又有動，動靜不能偏。

敬的執行，可分外敬、內敬。

2. 外敬

敬在外面的表現，是整齊嚴肅，是恭敬，是守禮。孔子答覆顏回問仁，曰克己復禮，又加以解釋：

「非禮勿視，非禮勿聽，非禮勿言，非禮勿動。」(顏淵)

所以說：

視聽言動都是外面的行爲，一切要守禮，不僅守倫理規律，也守行動的禮儀規則。朱熹

「問敬。曰：不用解說，只整齊嚴肅便是。」（朱子語類　卷十二）

「持敬之說不必多言，但熟味整齊嚴肅，嚴威儼恪，動容貌，整思慮，正衣冠，尊瞻視，此等數語，而實加功焉，則所謂直內，所謂主一，自然不費安排，而身心肅然，表裡如一矣。」（同上）

外敬，使外面行動整齊，容貌端莊，舉止不亂，同時內心乃能專於一，心可安定。但後代儒家學人偏於兩點：一是死守外敬而忘記了應付事物之理；一是僞於外貌，內心邪念多欲。

「敬有死敬，有活敬：若只守著主一之敬，遇事不濟以義，辨其是非，則不活。……須敬義夾持，循環無端，則內外透徹。」（朱子語類　卷十二）

內外透徹，避免死守儀則，也避免虛僞儀禮。胡適曾喊打倒「禮教」，就是因爲儒家學者死守沒有意義的禮規，又徒在外面求敬，內心不正。

孔子已教門生外敬，歷代學者繼續施教。

甲、莊重、威儀

「君子不重則不威，學則不固。」（論語　學而）

「子溫而厲，威而不猛，恭而安。」（述而）

「席不正不坐……，寢不尸，居不容。……升車必正立，執綏，車中不內顧，不疾言，不親指。」（鄉黨）

孔子所說君子有九思，即是「修己以敬」（憲問），事事謹愼，對外面行動要端莊，內心要守義。

「孔子曰：君子有九思：視思明，聽思聰，色思溫，貌思恭，言思忠，事思敬，疑思問，忿思難，見得思義。」（季氏）

張栻（南軒）：「程子教人居敬，必以動容貌整思慮爲先，蓋動容貌整思慮，則其心一以敬也。敬有主宰，涵養漸熟，則遇事接物，此意豈容渙散乎！主一之義，且深體之。」（南軒學案　宋元學案十三　頁八）

揚雄：「或問：何如斯謂之人？曰：取四重，去四輕，則可謂之人。曰：何謂四重？曰：重言，重行，重貌，重好，言重則有法，行重則有德，貌重則有威，好重則有觀。敢問四輕？曰：言輕則招憂，行輕則招辜，貌輕則招辱，好輕則招淫。」（法言 修身）

中庸以聖人的外貌，威儀隆重。

「大哉聖人之道！洋洋乎，發育萬物，峻極於天，優優大哉！禮儀三百，威儀三千，待其人而後行。」（第二十七章）

「齋明盛服，非禮不動，所以修身也。」（第二十章）

莊重表現在行動上，在衣服上，在行事上。普通以君子和小人之分，君子端重，小人輕佻。朝廷和各級政府，都以儀禮加重皇帝和官吏的聲威，在私塾和家庭中，老師和父親，也都以外貌嚴肅以維持孝敬父母和尊師重道。

乙、愼言

言語以構成人際關係，表現每人的思想。爲持敬則須愼言，愼言有兩方面的謹愼：一是言語的態度，一是言語的內容。兩方面都須守敬。

「子曰：巧言令色，鮮矣仁。」（學而）

「司馬牛問仁：子曰：仁者，其言也訒……子曰：爲之難，言之，得無訒乎。」（顏淵）

「何謂知言，曰：詖辭知其所蔽，淫辭知其所陷，邪辭知其所離，遁辭知其所窮，生於其心，害於其政；發於其政，害於其事；聖人復起，必從吾言矣。」（孟子 公孫丑上）

說話的聲音和面色，爲守敬，應勿「疾言厲色」，孔子說：「言思恭」，「色思溫」，不宜「盛氣凌人」。

孔子對於惡言毀人，心有所惡。

「子貢曰：君子亦有惡乎？曰：有。惡稱人之惡者，惡下流而訕上者，惡勇而無禮者，惡果敢而窒者。」（陽貨）

「曾子有疾，孟敬之問之，曾子言曰：鳥之將死，其鳴也哀，人之將死，其言也善。君子所貴乎道者三：動容貌，斯遠暴慢矣；正顏色，斯近信矣，出辭

氣，斯遠鄙倍矣；籩豆之事，則有司存。」（論語 泰伯）

曾子把容貌、顏色、言辭的謹愼，作爲君子所貴的三項生活之道。

曾國藩曾訓誡弟弟們：

「余正月初四回信中，言戒驕字，以不輕非笑人爲第一義。望弟弟常猛省，並戒子弟也。」（咸豐十一年二月初四日 致四弟）

丙、忍

平日的人際關係，常使人心煩，發言不愼，都因爲事體多不如意。守敬的工夫，則在能忍，古代家庭中，數代同堂，人多事雜，爲避免口角，能忍是上策。

「孔子謂季氏，八佾舞於庭，是可忍也，孰不可忍也。」（八佾）

「子曰：不怨天，不尤人，下學而上達，知我者其天乎！」（憲問）

「子曰：巧言亂德，小不忍，則亂大謀。」（衛靈公）

「子曰：人無遠慮，必有近憂。」（衛靈公）

「孔子曰：侍於君子有三愆：言未及之而言，謂之躁；言及之而不言，謂之隱，未見顏色而言，謂之瞽。」(季氏)

「孔子曰：君子有三戒：少之時，血氣未定，戒之在色；及甚壯也，血氣方剛，戒之在鬥；及其老也，血氣既衰，戒之在得。」(季氏)

「孔子曰：君子有三畏：畏天命，畏大人，畏聖人之言，小人不知天命，而不畏也，狎大人，侮聖人之言。」(季氏)

「孟子曰：有人於此，其待我以橫逆，則君子必自反也，我必不仁也，必無禮也，此物奚宜至哉？其自反而仁矣，自反而有禮矣，其橫逆由是也，君子必自反也，我必不忠也，自反而忠矣，其橫逆由是也，君子曰此亦妄人也已矣，如此則與禽獸奚擇哉！於禽獸又何難焉。」(離婁)

「明．夏原吉有雅量。或問原吉：量可學乎？曰：吾幼時人有犯者，未嘗不怒，始忍於色，中忍於心，久則無可忍矣。」(秦孝儀 進德錄 頁十)

「漢．劉寬嘗坐車而行，人有失牛車，乃就寬牛車認之，寬無所言，下車步歸，有傾，認者得牛而送還，叩頭謝曰：慚負長者。寬曰：物有相類，事容脫誤，幸勞見歸，何謝爲？州里服其不較。寬雖在倉卒，未嘗疾言遽色，夫人欲試令忿，伺當期會，嚴裝已迄，侍女奉肉羹，翻污朝衣，寬神色不異，仍徐言曰：

羹爛汝手乎？其性度如此，海內皆稱寬長者。」（同上　頁七四）

「小不忍，則亂大謀。」這句孔子的話，在中國歷代社會裡常是警戒的格言。孟子也曾特別指出，上天要重用一人而賦於特別使命時，必先磨鍊他，養成能忍的習氣。

「故天將降大任於斯人也，必先苦其心志，勞其筋骨，餓其體膚，空乏其身，行拂亂其所爲，所以動心忍性，增益其所不能，人恆過，然能能改，困於心，衡於慮，而後作。」（告子下）

朱熹注說：「動心忍性，謂竦動其心，堅忍其性也。然所謂性，亦指氣稟食色而言耳。」「蓋不能謹於平日，故必事勢窮蹙，以至困於心，橫於慮，然後能奮發而興起。」

在攻安寧和金陵時，曾國荃督戰，常求急戰，常因病生氣，曾國藩屢次去信敦勸忍耐。

「此病（肝病）非藥餌所能爲力，必須將萬事看空，毋惱毋怒，乃可漸漸減輕，蝮蛇螫手，則壯士斷其手，所以全生也，吾兄弟欲全其生，亦當視惱怒如蝮蛇，去之不可不勇。至囑，至囑。」（同治三年四月十三　兄致九弟沅）

丁、涵養

涵養，宋明理學常用爲代表修身，稱爲修養；但普通社會人士常用涵養表現修養高，不易生怒，不易失言，常能自重。涵養便視爲一種外敬的工夫，或代表外敬的一切工夫。

「居上不驕，爲下不倍。」（中庸 第二十七章）

「唯天下至聖，爲能聰明睿知，足以有臨也，寬裕溫柔，足以有容也，發強剛毅，足以有執也；齊莊中正，足以有敬也，文理密察，足以有別也。溥博淵泉，而時出之。溥博如天，淵泉如淵。見而民莫不敬，言而民莫不信，行而民莫不說。」（中庸 第三十一章）

「子曰：巧言，令色，足恭，左丘明恥之，丘亦恥之。」（公冶長）

「子絕四：毋意（臆度）、毋必（期必）、毋固（固執）、毋我（自我）。」（子罕）

「子曰：君子謀道不謀食，……君子憂道不憂貧。」（衛靈公）

「子曰：君子食無求飽，居無求安，敏於事而愼於言，就有道而正焉，可謂好學也已。」（學而）

「子曰：富與貴，是人之所欲中，不以其道得之，不處也；貧與賤，是人之所惡也，不以其道去之，不去也。君子去仁，惡乎成名？君子無終食之閒違仁，

造次必於是，顚沛必於是。」（里仁）

「孟子曰：君子窮不失義，達不離道。」（盡心上）

「孟子曰：君子所性，大行不加焉，知窮居不損焉，分定故也。」（盡心上）

孟子常講涵養，說明自己培養浩然之氣，能遇事不動心。

「敢問夫子之不動心，與告子之不動心，可得聞與？告子曰：不得於言，勿求於心，不得於心，勿求於氣。不得於心，勿求於氣，可。不得於言，勿求於心，不可。夫志，氣之帥也，氣，體之充也，夫志至焉，氣次焉，故曰持其志，無暴其氣。……

敢問夫子惡乎長？曰：我知言，我善養吾浩然之氣。敢問何謂浩然之氣？曰：難言也！其爲氣也，至大至剛，以直養而無害，則塞乎天地之間。其爲氣也，配義與道，無是餒也，是集義所生者，非義襲而取之也。行有不慊於心則餒矣，我故曰：告子未嘗知義，以其外之也。必有事焉而勿正，心勿忘，勿助長也。」（公孫丑上）

孟子養浩然之氣，不僅是外敬，而也有內敬。但他以浩然之氣爲集義所生，宋儒以「敬以直內，義以方外。」義常關於我與人的關係，爲養浩然之氣，在對人的關係上，常加謹愼。孟子對景丘氏責他不敬王（齊王），說：「天下有達尊三：爵一，齒一，德一，朝廷莫如爵，鄉黨莫如齒，輔世長民莫如德。惡得有其一，以慢其二哉！故將大有爲之君，必有所不召之臣，欲有謀焉，則就之。其尊德樂道，不如是不足以有爲也。」（公孫丑下）孟子離開齊國，有人來留他，跟他談話，孟子不告，「客不悅曰：弟子齊宿而後敢言，夫子卧而不聽，請勿復敢見矣。曰：坐！我明語子。昔者魯繆公無人乎子思之側，則不能安子思；泄柳申鮮無人乎繆公之側，則不能安其身。子爲長者慮而不及子思，子絕長者乎？長者絕子乎？」（公孫丑下）

常人都以孟子好言，好賣老，裝架子；孟子卻說：「予豈好辯哉，予其不得已也。」孟子常對君王，對不禮遇的人，保持自已的身份，守禮不屈。這種氣概，表示他的浩然之氣，有涵養，遇事不亂。

3. 內敬

敬分內外，祇爲工夫上有頭緒，實則內外兩面不可分，外敬若沒有內敬，便等於死敬或假敬。敬的工夫，是在使心安定，然後在行動上才不亂，內敬便對心作工夫。內敬對心的工夫，第一是主一，第二是收心，第三是反省，第四是克慾。

甲、主一

大學指示修身的先決條件，在於心能安定的情況，或說心定的氣象，心不安定就亂，不能思慮，人性天理不能顯明，應付事物常不得其當。爲當心安，必求主一。主一，是心專於眼前所作的事。

「心不在焉，視而不見，聽而不聞，食而不知其味。」(大學 第七)

「人多思慮，不能自寧，只是作他心主不定，要作得心主定，惟是止於事。」(程頤 二程全書一 二程遺書十五 伊川語錄一)

「敬，莫把做一件事情看，只是收拾自家精神，專一在此。」(朱子語類 卷十二)

「心須常令有所主。做一事未了，不要做別事。心廣大如天地，虛明如日月。要閒，心卻不閒，隨物走了。不要閒，心卻閒，有所主。」(朱子語類 卷十二)

「只敬則心便一。」(同上)

「敬只是此心自做主宰處。」(同上)

「問敬何以用功？曰：只是內無妄思，外無妄動。」(同上)

「敬且定下，如東西南北各有去處，此爲根本，然後可明。若與萬物並流，則

如眯目播糠，上下四方易位矣。如伊川說，聰明睿智皆由是出，方曰敬，中有誠立，明通道理。曰：然。」（同上）

但是僅僅「主一」兩字，不加說明，則能引起誤會。

「陸澄問主一之功：如讀書則一心在讀書上，接客則一心在接客上，可以爲主一乎？先生曰：好色則一心在好色上，好貨則一心在好貨上，可以爲主一乎？是所謂逐物，非主一也。主一是專心一省天理。」（王陽明全集　卷一）

王陽明所說就是普通一般人可能有的誤會。主一，要主於天理，心要守著天理以應接事物。

「嘗喻以心知天，猶居京師，往長安，但知出門便可到長安。此猶是言作兩處，若要誠實，只在京師便是到長安，更不可別求長安，只心便是天，盡之便知性，知性便知天。當處便認取，更不可外求。」（二程全書一　二程遺書二上　二程語錄二上）

「閑邪則固有一矣，然主一則不消言閑邪，有以一爲難見，不可下功夫，如何？一者無他，只是整齊嚴肅，則心便一，一則自是無非僻之奸。此意但涵養久，則天理自然明。」（二程全書二　二程遺書十五　伊川語錄一）

「主一者謂之敬，一者謂之誠，主則有意在。」（二程全書三　二程遺書二十四　伊川語錄十）

敬的主一，專心於一事，祇是一種方法，目的在於人心不亂，湛然光明，人性天理顯明出來，人按天理應接事物。內敬外敬本來合成這一方法，「內無妄思，外無妄動。」人心自明，天理乃顯。朱熹稱這個目的爲「存心」。

乙、收　心

朱熹和程頤都主張敬以存心，存心爲保持人心的本來面目，保存人心的光明氣象。這種氣象可能失掉，是在人心放蕩在許多事上；爲能存心乃用敬，敬的工夫，在於收心。收心，是把心收回來。心裡一時想許多事，外面一時做許多事，心放在這許多思慮上，放在這許多事情上，心便亂了。初步工夫，便是把心從這些思慮上和許多事情上，收回來，不去想，不去作，同時，也不妄想不妄動，心便安了。收心，來自孟子，孟子曾教人求放心，把放出去的心，尋回來。

「孟子曰：仁，人心也；義，人路也。舍其路而弗由，放其心而不知求，哀哉！人有雞犬放，則知求之，有放心而不知求。學問之學無他，求其放心而已矣。」（告子上）

朱熹在四書集注中說：

「程子曰：心至重，雞心至輕，雞犬放則知求，心放而不知求，豈愛其至輕而忘其至重哉！弗思而已矣。愚謂上兼言仁義，而此下專言求放心者，能求放心，則不違於仁而義在其中矣。」

朱熹注曰：

「學問之事固非一端，然其道則在於求其放心而已。蓋能如是，則志氣清明，義理昭著，而可以上達；不然，則昏昧放逸，雖曰從事於學，而終不能有所發明矣。故程子曰：聖賢千萬言語，只是欲人將已放之心，約之使反復入身來，自能尋向上去，下學而上達也。此乃孟子開示切要之言，程子又發明之，曲盡其指，學者宜服膺而勿失也。」

求放心，這是一種說法，實則不是有一個心放出去了，再用一個心去尋，尋得了，找回來。若是這樣，便有兩個心或多個心了，心，祇一個。放出去的心，和尋放心的心，同是一個心。因此求放心，更好說收心，或更好說存心，就是使自己這個心不亂想。

「或問求放心，愈求則愈昏亂，如何？曰：即求者便是賢。心也知求，則心在矣。今以已在之心，復求心，即是有兩心矣。雖曰譬之雞犬，雞犬卻須尋求乃得，此心不待宛轉尋求，即覺其失，覺處即心，何更求爲？自此更求，自然愈失。此用力甚不多，但只要常知提惺爾。惺，則自然光明，不假把捉。今言操之則存，又豈在用力把捉，亦只是說欲常常惺覺，莫令放失，便是此事。用多極不多，只是些子力爾。然功成後，卻應事接物，觀書察理，事事賴他。如推車子，初推卻用些力，車既行後，自家卻賴他以行。」(朱子語類 卷五十九)

「求放心，也不是在外面求得箇放心來，只是求時便在。我欲仁，斯仁至矣。只是欲仁，便是仁了。」(同上)

「求放心，非以一心求一心，只是求存便是已收之心。操則存，非以一心操一

心，只操底便是已存之心。心雖放千里之遠，只一收便在此，他本無去來也。」(同上)

收心以求放心，收心只是存心，使心不亂想，也不妄想。朱熹對於心的天理，和陸象山、王陽明的主張，並不相反。朱熹也主張心的天理，本來昭明顯著，遇事時，自然應接得好，不費氣力，這一點，則是儒家修德的問題，在後面一章將討論。

孟子又講存夜氣。

「雖存乎人者，豈無仁義之心哉。其所以放其良心者，亦猶斧斤之於木也，旦旦而伐之，可以爲美乎？其日夜之所息，平旦之氣，其好惡與人相近也者幾希，則其平旦之所爲，有梏亡之矣，梏之反覆，則其夜氣不足以存。夜氣不足以存，則其違禽獸不遠矣。人見其禽獸也，而以爲未嘗有才焉者，是豈人之情哉！」(告子上)

朱熹注說：

「平旦之氣，謂未與物接之時，清明之氣也，好惡與人相近，言得人心之同然也。幾希，不多也。梏，械也。反覆，輾轉也。言人之良心，雖已放失，然其日夜之閒，亦必有所生長，故平旦未與物接，其氣清明之際，良心猶必然有發見者，但其發見至微，而旦暮所為之不善，又已隨而梏亡之，如山木既伐，猶有萌蘖，而牛羊又牧之也。晝之所為，既有以害其夜之所息，夜之所息，又不能勝其晝之所為，是以輾轉相害，至於夜氣之生，日以寖薄，而不足以存其仁義之良心，則平旦之氣，亦不能清，而所好惡遂與人遠矣。」

朱熹在論語的注釋裡，對「夜氣」並沒有解釋，他的門生作了許多問題。

「或問夜氣旦氣如何？曰：孟子此段，首尾只為良心設爾。大多將夜氣便做良心說了，非也。夜氣不足以存，蓋言夜氣至清，足以存得此良心爾。平旦之氣亦清，亦足以存吾良心。……但此心存得不多時也，至旦晝之所為，則梏亡之矣。所謂梏亡者，人多謂梏亡其夜氣，亦非也，謂旦晝之為，能梏亡其良心也。」（朱子語類　卷五十九）

「敬子問旦晝不梏亡，則養得夜氣清明。曰：不是靠主為主，蓋要此氣去養那

仁義之心，如水之養魚，水多則魚鮮，水涸則魚病。養得這氣，則仁義之心亦好；氣少則仁義之心亦微矣。」(同上)

「平旦之氣，只是夜間息得許多時節，不與事物接，才惺來便有得這些自然清明之氣，此心自恁地虛靜。少間才與物接，依舊又汩沒了。只管汩沒多，雖夜間休息，是氣亦不復存，所以有終身昏沈，輾轉流蕩，危而不復者。」

「器之問平旦之氣，其初生甚微，如何道理能養得長？曰：亦只逐日漸漸積累，工夫都在旦晝之所爲。今日長得一分，夜氣便長得一分，明日又長得一分，明夜又長得兩分，便是兩日事。日日積累，歲月既久，自是不可禦。今若壞了一分，夜氣漸薄，明日又壞，便壞成兩分，漸漸消只管無，故曰旦晝之所爲有梏亡之矣。梏之反覆，夜氣不足以存，到消得多，夜氣益薄，雖息一夜，也存不得。」(同上)

朱熹按照理氣的主張，解釋夜氣爲清氣，但是在實際上保存或損失清氣，弟子們都茫茫地不知道究竟怎麼做，誰也不能理會這種氣是什麼。究其實乃是一個心理境況，一個人好好睡了一夜，平旦醒來，或在午夜醒來，心裡沒有掛心的事，沒有想念的事，心中空白，心情安寧，這種心理境況，就是平旦的清氣，也就是夜氣。人要存夜氣，就是保持這種清明的境況，也就是喜怒哀樂未發時的境況，不要動欲動情。但是絕對不動情不動欲，則是不行動，這是佛教的絕慾；儒家反動，保存夜氣的工夫，便是守敬，心不妄想，手足不妄動。

「問夜氣之說。曰：祇是借夜氣來滋養箇仁義之心。」（朱子語類 卷十二）「夜氣存，則清過這邊來。」（同上）

實際上，我是使心上清明，沒有妄想妄動的情欲，心的本體，即仁義之心自然未顯明，以應付事物。存夜氣，可以歸到收心工夫。

丙、反省

在知的內容裡，曾講過反省以自知；在修身的工夫裡，內敬工夫要求常作反省。朱熹對於存夜氣常說：「且晝之所爲，有以汨亂其氣，則良心爲之不存矣。」（朱子語類 卷十二）且晝的作爲，內裡亂想，外面亂爲，把良心汨亂了，爲能改正或避免這種境況，自己須要常常回想或反省自己的作爲，以便看清楚自己的處境。

論語學而篇記載曾子所說：「吾日三省吾身，爲人謀而不忠乎？與朋友交而不信乎？傳不習乎？」後代儒者莫不奉曾子作表率，常作反省。

柳宗元曾作「三戒」，「吾恆惡世之人不知推己之本，而乘物以逞。或依勢以干非其類，出技以怒強，竊時以肆暴，然卒迨於禍。有客談麋，驢，鼠三物，似其事，作三戒。」（唐柳先生集　卷十九）麋因主人嚴禁家犬害牠，並習慣同戲，自以爲犬皆友，出門遭外犬咬殺。驢在黔爲特產，老虎初見龐然大物，怕懼，後試與驢鬥，驢踶虎，老虎知驢「技止此耳！」「因跳踉大㘎」。永州某人因生歲値子，鼠爲子神，遂不殺鼠，鼠相告皆來他家。後來這人遷居，新來者看到老鼠成群，竟不避人，乃「假五六貓，闔門，撤瓦，購僮羅捕之，殺鼠如丘。」

「三戒」戒人反省，認識自己，明瞭自己的處境，以能「知推己之本」。

孟子對於人際關係，也教人反省：

「孟子曰：有人於此，其待我以橫逆，則君子必自反也，我必不仁也，必無禮也，此物奚宜至哉？其自反而仁矣，自反而有禮矣，其橫逆由是也，君子必自反也，我必不忠也。自反而有忠矣，其橫逆由是也，君子曰，此亦妄人也矣，如此則與禽獸奚擇哉！於禽獸又何難（計較）焉。」（離婁下）

在日常生活裡，遇事能反省，必能避免重犯錯失，又能擇善固執，立定自己的志向。

丁、改過

人在日常生活中常常反省，爲知道自己的過失，每個人日常免不了有失，大過小過常有；但知過而改，則是善了。

爲變化氣節，最要緊是能知過則改。氣節不良，常做錯事，自加省察，能實行改正，漸漸便能變化氣質。

「子曰：過而不改，是謂過矣。」（衛靈公）

「無友不如己者，過則勿憚改。」（學而）

「子曰：人之過也，各於其黨，觀過，斯知仁矣。」（里仁）

「子曰：丘也幸，苟有過，人必知之。」（述而）

「子曰：過而不改，是謂過矣。」（衛靈公）

「子曰：德之不修，學之不講，聞義不能徙，不善不能改，是吾憂也。」（述而）

「子夏曰：小人之過也必文。」（子張）

「子貢曰：君子之過也，如日月之食。過也，人皆見之，更也，人皆仰之。」（子張）

「子曰：已矣乎！吾未見能見其過，而內自訟者也。」（公冶長）

「子曰：法語之言，能無從乎？改之爲貴。巽與之言，能無說乎？繹之爲貴，說而不繹，從而不改，吾未如之何也矣！」（子罕）

「孟子曰：子路，人告之以過則喜。禹聞善言則拜，尤戡有大焉！善與人同，舍己從人，樂取人以爲善。」（孟子　公孫丑上）

「陳賈見孟子。問曰：「周公何人也？曰：古聖人也。曰：使管叔監殷，管叔以殷畔也，有諸？曰：然。曰：周公知其將畔而使之歟？曰：不知也。然則聖人且有過與？曰：周公弟也，管叔兄也。周公之過不亦宜乎？且古之君子，過則改之，今之君子，過則順之。古之君子，其過也如日月之食，民皆見之，及其更也，民皆仰之；今之君子，豈徒順之，又從而爲之辭。」（公孫丑下）

過而不改，已經不足稱君子了。孟子說：「今之君子」是對來訪的陳賈，因爲他替齊王掩飾過失。「燕人畔，王曰：吾甚慚於孟子。陳賈曰：王無患焉。」孟子曾勸齊王勿伐燕，齊王不聽，齊破燕二年，燕人畔。陳賈來向孟子解釋，孟子乃說今之君子不知過，而加以掩飾。

改過爲修身的必要工夫，過而不改，過上加過，惡習慣造成，將來越難改掉。古代聖賢，高興聽人責備過失，孔子認爲自己很幸運，犯了過失，人家都知道都說，自己便可以改正。孔子也說朋友中最好而有益的朋友，是直言不諱，責惡勸善，所以要「友直」。曾國藩指揮湘勇攻打洪秀全，有兩次大敗，一次在岳州，一次在九江，後來自己痛加悔過，在晚年給曾國筌的一封信中說：

「兄自問近年得力惟有一悔字訣。兄昔年自負本領甚大，可屈可伸，可行可藏，又每見得人家不是。自從丁巳，戊午大悔大悟之後，乃知自己全無本領，凡事都見得人家有幾分是處。故自戊午至今九載，與四十歲以前迴不相同，大約以能立能達爲體，以不怨不尤爲用。……弟若欲自儆惕，似可學阿兄丁戊二年之悔，然後痛下針砭，必有大進。」（同治六年正月初二日　致沅弟）

「朱子嘗言：悔字如春，萬物蘊蓄初發；吉字如夏，萬物茂盛已極；吝字如秋，萬物始落；凶字如冬，萬物枯凋。又嘗以元字配春，亨字配夏，利字配秋，貞字配冬。兄意貞字即硬字訣也。弟當此艱危之際，若能以硬字法冬天之藏，以悔字啓春生之機，庶幾可挽回一二乎？」（同治六年三月初二日　致沅弟）

「余到金陵已六日，應酬紛繁，尚能勉強支持，惟畏禍之心刻刻不忘。弟信以咸豐三年六月爲余窮困之時。余生平吃數大塹，而癸丑六月不與焉。第一次壬辰年發佾生，學公懸牌，責其文理之淺。第二庚戌年上日講疏內，畫一圖淺陋，九卿中無人不冷笑而薄之。第三甲寅年岳州，靖港敗後棲於高峰寺，爲通省官紳所鄙笑。第四乙卯年九江敗後赧顏走入江西，又參撫，臬；丙辰被困南昌，官紳人人目笑存之。吃此四塹，無地自容，故近雖忝竊大名，而不敢自詡爲有本領，不敢自以爲是。俯畏人言，仰畏天命，皆從磨煉後得來。弟今所吃塹，與余甲寅岳州，靖港敗相等，雖難處各有不同，被人指摘稱快則一也。弟力學悔字硬字兩訣，以求挽回。弟自任鄂撫，不名一錢，整頓吏治，外間知者甚多，並非全無公道。從此反求諸己，切實做去，安知大塹之後無大伸之日耶？」（同治六年三月十二日　致沅弟）

沅弟曾國荃自大自傲，遇事求急效，曾國藩屢次敦勸，卒使國荃轉危爲安，晚年引退居家。我引這幾段信，因人事離我們尚不很久，可以証實儒家長久流下的傳統。

戊、克　慾

儒家修身之道，對於慾字用意很多，佛教以生老病苦的原因在於一箇欲字，心若無欲，人便不再輪迴，佛教乃主張絕慾。儒家不主張絕慾，否則使人變成枯木槁灰，但主張克欲。

「孟子曰：養心莫善於寡欲，其爲人也寡欲，雖有不存焉者寡矣。其爲人多欲，

雖有存焉者寡矣。」（盡心下）

朱熹注釋說：「欲，口鼻耳目，四支之欲，雖人之不能無，然多而不節，未有不失其本心者，學者所當深戒也。程子曰：所欲不必沈溺，只有所向便是欲。」

欲，是心之所向，不是在理論上，是在實踐上。在理論上，心之所向爲意，意之所支則爲欲。在實際上，心動，是情動，朱子常說：「心統性情」。心的本體，在孟子的主張爲仁義禮智四端，四端發出來的，爲惻隱之心，羞惡之心，辭讓之心，是非之心，孟子講養心是養這四種心，存心也爲存這四種心。耳目口鼻身之欲，則能桎梏或殺伐這四端，故必須節欲，因爲耳目口鼻身之欲，物引物，常能而不中節。

理學家的思想以心本體爲善，具有應付萬物之理，心的本體也明朗，唯有情慾可以掩蔽心的光明，使人看不見心的本體，而且情慾多常動，人更不能看見心的天理，必須節欲，使心保存本體的明朗。

「致知敬克己，此三事，以一家譬之，敬是守門之人，克己則是拒盜，致知則是去推察自家與外來成事。」（朱子語類　卷七）

「敬如治田而灌溉之功，克己則是去其惡草。」（朱子語類　卷十二）

「因說克己，如剝百合，須去了一重方始去第二重，今且義利兩字分個界限，緊緊走這邊走。」（朱子語類 卷四十一）

「問克字工夫全在克字上，蓋是就發動處克將去，必因有動而天理人欲之幾始分，方知所抉擇而用力也。曰：如此則動以前不消得力，只消動處用力便得，如此，得否？且更子細。明早問看得如何。林安★舉注中程子所言克己復禮乾道，主敬行恕坤道以對。曰：這箇也只是微有些如此分。若論敬，則自是徹頭徹尾要底。如公昨夜之說，只是發動方用克，則未發時，不成只是在這裡打瞌睡懵憧，等私欲來時，旋捉來克，如此得否？又曰：若待發見而後克，不亦晚乎！發時固是用克，未發時也須致其精明，如烈火之不可犯，始得。」（朱子語類 卷四十一）

孔子曾說：「克己復禮」，禮爲行爲的規範，爲情動的標準，合於禮，情動乃中節。欲和情常連在一起，克欲成爲控制情感。中庸以情動中節爲善，不中節爲惡，善惡便都在情上，情動於中必形於外，形於外是在耳目口鼻身各方面，便是欲。欲的動，爲氣的動；欲重則氣濁，氣濁則掩蔽心的本體，因此，善惡都歸於情慾。情在心內，欲在身體，情內欲外，情和欲都由氣而成。朱熹講性的善惡時，以性的本體爲理，即所謂天地之性爲善；每個人的性由理氣合成，稱爲氣質之性，因氣有清濁，得氣清的人所有的性爲善，得氣濁的人所有的性爲惡。氣質之性的善惡實際上就是情欲的輕或重，情和欲重的人爲惡，情和欲輕的人爲善。修身之道，則在於使情欲減輕，情欲的表現是動，減輕情欲的工夫，便是控制情欲之動，使勿妄動，而且使不多動。

張載主張氣成一切，每個人有自己的氣質，氣質代表每個人的特性，特性不好，應加矯正，所以要變化氣質。氣質是人由氣凝聚而有的才質，才爲才能，質爲情慾，由才能和情慾結成一個人的特質或性格。

張載：

「變化氣質，孟子曰：居移氣，養移體。況居天下之大居者乎？居仁由義，自然心和而體正，更要約時，但拂去舊日所爲，使動作皆中禮，則氣質自然全好。」（理窟　氣質）

荀子主張性惡，然而主張以禮可以矯正性之惡，善所以爲人所爲，稱爲僞。張載教人改變氣質，方法有兩層：一是學問，一是求禮。

「氣質惡者，學即能移。」(理窟　氣質)

「爲學大益，在自求變化氣質。」(張子語錄)

「天資美不足爲功，惟矯惡爲善，矯惰爲勤，方是爲功。」(同上)

明清有些學者，反對克慾，王陽明的學生，認爲良知自然顯露，沒有所謂慾情蔽塞的問題，這派人乃流於疏狂，一切任其自然。清朝的學者如戴震，認爲情欲本身不能有善惡，都是出自人性，都是天生的。宋朝程顥也曾說情欲好像一條水，水自源頭流出時，水是清，流的遠了，滲入了泥沙，水乃濁。情欲的壞，來自習慣。孔子曾說：「性相近，習相遠。」清朝學者以惡來自習慣，修身之道不在克欲，而是在謹愼平日的習氣，但是實際上，都是在使心不多動。

「養心莫善於寡欲，欲是好欲，不是不好底欲，不好底欲，不當言寡。」(朱子語類　卷六十)

不好的欲該絕，不祗寡；好的欲，多了，便多動而亂心。寡欲的工夫從孟子以後，儒家代代實踐，雖在理上有爭執，在實踐上都實行。

三、正心 誠意

這一篇論持敬，上一篇論致知，講述了儒家修身的篤行工夫，篤行工夫的目的，在於「誠意」。人心有天理，天理自然顯明，祇因情欲的動使人心亂，天理遭蔽塞，修身的工夫在於除掉使心亂的原因，保存心的本體，心便能以天理應付事物，這種情況便是「誠意」。意是心之動，凡是行動都是意，行動符合人的天理便是「誠意」。

「致知在乎所養，養知莫善於寡欲二句，致知者推致其知識而至於盡也。將致知者，必先有以養其知，有以養之，則所見益明，所得益固。欲養其知者，惟寡欲而已矣。欲寡則無紛擾之而知益明矣，無變遷之患而得益固矣。」（朱子語類十八）

知能夠明，能夠固，則意誠。大學說：「知至而后意誠」。「知至」，乃知明，知固；知能明，能固，必須寡欲，持敬乃爲寡欲。

「誠意不立，如何能格物。所謂立誠者，只是要看實下工夫，不要若存若亡，遇一物須是眞箇即此一物究極得箇道理了，方可言格。若物格而后知至，知至而后意誠，大學蓋言其止之序，其始則必在於立誠。」（同上）

朱熹講誠意和致知的關係，主張先要有誠才能致知，這不是大學所說的「誠意」，朱熹自己在大學第一章的注釋說：「知既盡，則意可得而實矣。」、「誠，實也；意者，心之所發也。實其心之所發，欲其心自慊而無自欺也。」大學的「誠意」乃是心發意時，意有心的天理，意合於天理，天理顯在意中，這是修身的目的，也就是中庸的「誠之」。

「問誠者，眞實無妄之謂，天之道也。此言天理至實而無妄，指理而言也。誠之者，未能眞實無妄而欲其眞實無妄之謂，人之道也。此言人當有眞實無妄之知，行乃能實此理之無妄，指人事而言也。」（朱子語類　卷六十二）

「或問中與誠意如何？曰：中是道理之模樣，誠是道理之實處，中即誠矣。」（同上）

程顥和程頤都主張爲未發之中，在於守敬勿失，守敬爲保持「中」。「中即誠矣」，守敬便能誠。

誠意，才能正心，正心爲修身的止點。人的行動由心主宰，情發中節或不中節，也由心主宰。人的行動好不好，都在心上。心統性情，性爲本，情爲用。心發意，合於天理，意爲實意，便是誠。意中有天理，心的天理在意中，心的天理昭明，心好比一面鏡子，天理正對著鏡子，在鏡中顯出，心乃正。朱熹注大學第一章說：「心者，身之所主也。」

「正心卻不是將此心去正那心，但存得此心在這裡，所謂忿懥恐懼好樂憂患，自來不得。」（朱子語類　卷十六）

「人心如一箇鏡，先未有一箇影象，有事物來方始照見妍醜。若先有箇影象在裡，如何照得。人心本是湛然虛明，事物之來，隨感而應，自然見得高下輕重，事過便當依前恁地虛方得。若事未來，先有一箇忿懥好樂恐懼憂患之心在這裡，及忿懥好樂恐懼憂患之事到來，又以這心相與衮合，便失其正。事了又只苦留在這裡，如何得正。」（同上）

「喜怒憂懼都是人合有底，只是喜所當喜，怒所當怒，便得其正。若欲無這喜怒憂懼而後可以爲道，則無是理。小人便只是隨這喜怒憂懼去，所以不好了。」

（同上）

正心，是心不偏不倚，不偏不倚便是中。心本來中正，遇事不偏，但若心中有情欲，偏於一面，心便不正，意也不誠，所以要守敬克欲，保存心的本來中正。

王船山在四書訓義卷一大學第六章的訓義中說：

「夫經文所謂誠其意者，乃明德之要，善惡之樞，不可不審也。……故誠其意者，使意皆出於不妄，而心爲實心，知爲實知，意亦爲誠實之意，而後爲善去惡之幾，決矣。」

在大學第七章的訓義說：

「經言修身在正其心者，夫心居靜而制動，爲身之主，而身之用皆自此而起也，今且無言正與修合一之功，而言身心關通之故，則試就心之不正者而言之乎。夫心之不正，惟無理以爲之宰制也，乃情之未先，則正不正不可得而知，迨乎情之既起，則無主之心必因情而流矣。……隨情以流，則心失其居而若去矣；

因感以迷，則心並失其靈而若亡矣。……心失而身之精爽不靈也。」

大學所說格物、致知、誠意、正心，互相連貫，不分先後，在實踐修身上，缺了一個，四個都缺；實踐一個，四個同時見效。知和行，本可分開，在修身上，知行須要合一，先要立誠，誠心去求知，得了知就要實行，否則「知」不可保存，沒有知，不會去行，就是去行，將是亂行。宋明理學家主張動靜相涵，沒有先後，靜中有動，動中有靜。情未發時要以涵養保持心常惺惺，情發，心主之以理，便能中節。中庸說：「中也者，天下之大本也；和也者，天下之達道也。致中和，天地位焉，萬物育焉。」（第一章）

第七章 儒家實踐生命哲學的聖人氣象

儒家生命發展的頂點，在聖人心境。聖人爲人師，「與天地合其德，與日月合其明。」聖人生活的心境，「溥博如天，淵泉如淵。」聖人的生命，發展到最高點，盡心盡性，至誠無息。

聖人生命的實踐，在於能養心以盡心，養性以盡性，養氣以建立氣概，至誠以贊天地的化育。

一、養心

1. 孟子養心

宋朝理學家陸象山興起儒家的心學，王陽明作陸象山的文集序，稱陸象山的心學是繼孟子的絕學，孟子爲儒家心學的創始者，孟子以後沒有繼承的學人，直到宋朝才有陸象山提出孟子的思想，予以發揮。陸象山興起心學，王陽明繼續發揚；然而他們的心學思想和孟子的心學思想，並不相同，孟子的思想反而在程朱的思想中，有所發揮。

孟子主張性善，由心而顯出。性爲抽象的理，心爲活動的主體。心天生有仁義禮智之端，代表人性的善，人的生命，爲心的生命，心的生命在發揚仁義禮智之端，爲發揚這四端，孟子主張養心，培養四端的發育。

「惻隱之心，仁之端也；羞惡之心，義之端也；辭讓之心，禮之端也；是非之心，智之端也。人之有是四端也，猶其有四體也。有四端而自謂不能者，自賊者也；謂其君不能者，賊其君者也，凡有四端於我者，知皆擴而充之矣，若火之始然，泉之始達。苟能充之，足以保四海；苟不充之，不足以事父母。」（公孫丑上）

朱熹注釋說：

「仁義禮智，性也。心，統性情者也。端，緒也。因其情之發，而性之本然可得而見，猶有物在中而緒見於外也，擴，推廣之意。充，滿也，四端在我，隨處發見，知皆即此推廣，而充滿其本然之量，則其日新又新，將有不能自己者矣。」

孟子主張養心，不僅爲擴充，而且也爲保養。四端有如草種，若不保養，則被摧殘。

「孟子曰：牛山之木嘗美矣！以其郊於大國也，斧斤伐之，可以爲美乎？是其日夜之所息，雨露之所潤，非無萌蘖之生焉，牛羊又從而牧之，是以若彼濯濯也。人見其濯濯也，以爲未嘗有材焉，此豈山之性也哉！雖存乎人者，豈無仁義之心哉？其所以放其良心者，亦猶斧斤之於木也，旦旦而伐之，可以爲美乎？其日夜之所息，平旦之氣，其好惡與人相近也者幾希。……故得其養，無物不長；苟失其養，無物不消。」(告子上)

人有善端，須加保養，孟子所以說「存心」。善端被保養了才可以長大，好比草木的種子得了照顧，再加雨露，便可以生長。爲保養善端，孟子說克慾，「養心莫善於寡欲」，孟子說：「求放心」和「存夜氣」。這些都是修身的工夫。

善端得了養乃長，「而充滿其本然之量」，按照其本性完全發揮出來，長成巨木大樹，能長多高就長多高，孟子稱爲盡心，盡心，盡其本然之量去發展。

「孟子曰：盡其心者，知其性也。知其性則知天矣。存其心，養其性，所以事天也。」（盡心上）

朱熹的注釋說：

「心者，人之神明，所以具衆理而應萬事者也。性則心之所具之理，而天又理之所從以出者也。人有是心，莫非全體；然不窮理，則有所蔽而無以盡乎此心之量，故能極其心之全體而無不盡者，必其能窮夫理而無不知者也。既知其理，則其所從出，亦不外是矣。以大學之序言之，知性則知致之謂，盡心則知致之謂也。」

致知是知理，「知其性」爲致知，因爲性是理。盡心，不屬於知，應屬於行；「盡其心」

不是「知致之謂」而是徹底發揮心的能，即是心的善端，而後可以「事天」。

> 「盡心謂事物之理皆知之，而無不盡，知性謂知君臣父子兄弟夫婦朋友，各循其理。知天，則知此理之自然。」(朱子語類 卷六十)
>
> 「盡心如何盡得，不可盡者心之事，可盡者心之理，理既盡之後，謂如一物初不曾識，來到面前，便識得此物。盡吾心之理，盡心之理，便是知性知天。」(同上)
>
> 「盡心知性知天，此是致知；存心養性事天，此是力行。」(同上)
>
> 「盡心知性，以前看得知字放輕，今觀之，卻是知字重，盡字輕。知性則心盡矣。存養有行的意思。」(同上)

朱熹自己就有矛盾，「盡心之理，便是知性知天。」和「知性則心盡矣」，一時把知性放在盡心之後，由於盡心之理而知性；一時把知性放在盡心以前，「知性則心盡矣」。按朱熹的思想，知是知理，心的理是性，知心便是知性。孟子不能說知盡心則知性，應該說知性則知心。孟子的盡心知性，從行致知，從心的行，致知心的理，而後知天。孟子講心不是講心之理，是講心的善端，盡心是盡量發揮心的善端。朱熹講「理」，理是性。「窮理盡性以至於命」，都是講知，不牽涉到心。講到心，應該是行，不是知。程朱解釋孟子，是按他們理氣的思想去解釋。

孟子談到養心，培養善端，和他的養氣一樣，不可以揠苗助長。

「必有事焉勿正，心勿忘，勿助長也。無若宋人然。宋人有閔其苗之不長而揠之者，芒芒然歸，謂其人曰：今日病矣，予助苗長矣。其子趨而往視之，苗則槁矣。天下之不助苗長者寡矣。以爲無益而舍之者，不耘苗者也。助長者，揠苗者也，非徒無益而又害之。」（公孫丑上）

這個譬喻，明明說出養心是培養善端，而不是知心的天理；盡心，培養善端依照本性盡量完成，這種全德的人將是聖人或仁人。

2. 理學家中心學的養心

程朱的養心，以致知心的天理爲目標，到了「窮理盡性」便是盡心。程朱以這種思想注釋孟子，沒有發揮孟子養心的思想；但發揮了孟子「養心莫善於寡欲」的工夫，朱熹在注孟子所講牛山之木的譬喻說：「愚聞之師曰：人理氣之心未嘗無，惟持守之即在爾。若於旦晝之間，不至梏亡，則夜氣愈清。夜氣清，則平旦未與物接之時，湛然虛明氣象，自可見矣。孟子發此夜氣之說，於學者極有力，宜熟玩而深省之也。」

王船山在孟子的牛山之木譬喻篇的訓義中說：「由此觀之，其存其去，在人而不在天，明矣。夫良心之存乎人者，在既放之餘，而有可以生長以全復其本然之體，則存乎養之者，亦猶萌蘗之可養而成材也，但在乎得失之間耳。在山木也，禁其樵牧，加之培壅，則可使漸漬以成喬木。在人心也，節其嗜欲，資以學問，則雖蔽錮之餘，善幾偶動，而擴充之以達於萬行，即可使仁熟義精，而德業日崇。」

宋朝陸象山倡心學，自信是繼承孟子，和朱熹相對。他主張「心即理」，心就是天理，而且「心外無理」。他不主張養心，而主張存心。他的存心不是程朱派所主張求情未發時的中，存心不是主靜求存心的本體或本來狀態，心的本體自然存在，不必去求，且靜亦在，動亦在，不能把心分爲動靜，存心之道在於誠。

「知所以成己而無非僻之侵，則誠之在己者，不期而自存。知所以成物而無驕盈之累，則德之及物者，不期而自化。……」(象山先生全集　卷二十九　解誠　庸言之信)

陸象山以心自然而明，事來即可順應。但在平日須有涵養，使心不泊於事，心不泊於外面的事，不會受蒙蔽，便常淸明。實際上「心不泊於事」等於節欲。

明初陳獻章主張心學，以心爲修養的中心：

「今是編也，採諸儒行事之跡，與其諸著之言。學者苟不但求之書，而求諸吾心，察於動靜有無之機，致養其在我者，而勿以聞見亂之，去耳目支離之用，全虛圓不測之神，一開卷盡得之矣。非得之書也，得自我者也。」（白沙子　卷一　道學傳序）

「承示教近作，頗見意思，然欲不多作，恐其滯也。人與天地同體四時以行，百物以生；若滯在一處，安能爲造化之主耶？古之善學者，常令此心在無物處，便運得轉耳。學者以自然爲宗，不可不著意理會。」（白沙子　卷二　遺言　湛民澤）

陳白沙以心爲重，心爲一元之氣之舍，不能滯於物，一元之氣乃能週流宇宙，化生萬物，「學者以自然爲宗。」陳白沙似有道家莊子的形象。

王陽明爲陸王心學的中心，主張心即良知，存心就是致良知。

「夫心之本體，即天理也。天理之昭明靈覺，所謂良知也。君子之戒愼恐懼，惟恐其昭明靈覺者，或有所昏昧放逸，流於非僻邪妄，而失其本體之正耳。戒愼恐懼之功無時或間，則天理常存，而其昭明靈覺之本體無所虧蔽，無所牽擾，無所恐懼憂患，無所好樂忿懥，無所意必固我，無所歉餒愧怍，和融瑩徹，充塞流行，動容周旋而中禮，從心所欲而不踰，斯乃謂眞灑落矣。是灑落生於天理之常存，天理常存生於戒愼恐懼之無間。孰謂敬畏之增，乃反爲灑落之累耶！」（王文成公全書　卷五　答舒國用癸未）

上面的說法，看到跟朱熹的說法一樣，祇是中心思想並不相同。朱熹克己以存心，使心能應付萬事。王陽明存心爲致良知，心有情欲，必須格除，所以要戒愼恐懼。王陽明有四句教。

「無善無惡心之體，有善有惡意之動，
知善知惡是良知，爲善去惡是格物。」

王陽明的格物，爲格除物欲。爲保存本心良知，應格除物慾。實際上他也是接受孟子所說：「養心莫善於寡欲」。但是他的門生常常離開了他的主張，偏重陳白沙的「學者以自然爲宗」，不再主張格除物欲，一切任其自然。王畿批評當時同門中有人主張自然說：

「有謂良知本來無欲，直心以動，無不是道，不待復加銷欲之功。……良知原是未發之中，無知無不知。若良知之克，復求未發，即是沈空之見矣。古人立教，原爲有欲說，銷欲正以復還無欲之體，非有所加也。」（王龍溪全集卷一 撫州擬峴台會語）

王畿爲致良知，不主張誠意，而在於悟見自性，即悟見良知。良知爲性的靈根，爲心的本體，自然虛明。「知而曰致，翕聚緝明，以完無欲之一，所謂功夫也。」（同上 卷五 書同心冊）

聶豹則主張良知爲心本體，應在情未發中體驗，主靜以得這體驗。

「良知本寂，感於物而能有知。知其發也，不可遂以知發爲良知，而忘其發之所自也。心主乎內，應於外，而後有外，外其影也，不可以其外應者爲心，而遂求心於外也。故學者求道，自其求乎內之寂然者求之，使之寂而常定。」（明儒學案　卷十七　雙江論學書　答許玉林）

聶豹的主張是「歸寂守靜」，以保存心本體的虛明，可以通於萬物的感應。所以有近於禪學的氣味。

王洪先的本傳說：「先生之學，始致力於實踐，中歸於寂靜，知徹悟於仁體……而聶雙江以歸寂之說號於同志，惟先生獨心契之。」（明儒學案　傳十八）王洪先說：

「心之本體至善也，然無善之可執。所謂善者，自明白，自周偏，是知是，非知非，如此而已。不學而能，不慮而知，順之而已。惟於此上倚著爲之，便欲，便非本體，明白亦昏，周偏亦狹，是非亦錯，此非有大相懸隔，只落安排與不安排耳。」（同上　論學書　奉李谷平）

王洪先以良知自然流露，不用人工夫，免揠苗助長，反使苗枯，他認爲良知流露，使人「從心所欲不逾矩。」這種學說過於樂觀，孔子到了七十歲，一生修養才達到這種地步，不是不修養克己所能做到。良知自然流露，告知是非；但致知於事件，則不是自然，必須費工夫。

王艮對於大學的修身綱目，不予同意，正心不在於誠意，誠意不在於致知。但他卻又主說意誠而後可以正心，他所說的誠意，乃是相信自己有天然自足之性，動即中，感即應，不要再作工夫。

「王子敬問莊敬持養工夫？先生曰：道一而已矣，中也，良知也，性也，一也。識得此理，則見見成成，自自在在，即此不失，便是莊敬，即此常存，便是持養。眞體不須防檢。不識此理，莊敬未免著意，才著意，便是私心。」（王心齋全集 卷三 語錄下）

這種樂天的思想，造成清朝學者攻擊王陽明學派空疏狂妄，誤民誤國。

王陽明同時的湛若水，爲陳白沙的門生，和王陽明爲定交的朋友。他也主張心學，但和王陽明的思想不相同。湛若水不講良知而講天理，天理爲心的生理，由心去認識，心虛能知。他繪有「心性圖」，又作心性圖說。心的本性爲未發之中，仁義禮智爲已發之情之和，情發以應萬事萬物。心未發之中爲理，理爲生理，和萬物在生命上連成一體。心因虛靈能體認萬物一體之理，這種虛靈宜用戒慎恐懼去保養。能夠保養，然後能夠發育。體認萬物的心在開始時爲四端，發育以後則能保有萬物，贊天地之化育，心無內外，修身工夫都在內心，不必求放心，祗能講「心體物而無遺」，心若有遺外物，則爲慾情所蔽，因此須要寡慾，寡慾在心主一，即是持事以敬。

湛若水的思想爲心學，以主無內外，包萬物又貫通萬物。心虛明，以生理應接萬物，爲保心的虛明，心自己主於一而不爲慾情所亂，即持內敬。

宋明心學的養心，學者所主張多不相同，所有的共識，則以心體本來虛明，不能從外在的工夫去保養，須由內心自然流露，不有阻礙。

3. 理學家的養仁

湛若水以心的理爲生理，貫通萬物，心能體認性理，則包有宇宙萬物，這種思想，乃是孟子所說「萬物皆備於我」，以心的本體爲仁。在理學家中沒有一個特別派系，主張心體爲仁，養心即爲養仁；然而體認心爲仁的思想，則散在理學家的各派中，可以說是共同之點。

「孟子曰：萬物皆備於我矣，反身而誠，樂莫大焉。強恕而行，求仁莫近焉。」

（盡心上）

朱熹注說：「此章言萬物之理，具於吾心，體之而實，則道在我而樂有餘，行之以恕，則私不容而仁可得。」朱熹以萬物皆備於我，爲萬物之理皆具在人的性理內，這種思想不合於孟子的思想，孟子沒有講性是理，卻講「仁，人心也。」

「仁，人心也；義，人路也，舍其路而弗由，放其心而不知求，哀哉！」（告子上）

孟子以人心不仁，不是說心的理爲仁，而是說心是活的，心的生活就是仁，這是就心的活動方面說。朱熹在集注中說：「仁者，心之德。程子所謂心如穀種，仁則其生之性是也。然但謂之仁，則人不知其切於己，故反而名之曰人心，則可以見其爲此身酬酢萬事之主，而不可須臾失矣。」

王船山在孟子這一章的訓義中說：

「自其爲人而別於物，則有人心焉；心有能知能覺之靈，物得以分之，而其獨為人之心者，則自孩提而有其眞愛，有愛而有愛之理，與此心之虛靈合為一體者也。」

仁，和愛相連，仁為愛之理；這一點也是朱熹的思想。「仁，人心也」，即是說人心是仁愛，孟子乃說「親親而仁民，仁民而愛物。」

「孟子曰：君子之於物也，愛之而弗仁；於民也，仁之而弗親；親親而仁民，仁民而愛物。」（盡心上）

朱熹在集注中引程頤的話說：「程子曰：仁，推己及人，如老吾老以及人之老，於民則可，於物則不可。統而言之則皆仁，分而言之則有序。」孟子養心，培養仁德，擴充到宇宙萬物。這就是「萬物皆備於我矣，反身而誠，樂莫大焉。」一個人能達到親親仁民愛物的心境，他必定心中「樂莫大焉。」

宋朝張載主張心外無物，自己一心要包有宇宙萬物。

「大其心，則能體天下之物，物有未體，則心為有外。世人之心，止於聞見之狹，聖人盡性，不以見聞梏其心。其視天下，無一物非我。孟子謂盡心則知性知天以此。天大無外，故有外之心，不足以合天心。」(正蒙 大心篇)

王船山注說：「大其心，非故擴之使遊於荒遠也。天下之物相感而可通者，吾心皆有其理，惟意欲蔽之則小爾。繇其法象，惟其神化，達之於萬物一源之本，則所以知明處當者，條理無不見矣。天下之物皆用也，吾心之理其體也，盡心以循之而不違，則體立而用自無窮。」王船山因張載篇中有見聞之知和德性之知，乃從「理」爲體，解釋張載的「心體萬物」，但張載「心體萬物」的本意，應和西銘(乾稱)的思想相合去解釋。

「乾稱父，坤稱母，予茲藐焉，乃混然中處。故天地之塞，吾其體，天地之帥，吾其性。民吾同胞，物吾與也。」

王船山注說：

「塞者，流行充周；帥，所以主持而行乎秩敍也。塞者，氣也，氣以成形，帥者，志也，所謂天地之心也。天地之心，性所出也。父母載乾坤之德以生成，則天地運行之氣，生物之心在是，而吾之形色天性，與父母無二即與天地無二也。谿吾同胞之必友愛，交與之必信睦，則於民必仁，於物必愛之理，亦生心而不容也。」（張子正蒙注　卷九）

朱熹以仁爲愛之理，仁爲生命，即易傳所說「天地之大德曰生，聖人之大寶曰位。何以守位？曰：仁。」（繫辭下　第一章）聖人發揮人心本體之仁，與天地合其德，達到孟子所說的「盡心」，「盡心」則必盡性，中庸第二十二章講至誠者盡性：

「唯天下至誠，爲能盡其性，能盡其性則能盡人性，能盡人之性，則能盡物之性，能盡物之性，則可以贊天地之化育，可以贊天地之化育，則可以與天參矣。」

盡性的盡，不是「窮理盡性」的盡，不是從致知方面說，盡知性的理；而是從力行方面說，完全發揮人性的德能。人性的天德爲仁，盡性是完全實行了仁德。朱熹注中庸這一章說：「天下至誠，謂聖人之德之實，天下莫能加也。盡其性者，德無不實，故無人欲之私，而天命之在我者，察之由之，巨細精粗，無毫髮之不盡也。」

王船山的四書訓義在這一章的訓義說：「夫天地之所以成乎其爲兩大者，唯其以二氣之闔闢，五行之運用，化育人物也。至誠而贊助其德業，以司人物之生成。」天地的天德在生育萬物，聖人之德在贊助天地的德業，使人物生生不息，聖人「何以保位？曰仁。」聖人養心的仁德，以「民吾同胞，物吾與也。」如孟子所說：「親親，仁民，愛物。」也同張載所說：「其視天下，無一物非我。」周易說：

「夫大人者，與天地合其德，與日月合其明，與四時合其序，與鬼神合其吉凶，先天而天弗違，後天而奉天時，天且弗違，而況於人乎，況於鬼神乎！」（乾卦文言）

大人，乃是至誠之人，乃是盡心盡性之人，明明德而致於至善。

德，是能。孟子講心有仁義禮智四德之端，即是能。能須培養，須發揮，儒家的善德，是心的德能的發育，發自內，顯於外。普通說「修德」，是外面涵養的工夫，天天努力加增善德的程度。西洋哲學以善德爲好的習慣，由人加功，漸漸加在人心上，人心有各種才能，才能用時，作成用的方式，常常用同一方式，積成習慣，便於運用，易於運用，習慣乃是加上心的能力上一種動的方式，好的習慣就是善德，壞的習慣便是毛病，善德乃是心以外的方式。然而這種方式是加在心的才能上，好的習慣在方式上假定有才。但是才無所謂善惡，由習慣的善惡去決定。孔子說：「性相近，習相遠。」近於這種西洋的思想；孟子把善德爲心的德能，修德便是養心，德由內發。後代理學家遵循孟子的主張，更以金木水火土五行之氣，結成仁義禮智性，善德成了人的本性，人不修德便不是人，養心而能盡心盡性，乃是聖人。

二、養　氣

1. 浩然之氣

從戰國時期，氣的觀念變成了哲學術名，進入哲學的宇宙論和本體論，以後逐漸發展，成爲中國哲學的最主要的基本觀念，戰國時期的莊子首先以「氣」爲人和物的構成素，人爲養生，須要養人的元氣。元氣週遊宇宙，貫通萬物，在人爲心，培養人的心齋，隳棄形骸，人可以長生。戰國時的孟子，乃主張養氣。

孟子養氣，不是爲求長生，而是爲求心靈生命的發展。孟子主張人的生命，以心靈生命爲主，心靈生命在於發揮心的天德，心的天德爲仁義禮智四德。孟子對人的成素，雖沒有和莊子一樣明明說是「氣」，但他已經說氣充塞人的身體，身體由氣而成，身體的動由「志」發動，「志」在人心。人決定作事爲「志」，「志」發動身體去實行。

「敢問夫子之不動心，與告子之不動心，可得而聞與？告子曰：不得於言，勿求於心，不得於心，勿求於氣。不得於心，勿求於氣，可。不得於言，勿求於心，不可。夫志，氣之帥也；氣，體之充也，夫志至焉，氣次焉，故曰持其志，無暴其氣。既曰志至焉，氣次焉，又曰持其志，無暴其氣者，何也？曰：志壹則動氣，氣壹則動志也。今夫蹶者趨者，是氣也，而反動其心。」（孟子 公孫丑上）

朱熹注說：

「志固心之所之，而爲氣之將帥，然氣亦人之所以充滿於身，而爲志之卒徒也。……壹，專一也，蹶，顚躓也。趨，走也。孟子言志之所向專一，則氣固從

之。然氣之所在專一，則志亦反爲所動。如人顛蹶趨走，則氣專在是而反動其心焉。所以既持其志，而又必無暴其氣也。」(同上)

「無暴其氣」，不要消耗自己的氣，即是保養自己的氣。孟子不說人身體由氣而成，然人爲動所用的力則是氣，普通稱爲氣力。莊子以及道家和道教爲養生，主張不宜多動。所謂動，不僅是身體肢體的動，也是情慾的動，道家要求爲養生須要清心寡欲，避世隱居。孟子以氣爲身體的力，受人心的指使，人心決定一事爲志，志帥氣；志應該專於一，若不專一而多或亂，則消耗氣力多，心又亂，反轉來，若氣專於一，即情慾專於一事，情慾的力量大，則帶動志，如同人專愛一人或一事，心便常被牽動。氣專於一時，慾情重，消耗氣力也多，莊子守心齋，隳棄形骸，便是克除情慾之氣。

孟子持志以養氣，養氣既不因情慾而消耗氣，更要培養以擴充「氣」，使成浩然之氣。

「敢問何謂浩然之氣？曰：難言也！其爲氣也，至大至剛，以直而無害，則塞于天地之間。其爲氣也，配義與道，無是餒也。」(公孫丑上)

朱熹四書集注說：「至大，初無限量；至剛，不可屈撓。蓋天地之正氣，而人得以生者，其體段本如是也。惟其自反而縮，則得其所養，而又無所作為以害之，則其本體不虧，而充塞無間矣。程子曰：天人一也，更不分別，浩然之氣乃吾氣也，養而無害，則塞乎天地，一為私慾所蔽，則欲然而餒，卻甚小也。」

這些話都相當神祕，天地正氣是什麼氣？私慾也是氣，從那裡來？朱熹以每人由天賦之氣，有清有濁，則元氣為天地本體之氣，或不分清濁，或為至清之氣。人為養氣，究竟養什麼氣？當然該養本人所得天賦之氣，要去了「濁」，恢復「清」，乃能同天地之氣相通。這種講法，免不了道教吸氣的思想，道教吸取天地元氣，以革新體內的氣為求長生，理學家養氣以發展心靈生活，則不適當。

為解釋孟子的養浩然之氣，從他的上文所說志和氣去解釋，應當說是普通所說的「志氣」。志是氣之帥，養氣便是養志。志大，志高，氣也就隨著大，隨著高。孔子孟子都注重養志。

「子曰：士志於道，而恥惡衣惡食者，未足於與議也。」（里仁）

「三軍可奪帥也，匹夫不可奪志也。」（子罕）

「顏淵季路侍，子曰：盍各言爾志。子路曰：願車馬，衣裘，與朋友共，敝而無憾。顏淵曰：願無伐善，無施勞。子路曰：願聞子之志。子曰：老者安之，

朋友信之，少者懷之。」(公冶長)

「公孫丑問曰：夫子當路於齊，管仲晏子之功，可復許乎？孟子曰：子誠齊人也，知管仲晏子而已矣。……管仲，曾西之所不爲，而子爲我願之乎！……當今之世，萬乘之國，行仁政，民之悅之猶解倒懸也。故事半古人，功必倍之，惟此時爲然。」(公孫丑上)

「夫天未欲平治天下也，如欲平治天下，當今之世舍我其誰哉！」(公孫丑下)

孟子本人以行堯舜之道，平治天下爲志。「我非堯舜之道，不敢陳於王前。」(公孫丑下)他養氣，所以不動心。所謂不動心，是因公孫丑問他，若是齊王以他作卿相，他動不動心？孟子答說：「不，我四十不動心。」(公孫丑上)朱熹注說：「孔子四十而不惑，亦不動心之謂。」孔子、孟子的志向都很高很大，都是以堯舜之道，以平治天下，孔子曾說文王之道在他身上，由他去傳授，所以不會因金錢官爵而動心，常是「持其志」，便「毋暴其氣」。

志氣的氣，便是心的情，心決定志向，情歸於志，情動常有力，力爲氣。人培植志向，志向高大，堅固不撓，情感氣力不亂用，常常積累。孟子講養浩然之氣的方法，在於集義。

「其爲氣也，配義與道，無是餒也。是集義所生，非義襲而取之也，行有不慊

於心，則餒矣。」（公孫丑上）

朱熹注說：「集義，猶言積善。蓋欲事事皆合於義也。襲，掩取也，如齊侯襲莒之襲。言氣可以配乎道義，而其養之始，乃由於事皆合義……由非只行一事偶合於義，便可掩襲於外而得之也。」

則就是「士志於道，而恥惡衣惡食者，未足與議也。」志既在道，情也該向道，不能背道而馳，或散於他事。志既在義，情也隨同集於義，情的氣力也同向於義。孟子乃說：「其爲氣也，配義與道。」

「齊人歸女樂，季桓子受之，三日不朝，孔子行。」（微子）

「子曰：德之不修，學之不講，聞義不能徙，不善不能改，是吾憂也。」（述而）

「子曰：賢哉回也！一簞食，一瓢飲，在陋巷，人不堪其憂，回也不改其樂。」（述而）

孔子志於堯舜之道，不以衣食爲念。宋朝周敦頤教程顥和頤兄弟「求顏回居陋巷之樂。」志向既高大，以道義爲標準，胸襟就寬了，氣量也大了，不把人間的榮華富貴放在心裡，心便不被一物所繫，心境擴到天地的廣大，情感也隨同擴充，氣也就充塞天地，成為浩然之氣。孟子在生活行事上，眞能表現這種志氣。

2. 氣概

有志氣的人，表現浩然之氣，在生活中決不為物質物所困，役物而不役於物。

「君子憂道不憂貧。」（衛靈公）

「朝聞道，夕死可也。」（里仁）

「飯疏食，飲水，曲肱而枕之，樂亦在其中矣，不義而富且貴，於我如浮雲。」（述而）

「孟子曰：柳下惠不以三公易其介。」（盡心上）

孟子自己常表現這種氣概，他而且在談話中，把這種氣概描述得很清楚。

「孟子曰：居天下之廣居，立天下之正位，行天下之大道，得志與民由之，不

得志，獨行其道，富貴不能淫，貧賤不能移，威武不能屈，此之謂大丈夫。」（滕文公下）

「故士窮不失義，達不離道。窮不失義，故士得己焉。達不離道，故人不失望焉。古之人，得志，澤加於民；不得志，修身見於世。窮則獨善其身，達則兼善天下。」（盡心上）

「孟子曰：說大人則藐視之，勿視其巍巍然。堂高數仞，榱題數尺，我得志弗為見。食前方丈，侍妾數百人，我得志弗為也。般樂飲酒，馳騁田獵，復車千乘，我得志弗為也。在彼者皆我所不為也，在我者皆右之之制也，吾何畏彼哉。」（盡心上）

人家批評孟子傲慢，孟子有立身處世的原則，以道義為高，以天爵高於人爵，以人君應有不召之臣，因此，對人君，對權臣，對遊客，孟子常保持自己的身份。

孔子雖謙虛，然也表示自己的氣概。

「陽貨欲見孔子，孔子不見。歸孔子豚，孔子時其亡也，而往見之，遇諸塗。」（陽貨）

「孺悲欲見孔子，孔子辭以疾。將命者出户，取瑟而歌，使之聞之。」(陽貨)

「子見南子，子路不說。夫子失之曰：予所否者，天厭之！天厭之。」(雍也)

儒者以這種氣概爲生活規則，但須眞有高大志氣，修養深厚的善德，否則爲自傲自大，虛張聲氣。

「子溫而厲，威而不猛，恭而安。」(述而)

「子絕四：毋意，毋必，毋固，毋我。」(子罕)

孔子平日生活注重涵養，避免「不重則不威」；然而他的威嚴不猛，不常表現自己，必須有中庸之道。他述說自己的修養，「四十而不惑，五十而知天命。」胸襟開朗，氣量寬弘，培養成聖人的氣概。

氣概可以說是浩然之氣在外的表現；爲養氣概，首先便該養志，要「士志於道」，行事以道義爲準則，如孟子所說：「人有不爲也，而後可以有爲。」(萬章下) 然後生活的態度，如孔子所說：「君子泰而不驕，小人驕而不泰。」(子路)「子夏曰：君子有三變：望之儼然，即之也溫，聽其言也厲。」(子張)「人心不得有所繫。」(二程全書 二程遺書十一 明道語錄一)

心不繫於物，物慾便不能蔽塞人心，人心能保持光明，又能有自由，能自己作主，不能爲的就不爲。同時，人心不爲外物所拘束，心可安住。

「持國曰：道家有三住：住心則氣住，氣住則神住，此所謂有三守一。伯淳先生曰：此三者，人絕食之頃，未有不雜者，其要只在收心。」(同上)

培養氣概，和收心養性連在一起，收心則心住，心住則志固，志固則氣不亂，氣不暴費，乃能「直養而無害，則充塞於天地之間。」(公孫丑上) 養成浩然之氣，而有聖賢的氣概。

「君子素其位而行，不願乎其外。素富貴，行乎富貴；素貧賤，行乎貧賤；素夷狄，行乎夷狄；素患難，行乎患難。君子無入而不自得。」(中庸 第十四章)

「知足常樂」，聖賢的氣概，乃生活樂觀的氣概。

「君子居易以俟命，小人行險以徼幸。」(同上)

君子知命，「孔子五十而知天命。」對貧賤，不怨天，不尤人。對於死亡，以平常心處理。朱熹年近七十，辭官回鄉。年七十一時重病，手書囑子弟門生勉勵修學，正坐整衣冠去世。陸九淵去世時，也先整衣襟。這種心安地面對死亡，乃是儒家的理想氣概。

3. 氣節——節操

中國人愛好自然，以花卉草木象徵人的精神：竹，直勁不屈，經冬不凋，象徵人不屈撓的精神。荷出污泥不染，象徵人自立不受環境的污染。梅，在霜雪中吐艷，不和群芳爭輝，象徵人的孤高精神，不趨世合俗。這幾種精神，都表示一個人有氣節，有節操。

氣節、節操，說明一個人遭到危難時，屹立不搖，不被危難所折服。危難可以是生命的危險，可以是名譽的危險，可以是權位的危難；遭遇這種危難，一個人固執道義，寧死不屈，所以說：「三軍可奪帥也，匹夫不可奪志也。」抱定志向，寧死不屈。

「孟子曰：魚，我所欲也，熊掌，亦我所欲也，二者不可得兼，舍魚而取熊掌者也。生，亦我所欲也，義，亦我所欲也，二者不可得兼，舍生而取義者也。生，亦我所欲，所欲有甚於生者，故不爲苟得也。死，亦我所惡，所惡有甚於死者，故患有所不辟也。如使人之所欲，莫甚於生，則凡可以得生者，何不用也！使人之所惡，莫甚於死者，則凡可以辟患者，何不爲也！由是則生，而有不用也，由是則可以辟患，而有不爲也；是故所欲有甚於生者，所惡有甚於死者，非獨賢者有是心也。人皆有之，賢者能勿喪耳。一簞食，一豆羹，得之則生，弗得則死，嘑爾而與之，行道之人弗受，蹴爾而與之，乞人不屑也，萬鐘則不辨禮義而受之，萬鐘於我何加焉？爲宮室之美，妻妾之奉，所識窮乏者得我與。鄉爲身死而不受，今爲宮室之美爲之；鄉爲身死而不受，今爲妻妾之奉爲之；鄉爲身死而不受，今爲識窮乏者得我而爲之；是亦不可以已乎！此之謂失其本心。」（告子上）

孟子這一段話，說明人的本心爲仁義之心，愛仁義過於自己的身體生死所以寧願殺身成仁，捨身取義，朱熹注說：「此章言羞惡之心，人所固有，或能決生死，於危迫之際，而不免計豐約於宴安之時，是以君子不可頃刻而不省察於斯焉。」

節操，不僅在危迫之時，寧死不屈，且須在平日的義利相比較的際遇中，捨利取義。

「子曰：富而可求也，雖執鞭之士，吾亦爲之；如不可求，從吾所好。」（述而）

「子曰：飯疏食，飲水，曲肱而枕之，樂亦在其中矣，不義而富且貴，於我如浮雲。」（述而）

孔子好義的精神，在日常生活中表示他的節操，孟子也能表現這種節操。

「陳臻問曰：前日於齊，王餽兼金一百而不受；於宋，餽七十鎰而受；於薛，餽五十鎰而受。前日之不受，是，則今日之受，非也；今日之受，是，則前日之不受，非也；夫子必居一於此矣。孟子曰：皆是也。當在宋時，予時有遠行，行者必以贐，辭曰餽贐，予何爲不受？當在薛也，予有戒心，辭曰聞戒，故爲兵餽之，余何不受？若於齊，則未有處也。無處而餽之，是貨之也，焉有君子而可以貨取乎！」（公孫丑下）

孟子收人君的餽送，必按義理，可取，雖小也收；不可取，雖多也不收，這就是平日行事的節操。

節操，或在平日，或在危險時，都須要有勇氣。這種勇氣，乃是平日修養所得。孟子說羞惡之心爲人天生所有；但爲培養羞惡之心，除去障礙，則須要有勇氣。孔子講達德，便是智仁勇。這種勇氣，須要日常操練，日常培養。

「子路問強。子曰：南方之強與？北方之強與？抑而強與？寬柔以教，不報無道，南方之強也，君子居之。衽金革，死而不厭，北方之強也，而強者居之。故君子和而不流，強哉矯！中立而不倚，強哉矯！國有道，不變塞焉，強哉矯！國無道，至死不變，強哉矯。」（中庸 第十章）

朱熹注說：「國有道，不變未達之所守；國無道，不變平生之所守也。此則所謂中庸之不可能者，非有以自勝其人欲之和，不能擇而守也。君子之強，孰大於是？夫子以是告子路者，所以抑其血氣之剛，而進之以德義之勇也。」

中國歷代的史書，都作有忠臣、烈女、節婦的傳記，表彰他們的節操義氣。宋末的文天祥、明末史可法以身殉國。文天祥的「正氣歌」和岳飛的「滿江紅」，流傳民間，讀者都義氣塡胸。

方苞作左忠毅公逸事，描述左光斗受刑不屈的精神。左光斗上疏劾宦官魏忠賢三十二斬罪，被捕入獄，受盡酷刑，不屈而死。

中國歷代諫官，按司馬光所作諫院題名記：「居是官者，當志其大，舍其細，先其急，後其緩，專利國家，而不爲身謀。彼汲汲於名者，猶汲汲於利也，其間相去何遠哉。」歷代諫官有節操，敢直言諫爭，不怕遭貶遭殺者不少。

夏完淳十四歲隨父組軍抗清。明福王兵敗，投水自殺，完淳繼續作戰，兩年後，失敗被囚，獄中上母書說：「人生孰無死，貴得死所耳。父得爲忠臣，子得爲孝子，含笑歸太虛，了我分內事。大道本無生，視身若敝屣，但爲氣所激，緣悟天人理，惡夢十七年，報仇在來世，神遊天地間，可以無愧矣。」（夏完淳集）

明末王夫之誓不臣清，隱居窮鄉，衣食不濟，遇清朝和吳三桂的徵召，決遷居逃避。自己提自己的墓石「明遺民王夫之之墓」，又自銘曰：「抱劉越石之孤憤，而命無從致；希張橫渠之正學，而力不能企；幸全歸於茲丘，固銜恤以永世。」

三、聖人氣象

荀子說：「求學，其義在始乎爲士，終乎爲聖人。」（勸學篇）朱熹也說：「古之學者，始乎爲士，終乎爲聖人。」（文集卷七十四　策問首條）儒家的求學，求做人；做人，是「率性」。率性達到盡性，便是聖人，聖人乃是儒家最高的人格。

「子曰：若聖與仁，則吾豈敢！抑爲之不厭，誨人不倦，則可謂之爾已矣。」（述而）

孔子終生以聖人爲目標，「爲之不厭」；他說：「吾十有五而志於學，三十而立，四十而不惑，五十而知天命，六十而耳順，七十而從心所欲不逾矩。」（爲政）七十歲時的心境，就是聖人的心境。

聖人，在儒家學者的心目中，乃人類的師表。聖人的言行，具有化人的力，有如風吹萬木。

「孟子曰：聖人，萬世之師也。伯夷柳下惠是也。故聞伯夷之風者，頑夫廉，懦夫有立志。聞柳下惠之風者，薄夫敦，鄙夫寬。奮乎百世之上，百世之下，聞者莫不興起也，非聖人而能若是乎？而況於親炙之者乎。」（盡心下）

「聖人，人倫之至也」（離婁）

「聖人者，道之極也。」（荀子　禮論）

儒家的教育，是以人人皆可爲堯舜，培植每個人作聖人，「率性之謂道，修道之謂教。」、

「大學之道，在明明德，在親民，在止於至善。」但是在儒家學者的心理上，卻相信聖人是天生的，沒有天生的資格，祇憑努力，最多可以做致賢人。

中庸說：

「誠者，天之道也；誠之者，人之道也。不勉而中，不思而得，從容中道，聖人也。誠之者，擇善而固執之者也。」

朱熹注說：「聖人之德，渾然天理，眞實無妄，不待思勉，而從容中道，則亦天之道也。未至於聖，則不能無人欲之私，而其爲德不能皆實，故未能不思而得，則必擇善，然後可以明善；未能不勉而中，則必固執，然後可以誠身，此則所謂人之道也。」

朱熹按照他的理氣論，以聖人得氣中正，生而爲聖。他說：

「人性雖同，其氣不能無偏重，有得木氣重者，則惻隱之心常多，而羞惡辭遜是非之心，爲其所塞而不發。有得金氣重者，則羞惡之心常多，而惻隱辭遜是非之心爲所塞而不發。水火亦然。唯陰陽合得，五性全備，然後中正而爲聖

人。」（朱子語類　卷四）

「又問：如此，則天地生聖賢不只是偶然，不是有意否？曰：天地那裡說我特地要生個聖賢來，也只是氣數到那裡，恰好湊著，所以生出聖賢，及至生出，則若天之有意焉。」（同上）

每個人的性質，由陰陽五行之氣，偶然湊著結合起來的，聖人也是偶然湊著生出來的。這種答辭太不學術化，也不邏輯。但不管怎樣，朱熹主張聖人是有天生的資質，就是心裡沒有私情，人性自然清明。

「雖有其位，苟無其德，不敢作禮樂焉。雖有其德，苟無其位，亦不敢禮樂焉。」（中庸　第二十八章）

「天高地下而萬物散殊，而禮制行矣。統而不息，合同而化，而樂興焉。春作夏長，仁也，秋歛冬藏，義也。仁近於樂，義近於禮。樂者，敦和率神而從天，禮者，別宜居鬼而從地。聖人作樂以應天，制禮以配地；禮樂備，天地官矣。」（禮記　樂記）

「樂者大始，而禮居成物，著不息者天也，著不動者地也，一動一靜者，天地

之間也。故聖人曰禮樂云。」（同上）

「是故先王本之情性，稽之度數，制之禮義，合生氣之合，禮五常之行，使之陽而不散，陰而不密，剛氣不怒，柔氣不懾，四暢交於中，而發作於外，皆安其位而不相奪也。」（同上）

聖王制禮樂，合於天道人義。禮樂按天理人情而制。聖人心地清明，能明瞭天理人情，才能制禮樂。制了禮樂，要頒行天下，故要是君王。中庸所以說要有德有位。

聖人的第一項品質，是心清沒有私慾。

儒家認定天理在宇宙，天理在人心，人心天理來自宇宙天理。人生活之道，在於「率性」，遵循人心天理。人心天理自然顯明，爲天生明德，惟有私慾可以掩蔽天理。人心氣清心明，天理常顯，應接萬事，自然中正，爲一誠者。故能「不勉而中，不思而得，從容中道。」朱熹說：「聖人之德，渾然天理。」

聖人的第二項品質，是盡性。

人性之理，發表於日常生活。聖人的生活，完全合於天理，沒有一點偏差。王船山對中庸第二十章的訓義中說：

「誠，極乎天地萬物之理，而凝之者身，誠動於上下朋友之際，而先所感通者親。所存者仁義禮之全體，無有不實；所發者知仁勇之大用，無有不眞，則身以誠矣。……夫誠身至矣，體之於心，存之於靜，發之於動，皆有其實功焉。……

夫人之有道，因其有性，則道在性之中；而人之有性，因乎天之有命，則性又在天之內。人受此理於天，天固有其道矣，誠者，則天之道也。二氣之運行，健誠乎健，而順誠乎順，五行之變化，生誠乎生，而成誠乎成。終古而如一，誠以爲日新也；萬有而不窮，誠以爲富有也。」（四書訓義 卷三 中庸二十）

「夫聖人誠之至而自無不明，乃以通乎衆理，而爲天下之至聖。則凡其爲德，無不至也。」（四書訓義 卷四 中庸三）

「天下至誠，謂聖人之德之實，天下莫能加也。盡其性者，德無不實，故無人欲之私，而天命之在我者察之由之，巨細精粗無毫髮之不盡也。……至於盡物之性，而至誠之功用允極矣，則由是而思之，其有功於天地者豈小哉！人物之有性，自稚而壯，變易以成其用，有化之者矣；自無而有，保合以就其材，有育之者矣；則天地是也。而天地之化育，不能施之習氣相染，材質相限之中，至誠由盡性而及乎人物之性矣。則天地之所不能變易者，至誠爲成其用，天地

之所不能保合者，至誠爲就其材，是輔天地以成化育之功，在至誠矣。」（四書訓義 卷四 中庸三）

王船山以聖人至誠。因所有的德全是實理。聖人一舉一動都合於中道，都是善，便都符合人性天理。該是仁，便是仁，該是義，便是義；該是禮，便是禮，該是智，便是智；沒有偏差，沒有虛僞。朱熹又說聖人至誠，就仁義禮智善德說，由近推遠，能夠實現全部善德。

「問唯天下至誠，爲能盡其性一段，且如性中有這仁，便眞個盡得仁底道理。性中有義，便眞個盡得義的道理，云云。曰：如此說盡，說不著。且如仁，能盡父子之仁，推而至於宗族，亦無有不盡，又推而至於鄉黨，亦無不盡，又推而至於一國，至於天下，亦無有不盡。……就仁上推來是如此，義禮智莫不然。」（朱子語類 卷六十四）

聖人至誠，盡人性之理，應接萬事，常融會天理。

聖人的第三項品質，是發揮仁道，贊天地的化育。

贊天地的化育，乃至誠的必然結果。孟子以「仁者，人心。」中庸又說：「仁者，人也。」人性的本體是仁，仁是生。宇宙的運行，就是爲化生萬物，「生生之謂易」，「天地之大德曰生」聖人能至誠而盡性，必能完成生生之道。周易雖以仁義禮智配元亨利貞，然以元統亨利貞，也以仁統義禮智。因此盡人性之仁，必愛生命，而贊天地以化育萬物。

「贊天地之化育，人在天地中間，雖只是一理，然天人所爲各自有分，人做得底，天做不得。如天能生物，而耕種必用人。……財成輔相，須是人做，非贊助而何？程先生言，參贊之義，非謂贊助，此說非是。」(朱子語類 卷六十四)

孟子稱堯舜的政治觀爲仁政，後世儒家談政治，都標取仁政爲目標。范仲淹岳陽樓記所說：「先天下之憂而憂，後天下之樂而樂。」因仁政爲愛民，聖人的政治，法天地好生之德。儒家的聖人，乃堯舜禹湯文武周公孔子，可以說都是聖王，都能愛民。但雖說人人都可做堯舜，並不是說人人都可以做聖王，而是說可以有堯舜的仁愛。但在日常生活上不易取法，可以爲每人日常生活取法的，乃是孔子。

「孟子曰：伯夷，聖之清者也；伊尹，聖之任者也；柳下惠，聖之和者也；孔子，聖之時者也。孔子之謂集大成。」(萬章下)

孔子代表儒家的聖人，也因孔子不以自己爲天生的聖人，而是「爲之不厭」，七十年修養才能「從心所欲不逾矩」，可供人效法。

中庸描述孔子聖人的氣象：

「仲尼，祖述堯舜，憲章文武，上律天時，下襲水土；譬如天地之無不持載，無不覆幬；辟如四時之錯行，如日月之代明，萬物並育而不相害。道並行而不相悖，小德川流，大德敦化，此天地之所以爲大也。」（中庸 第三十章）(1)

孔子集大成，集有堯舜文武的德，積有天地日月四時之道，「大德敦化」，與天地同大。

「唯天下至聖，爲能聰明睿知，足以有臨也；寬裕溫柔，足以有容也；發強剛毅，足以有執也；齊莊中正，足以有敬也；文理密察，足以有別也。溥溥淵泉，而時出之。溥溥如天，淵泉如淵；見而民莫不敬，言而民莫不信，行而民莫不說；是以聲名洋溢乎中國，施及蠻貊，舟車所至，人力所通，天之所覆，地之所載，日月所照，霜露所隊，凡有血氣者，莫不尊親，故曰配天。」（中庸

第三十一章）(2)

「大哉聖人之道，洋洋乎發育萬物，峻極于天，優優大哉。禮儀三百，威儀三千，待其人而後行。故曰苟不至德，至道不凝焉。」（中庸 第二十七章）(3)

「唯天下至誠為能經綸天下之大經，立天下之大本，知天地之化育。夫焉有所依，肫肫其仁，淵淵其淵，浩浩其天。苟不固聰明聖知達天德者，其孰能知之？」（中庸 第三十二章）(4)

聖人配天，聖子至德，聖人達天德，氣象萬千，至道而凝。這等高尚的人品，誰敢說能做到，「若聖與仁，則吾豈敢」，孔子的這句話，後代儒家都有同感。但是孔子能夠「七十而從心所欲不逾矩」，後代儒家沒有敢說這話的人，儒家從孔子以後沒有另一位聖人，大家祗勉力擇善而固執，以作君子。君子，成了儒家的修養人格，聖人祗是心目中懸著的目標「雖不能至，而心嚮往之。」

註釋

(1) 孔子遠宗堯舜的道理，而加以傳述，取法文王、武王的道理，而加以闡明；上效法天道的自然運行，下順應水土一定的道理。好比天地沒有不能負載的，沒有不能覆蓋的；又好比四季的更番運行，和日月的交替輝映。萬物一齊生育而不互相妨害，四時日月的更替運行而不互相悖逆。小的德行：比如脈絡分明的河流，長流不止；大的德行，則敦厚其化育，而又衍出無窮，這就是天地之所以偉大的地方。

(2) 只有天下至聖的人，才能耳目聰明，思想靈敏，足夠居上位而監臨天下而有餘；度量寬宏充裕，性情溫柔平和，足以包容衆人而有餘；奮發堅強，剛直勇毅，足以執守大事而有餘；敬肅莊重，大中至正，足以使人恭敬而有餘；文章條理，詳細明察，足以明辨是非而有餘。聖人這五種德性，普徧而廣大，靜深而有本源，而又時時表露在儀容言行之間；他的普徧廣大，就像天一樣，他的幽靜深淩，就像深淵一樣。他所表現的，老百姓沒有不恭敬的；他的言語，老百姓沒有不相信的；他的行動，老百姓沒有不高興的。所以聲名充滿於中國，甚至傳佈到其他蠻夷的國家去，只要是船車能到的地方，人力能夠通達的地方，天所覆蓋的，地所負載的，日月所照耀的，霜露所能降到的，凡是有血氣的人，沒有不尊敬、不親愛他的，所以說聖人的德可以配天。

(3) 偉大啊！聖人的道理，充滿在宇宙之間，足以發育萬物，其高大可與天齊。充裕廣大啊！大的儀節有三百多，小的儀節有三千多，必須等候那有才德的人出來，而後才能實行。所以說：「要不是有極高德行的人，那最大的道理就不能有成就。」因此，君子要恭敬地奉持自身的德性，還要講求學問，致力於道體的廣大，盡心於道體的精微，雖然達到最高明的境地，而仍舊遵循著中庸的道理，溫習舊學而增進新知，存心敦厚而崇尚禮節。所以，在上位不會驕傲，在下位也不會悖亂。國家有道的時候，他的說話足以表振興國家；國家無道的時候，他的沈默足以保身。詩經上說：「既明事理，而又睿智，可以安保自身。」就是這個意思吧！

(4) 只有天下至誠的聖人，才能治理天下人倫的常綱，確立天下人道人性的本源，知道天地對於萬物的變化生育，這何嘗有什麼別的倚靠呢？他的態度誠懇，是仁心的表現；他的深靜清遠，就像深淵一樣；他的廣大，就像天一樣。要不是本來就聰明聖智而通達天德的人，誰又能知道他呢？

國立中央圖書館出版品預行編目資料

儒家生命哲學/羅光著，--初版--臺北市：
臺灣學生，民84；
面；公分
ISBN 957-15-0693-1(精裝)
ISBN 957-15-0694-X(平裝)

1.儒家-中國

121.2　　84009695

儒家生命哲學（全一冊）

著作者：羅光
出版者：臺灣學生書局
發行人：丁文治
發行所：臺灣學生書局
臺北市和平東路一段一九八號
郵政劃撥帳號○○○二四六六八號
電話：三六三四一五六・三六三一○九七
傳真：（○二）三六三六三三四
本書局登記證字號：行政院新聞局局版臺業字第一一○○號
印刷所：國利印製有限公司
地址：中和市中山路二段五六八巷26號
電話：二二五二二八一七

定價 精裝新臺幣四六○元
平裝新臺幣四○○元

中華民國八十四年九月初版

12032

ISBN 957-15-0693-1（精裝）
ISBN 957-15-0694-X(平裝)

學生書局出版 羅光博士著作目錄

士林哲學——實踐篇	25開本	四八四頁
士林哲學——理論篇	25開本	八〇六頁
中國哲學思想史 先秦篇	25開本	六五六頁
中國哲學思想史 兩漢、南北朝篇	25開本	七一〇頁
中國哲學思想史 魏晉、隋唐佛學篇（二册）	25開本	一〇四二頁
中國哲學思想史 宋代篇（二册）	25開本	九六二頁
中國哲學思想史 元、明篇	25開本	六三四頁
中國哲學思想史 清代篇	25開本	七四六頁
中國哲學思想史 民國篇	25開本	四八〇頁
中國哲學的展望	25開本	七〇四頁
新儒家論叢	32開本	二三〇頁
人生哲學論叢	32開本	四五二頁
宗教與哲學	32開本	三七〇頁
利瑪竇傳	32開本	二三六頁
羅馬四記	32開本	四二四頁

瑞士、羅馬、臺南	32開本	三〇六頁
臺北七年述往	32開本	二五二頁
儒家哲學的體系	25開本	四四〇頁
生命哲學	25開本	四〇〇頁
振興民族生命	25開本	一四八頁
儒家哲學的體系續篇	25開本	二七二頁
中國哲學的精神	25開本	三二八頁
儒家形上學	25開本	三三八頁
生命哲學續編	25開本	一九八頁
生命哲學再續編	25開本	二六六頁
儒家生命哲學	25開本	四五六頁